왜 대학은 사라지는가

Why universities are at risk in the 3-less society?

왜 대학은 사라지는가

대학교육 10대 트렌드
대학의 10가지 생존 전략

/ 이현청 지음 /

카모마일북스

책머리에

　21세기는 급격한 변화의 세기이다. 특히 IT 중심의 과학기술의 엄청난 변화는 지난 수 세기의 변화가 1~2년 정도밖에 걸리지 않을 정도로 큰 변화 속도를 겪고 있다. 학습방법의 변화는 물론이고 인간의 가치, 사회체제, 교육 전반에 대한 변동을 가져오면서 대학교육관에 대한 인식과 교육목표, 가치에 대한 변화를 초래하고 있다.

　특히 대학교육은 기존의 교육, 연구, 봉사의 3대 목표의 변화마저 초래하면서 커다란 위기를 맞고 있다. 미래학자들은 대학교육이 지금처럼 지속될지에 대한 의문을 갖기 시작했으며, 어떤 학자들의 경우는 2030~2040년을 기점으로 '대학의 빅뱅 시대'가 도래할 것이라는 우려마저 하고 있는 실정이다.

　대학교육은 최고의 지성을 배양하고 세계가 필요로 하는 고급

인력을 배출하는 기능을 수행해 왔다. 그러나 하루가 다르게 변화하는 환경에 적응하기도 어렵고, 전통적 대학교육의 본질마저 실종되고 있기 때문에 대학교육은 더 이상 기존의 대학체제와 대학관만으로는 제 역할과 기능을 수행할 수 없게 되었다. 한 마디로 대학의 빅뱅 시대를 준비하는 패러다임의 대전환이 요구되고 있는 실정이다.

21세기는 소위 3S로 대변되는 속도(Speed), 감성적 부드러움과 콘텐츠(Soft), 최첨단 지능형 기술(Smart)이 산업과 문화, 가치를 주도하는 세기이다. 이러한 세기에는 유연성, 창의성, 네트워킹, 열린 체제와 사고를 바탕으로 수요자 중심 체제가 될 때 생존할 수 있는 세기이기도 하다. 그러나 대학교육은 정해진 장소, 정해진 시간, 정해진 내용, 정해진 방법 등으로 운영되는 경직성과 관료적 특성을 배제할 수가 없고, 교과과정 중심의 인지적 교육만으로는 21세기의 급격한 변화에 적응하는 데에는 매우 한계를 지니고 있다. 이 점에서 지금은 대학의 전략적 변화와 미래를 준비하는 아젠다 없이는 생존 자체가 불가능한 시대이다.

이 책은 미래 예측에 대한 체계적인 준비 없이 염려만 하고 있는 우리 대학들이 직면하게 될 10대 트렌드를 중심으로 방향을 제시한다. 제 1부에서는 10년 전 《전환기 대학교육 개혁론》에서 다룬 21세기 대학교육 패러다임 전환에 관한 변화된 내용을 이 시대에 맞게 새로운 시각에서 담고 있으며, 대학 패러다임의 변화와 아젠다, 신대학교육관, 시대적 변화에 적응할 수 있는 대학 패러다임 전략, 그리고 세계적 틀 속에서의 질 관리에 관한 내용을 담고 있다. 제 2부에서는 대학교육 10대 트렌드와 대학의 생존 전략에 관한 10가지 방향을 간략히 제시하고 있다.

이 책이 대학에 몸담고 있는 모든 구성원들과 대학에 관련된 정부와 기업체의 오피니언 리더들에게 대학교육의 미래 전략을 위한 참고자료가 되기를 기대할 뿐이다. 세계 여러 나라의 대학들도 우리처럼 미래의 대학상과 대학 전략에 대해 함께 고민하고 있으며, 그들 또한 우리가 고민하는 것처럼 미래 전략과 아젠다를 목말라하고 있다. 10대 트렌드는 캠퍼스 없는 대학과 교육이동세기의 대학, 대학네트워크 시대의 대학 등 앞으로 대학이 생존하기 위한 기본 방향이라고 생각되며 10대 트렌드 안에 담고 있는 몇 가지 전략과 예시는 대학의 경영자들과 대학교육에 대해 고민하는 모든 분들에게 참고가 될 것으로 생각한다.

미래는 예측할 수 없는 것이지만 피할 수도 없는 것이기 때문에 대학들은 미래에 예견되는 전략과 아젠다를 염두에 두고 대학의 생존 전략을 장·단기적으로 준비하는 것이 바람직하다. 무엇보다 대학은 국가의 경쟁력과 직결되고 국민의 품격과 직결되기 때문이다.

이 책에 담고 있는 부족한 내용들이 대학의 미래 전략을 수립하고 방향을 설정하는 데 조그만 도움이 되기를 기대할 뿐이다.

무엇보다 하나님이 주신 지혜에 늘 감사드린다. 이 책을 저술하는 동안 격려와 사랑을 아끼지 않은 아내 김명희 교수와 늘 비전을 키워가는 사랑하는 아들 상훈과 딸 승윤에게도 깊은 사랑을 보낸다.

   끝으로 출판을 맡아준 카모마일북스 정윤희 대표와 이윤지 편집자에게도 감사드린다.

2015년 7월
저자 이현청

/ 차 례 /

책머리에 • 004

1부.
대학교육 패러다임 전환

한국 대학의 미래 전망
1. 미래변화와 한국 대학 • 015
2. 2030 한국 대학 비전 • 022

대학 패러다임의 변화와 아젠다
1. 21세기 대학 패러다임의 변화 • 032
2. 한국 대학의 실상 • 041
3. 한국 대학 변화 아젠다 • 047

대학교육의 대전환 : 3無 대학과 신대학교육 패러다임
1. 전통대학교육과 대학 환경 변화 • 057
2. 신대학교육 패러다임의 확산 • 062
3. 대학교육 패러다임의 대전환 • 065

특성화 시대의 대학
1. 교육서비스 시대 • 069
2. 대학 특성화 전략 모델 • 071
3. 미국 대학의 특성화 사례 • 075
4. 대학 특성화의 과제 • 087

세계화 시대의 대학
1. 세계화 대학 시대 • **090**
2. 국제화와 교육개방 • **092**
3. 교육개방 시대의 대학교육 • **099**
4. 개방 시대의 대학 전략 • **107**

소규모 대학 특성화 시대
1. 특성화 소규모 대학 • **109**
2. 소규모 사립대학 경영실태 • **111**
3. 소규모 특성화 대학 전략 • **128**

교육이동과 세계 대학평가 시대
1. 고등교육 국제화와 대학평가 • **132**
2. 국제 대학평가 협력 기구 확산 • **133**
3. 고등교육이동 시대의 국제적 협력평가 • **143**

OECD, UNESCO 세계 고등교육 질 관리
1. 고등교육 질 보장 지침의 배경 • **147**
2. 고등교육 서비스 관련 기관과 단체에 대한 가이드라인 • **150**
3. OECD, UNESCO 고등교육 질 보장 지침의 의미와 전망 • **157**

2부.
대학교육 10대 트렌드

캠퍼스 없는 대학 (Campusless College)
1. 프랙학습사회(praclearning society) • **167**
2. 정서 다매체(emotional multi-media) 학습 시대 • **171**

교육이동(Mobility) 세기의 대학
1. 초국적 시대의 대학(Transnational university) • **176**
2. 다국적 대학(Multinational university) • **178**
3. 메가 유니버시티 (Mega university) • **179**

대학 네트워크(Network) 시대의 대학
1. 대학과 기업 간의 네트워크 • **183**
2. 대학 간의 네트워크 • **185**
3. 대학과 위탁기관 네트워크 • **188**
4. 대학과 지역사회 네트워크 • **190**

학습패키지 시대(Content-oriented Colleges : C.C.C)
1. 교수학습개발센터를 활용한 학습패키지 • **194**
2. 학습패키지 모델 • **196**
3. 학습패키지 모델의 이슈 • **201**

단위중심대학 시대(Unit-Based Colleges)
1. 단위중심대학의 특성 • **206**
2. 단위중심대학의 사례 • **208**

협력 교육 리더십 시대(Age of Co-leadership)
1. 협력 교육 리더십의 특성 • **213**
2. 협력 교육 리더십의 사례 • **215**
3. 기능별 리더십(Functional leadership) • **219**
4. 총장 역할의 변화 • **220**
5. 다국적 총장 시대 • **222**

초국적 교육 시대(Transnational education)
1. 초국적 교과과정 • **225**
2. 초국적 교육자원 • **230**
3. 메가 캠퍼스 체제 • **235**

특성화, 심화, 광역화(Special, Space, Scope)
1. 국제협약 특성화 • **238**
2. 지속가능한 발전 프로그램(Sustainable development program) • **241**
3. 수익형 대학 특성화 • **244**
4. 산학협력 수익형 대학 • **248**
5. 신대학 확충 프로그램 • **250**
6. 신기술 클러스터 프로그램 • **252**
7. 연구 중심 특화 프로그램 • **253**

학습 허브와 교수 허브(Learning hub & Teaching hub)
1. 학습디자인센터 • **260**
2. 교수자원센터(Teaching resource center) • **267**

대학의 생존 전략(Survival, sustainable strategy)
1. 3A 전략을 세워라 • **277**
2. 캠퍼스를 떠나라 • **279**
3. 특화 대학원 교육 중심으로 바꿔라 • **281**
4. 규모의 경영 전략을 세워라 • **283**
5. 대학을 작품화하라 • **285**
6. 질 관리 전략을 활용하라 • **286**
7. 특화 교수 전략을 세워라 • **287**
8. 전략적 총장을 초빙하라 • **288**
9. 국적 있는 다문화 경영을 하라 • **290**
10. 교육한류의 주도자가 되어라 • **291**

참고문헌 • **293**
색인 • **296**

PART 1

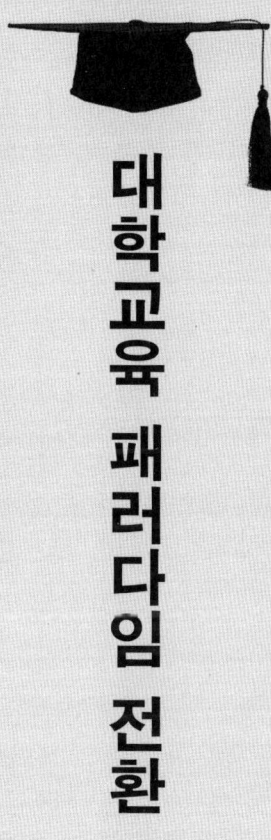

대학교육 패러다임 전환

한국 대학의 미래 전망 | 대학 패러다임의 변화와 아젠다 | 대학교육의 대전환 : 3無 대학과 신대학교육 패러다임
특성화 시대의 대학 | 세계화 시대의 대학 | 소규모 대학 특성화 시대
교육이동과 세계 대학평가 시대 | OECD, UNESCO 세계 고등교육 질 관리

한국 대학의 미래 전망

1. 미래변화와 한국 대학

유럽연합(EU)의 대표적인 대학 전문가인 독일의 프랑크푸르트 대학연구소장인 마티아스 호르크스는 미래사회의 변화를 설명하면서 몇 가지 질문을 하고 있다.

우선 철학적 입장에서 '현재 변동하고 있는 것은 무엇인가?'라는 질문을 하고 있다. 변동과정에서 우리 인간은 어떤 목적으로, 어디를 향해 가고 있는가에 관해 질문을 하고 있는 것이다. 그리고 생물학적 존재인 우리 인간에게 미래가 주는 시사점이 무엇인가에 대한 질문을 하면서 '생물학적 존재로서 인간이 향후 변화에 적응하기 위해 인지해야 할 과정은 무엇인가?'라는 근본적 질문을 던지고 있다. 특히 환경과 인간의 변화 과정뿐만 아니라 기술과 문화와 가치의 변화과정에서 '이러한 변화에 적응하기 위해

당장 변화시켜야 할 사고방식, 기업경영, 교육, 사회활동 등은 무엇인가?'라는 질문을 하고 있다.

마티아스 호르크스의 이러한 질문은 교육적 입장에서 볼 때, 가장 중요한 교육의 본질이 어떠해야 하고, 최고의 지성인을 양성하는 대학교육이 어떠해야 하는 것인지에 대한 근본적인 질문이기도 하다. 교육학적 입장에서 본다면 적어도 네 가지 질문을 던질 수 있다. 첫째, 교육과 관련된 문화와 가치의 변화는 무엇인가? 둘째, 교육에서의 선발과 분배의 변화는 무엇인가? 셋째, 인간을 양성하고, 인재를 배양하며 한 국가 구성원의 주체성과 관련된 교육의 기능 중 하나인 사회화의 의미변화는 무엇인가? 넷째, 교육의 사회적 기능과 역할은 무엇인가? 라는 질문을 던질 수 있다.

이러한 질문에 대답하기 위해서는 우리 한국 사회의 미래전망에 대한 진단 없이는 불가능하다. 특히 우리 대학들의 미래와 관련해서 미래학자들이 예측하고 있는 2020년의 기술전환기(Technological transformation stage)와 21세기의 총체적인 대변화가 예측되는 2040년의 세기적 전환기(Centenial mega-change stage)의 중간단계인 2030년의 한국 대학 비전을 조망해보는 일은 매우 중요하다고 생각한다. 21세기는 미래에 대한 예측과 계획 없이 생존할 수 있는 세기가 아니기 때문이다.

일반적으로 21세기의 트렌드를 예측하는 미래학자들의 핵심적 개념들을 보면 몇 가지로 요약·정리할 수 있다.

- 토플러: 미래학자 토플러는 미래의 충격, 제 3의 물결, 권력 이동, 부의 미래 등 미래예측을 해 온 학자인데 대표적으로 '프랙토피아'(Practopia) 개념을 들 수 있다.

- 스티브 잡스와 빌 게이츠: 정보산업의 선두주자인 스티브 잡스와 빌 게이츠는 21세기를 네트워크와 정보홍수 사회로 규정하면서 '손가락 끝의 세기'(Fingertip's century)라는 개념을 사용했다.

- 리프킨: 경영학자이면서 노동경제학자인 리프킨은 21세기의 환경과 노동문제에 관심을 두어 《노동의 종말》《수소경제》《제 3차 산업혁명》 등을 집필하면서 엔트로피의 사회를 설명하면서 '고엔트로피 사회'(High entropy society)라는 개념을 사용했다.

- 헌트: 헌트는 산업사회와 후기 산업사회 이후의 사회를 가리켜 가치해체의 사회로 보고 원자화, 익명성, 무조직성 등의 특징에 따라 '아노미 사회'(Anomie society)로 전환된다고 설명한다.

- 다니엘 벨: 하버드 대학의 교수인 다니엘 벨은 《탈산업사회》와 《이데올로기 종언》 등을 집필하면서 1960년대 후반부터

21세기를 '정보화 사회'(Information society)로 예견하는 개념을 사용했다.

- 피터 드러커: 미래경영에 대한 혜안을 제시하면서 '후기 자본주의 사회의 경영'(Post capitalistic society)이라는 용어를 쓰면서 경영 리더십의 변화를 예측하고 있다.

- 네쉬빗: 미래학자인 네쉬빗도 메가 트렌드를 예측하면서 '한 아시아'(One Asia)의 개념과 '하이터치, 하이테크 사회'(High tech, High touch society)라는 용어를 사용했다.

- 제임스: 미래학자인 제임스 역시 "21세기는 고용가능의 사회이지 항구적인 직업의 사회는 아니다." 라고 말하면서 '직업이 없는 사회'(No job society)라는 개념을 사용했다.

미래학자들은 메가 트렌드(Mega trend)의 변화 아젠다와 개념들을 활용하고 있는데 이러한 21세기 변화의 큰 획은 2020년과 2040년 사이에 이루어진다는 예측을 내놓고 있다. 특히 우리 사회는 남북 갈등과 통일, 저출산, 고령화, 양극화, 사회통합, 과도·과열교육, 평등주의적 복지, 학교교육의 위기 등 구조적인 문제와 함께 이러한 미래 변화에 직면해야 하는 이중적 과제를 안고 있다.

〈그림 1〉 21세기의 3가지 트렌드

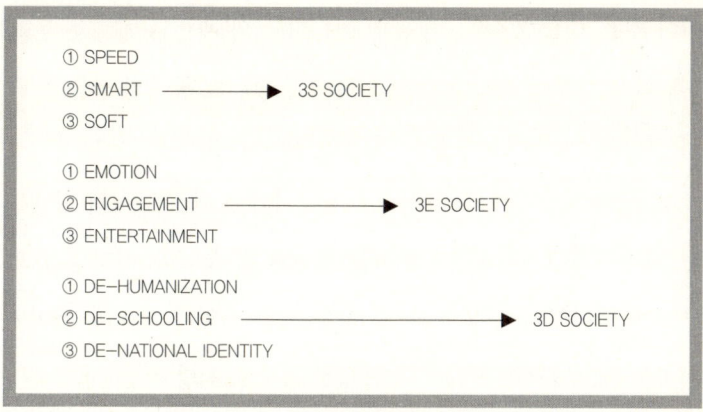

21세기 대학은 이러한 문제들을 직접적으로 해결해야 할 과제를 안고 있다. 대학이 자체적으로 그 기능과 역할 면에서의 위기를 안고 있으면서 동시에 사회적 문제를 해결해야 하는 과제까지 안고 있는 형편이다. 이 점에서 한국 대학의 미래 전망은 대학의 환경과 사회적 이슈, 그리고 대학의 본질과 기능 등을 종합적으로 고민하면서 미래 전망을 해야 하는 조심성이 필요하다.

우선 21세기의 3가지 트렌드(세부 9가지 트렌드)를 염두에 둘 필요가 있다. 〈그림 1〉에서 볼 수 있듯이 21세기의 3가지 주된 트렌드는 '3 SED SOCIETY'의 특징을 띠게 된다. 3S는 기술과 문화, 사회체제의 변화가 급격히 이루어지고, 특히 지식의 생산량이 급격히 늘어나고, 지식의 생명주기는 극히 짧아지는 특성을 지니게 된다. 또한 변화의 속도 역시 종래에 100년 걸릴 것이 1~2년 밖에 걸리지 않는 초스피드의 사회로 전환한다는 뜻이다.

이와 함께 모든 기술과 산업발전은 지능형 기술과 지능형 산업발전이 주를 이룰 것이다. 이 뿐만 아니라 이와 관련된 가치와 문화, 신념체계는 보다 섬세한 여성적 특색과 콘텐츠 중심의 흐름을 지닐 것이다. 이 점에서 소프트 혁명이 일어날 것이다.

3S 사회는 스피드와 지능, 소프트웨어와 콘텐츠 중심의 섬세하고 인간미 넘치는 여성적 특색을 지니게 될 것이다. 이러한 3S의 경향은 곧 산업, 교육, 문화, 정치 등 모든 영역에 확산될 것이고 이것은 네트워크와 융합으로 확산될 것으로 전망된다.

이와 함께 3E는 급격한 기술변화와 인간가치의 상실, 원자화 등에 따른 소외감이 확산되리라 보고 이 과정에서 교육은 매우 중요한 역할을 할 것으로 예견된다. 교육의 주요 트렌드는 3E라고 볼 수 있는 감성(Emotion), 학습자와 교수자가 공동으로 참여하는 감성교류교육(Encounter learning), 교육 내용에 있어서는 즐거움과 자발적 동기와 학습 효과의 고도화에 중점을 두는 엔터테인먼트(Entertainment)가 접목되는 교육 트렌드가 될 것이다.

이와 함께 기존과 달리 인간성의 상실, 캠퍼스 중심의 학교 체제의 붕괴, 가족 중심 가정의 붕괴, 국경 없는 세계 사회 혹은 세계 국가(Global nation)에 따른 국가정체성과 국민의식이 상실되는 사회체제의 큰 변화가 예견된다. 이러한 3 SED 사회적 특성은 대학교육에 큰 변화를 요구하게 될 것이다.

예를 들어 대학 환경도 하이테크에서 언어 인식, 바이오 측정, 교수방법의 대혁명 등 스마트 테크로의 변화를 경험하게 될 것이고, 전공이나 영역 중심의 단순 노동의 환경에서 다양한 형태의 가상노동과 텔레노동 형태로 변화가 불가피할 것이다. 이와 동시에 대학의 교수 역시 '인지적 지성'(Cognitive intellectual) 중심에서 '감성적 지성'(Emotional intellectual)과 '매체적 지성'(Media intellectual)으로의 변화가 불가피할 것이다. 특히 이러한 변화들은 문화의 양극화, 교육의 양극화, 가치의 양극화, 종교의 이질화, 그리고 시스템의 대변혁을 초래할 것이다. 일반적으로 위기의 대학환경을 그림으로 표시해 보면 〈그림 2〉와 같이 변화될 것으로 예측된다.

〈그림 2〉 위기의 대학환경(예시)

① 하이텍 → 스마텍
② 영역노동자 → 텔레노동자 → 가상노동자
③ 단일국가 → 지역연합국가 → 세계국가
④ 인지적 지성 → 감성적 지성, 미디어 지성
⑤ 블랙박스 → 사이버 박스
⑥ class anomie → digital anomie
⑦ 대면교육 → 인카운터 학습

2. 2030 한국 대학 비전

• 대학 빅뱅 시대

　세계적으로 중국을 비롯한 몇 나라를 제외하고는 모든 대학들이 어려움을 겪고 있다. 특히 인구가 감소하고 있는 국가들은 학생유치나 학교경영에 있어서 더욱 어려움을 겪고 있는 실정이다. 우리나라의 경우 어쩌면 2017년부터 큰 영향을 받기 시작하여 2030년을 전후해 대학의 빅뱅에 가까울 정도로 위기를 맞게 될지도 모른다.

　더구나 2020년 전후로 대학의 평균 적자가 87억 정도로 예상되고 규모가 큰 대학의 경우에는 그 적자 폭이 더 커져서 수백억의 적자가 될 수 있다. 이것이 몇 년 누적되면 천억이 넘는 적자를 맞게 되어 대단한 구조조정을 하지 않을 경우 도태될 수밖에 없는 실정이다. 특히 2000년 전후로부터 학생 수의 감소현상은 대학들의 정원부족 사태를 야기했고 2015년 현재에도 이러한 경향은 지속되고 있다. 특히 2016년, 2017년을 기점으로 학생 수 부족은 더욱 확대되어 2030년경에는 우리나라 대학교의 1/4~ 1/3 정도는 운영이 심각해질 가능성이 높고, 심할 경우 문을 닫아야 하는 지경에 이를 것으로 예견되고 있다. 이 뿐만 아니라 극심한 청년실업의 문제는 대학을 졸업해도 일자리가 없는 대졸 취업대기인력군의 문제가 누적되어 대학교육에 대한 회의론이 확산될 가능성마저 있다. 자기주도에 의한 졸업유예와 미취업 피난처가 되어가는 대학원 진학 등 자기주도적 취업유예현상(Job moratorium)은 대학의 생존 전략에 상당한 위협요소가 될 것이다. 뿐만 아니라 교수의 역할 변화에 따라 교수 취업난 시대가 도래할 것이고 2023년 경에는 약 12,000명의 교수 충원이 감소될 것이라는 전망이 있다. 또한 교수의 역할도 가상 현실 속에서의 세계적 대학의 진출에 따른 역할 변화가 불가피하게 될 것이다. 이러한 변화와 함께 주요 대학 중심의 편중현상은 부익부 빈익빈 현상을 심화시키고, 탈 캠퍼스의 대폭확대는 하드웨어적 대학관에서 소프트웨어적 대학관으로의 대변화를 일으켜 자의든 타의든 대학은 빅뱅 시대를 맞게 될 것이다. 이 시기는 아마도 2030년 전후로 예측하고 있으며 이 이후에는 그 속도가 더 가속화될 것으로 보인다.

• 세계 질 경쟁 시대

한국 대학의 비전을 예측해 볼 때, 세계가 하나의 교육시장화가 될 것이고 학점과 학위 상호인정 등 많은 부분에서 지역과 국가, 교육과정을 초월해서 세계 한 교육시스템화가 확산될 전망이다. 이러한 변화는 세계의 한 평가 시스템 시대를 열게 될 것이고 학습이동시대와 학습네트워크시대를 확산시킬 것으로 예견된다. 따라서 2030년 한국 대학 비전과 아젠다는 세계 질 경쟁 시대에 대비한 교육의 역량과 교육의 질, 교육환경을 마련해 나아가는 숙제를 안게 된다. 특히 학습이동 시대에 걸맞은 언어, 문화, 교육체제, 교육과정, 교육방법 등의 대혁신을 이루지 않고는 세계적 질 경쟁 시대에 부합하는 대학교육이 될 수 없다. 또한 학습네트워크는 대학 간의 혹은 국가 간의 열린 대학교육이 될 것이므로 학습네트워크의 과제도 매우 중요하다고 볼 수 있다.

세계 질 경쟁 시대에서는 교육의 질이 대학의 생존과 밀접한 관련이 되어있기 때문에 내국적 관점에서의 대학관만으로는 생존이 불가능할 수밖에 없다. 따라서 세계 질 경쟁 시대에는 OECD나 세계적 언론기관, 세계적 소비자 단체, 세계적 연구와 봉사단체, UNESCO, 그리고 지역 간 대학협력체계의 평가지표와 평가항목에 부합하는 교육체제와 교육의 질의 확보가 관건이 될 것으로 예견된다. 세계 한 대학, 한 교육, 한 학위 시스템이 가능해질 수 있기 때문이다.

• 대학 기능의 변화 시대

2030년경의 대학기능의 변화는 2000년 이후 지속되어 온 변화의 연장선상에서 기능의 변화가 이루어질 것으로 예견된다. 우선 대학의 4대 기능은 문화 전수의 기능, 집단사회화와 개인사회화의 기능, 고급인력 양성의 기능, 연구와 사회변화의 기능 등인데, 이러한 기능은 글로벌 연구기능과 자기주도적 학습기능, 복지

참여 봉사기능으로 변화가 이루어질 것으로 보인다. 이러한 변화는 연구, 교육, 봉사라는 상아탑적 대학의 전통적 기능에서 응용과 열린 세계화의 기능과 접목된 기능으로 변화가 이루어진다는 뜻이다. 특히 대학교육 기능의 변화는 곧 대학 이상의 변화와 본질의 변화를 의미하는 것으로서 순수학문이나 사변적 인문사회 학문영역에의 변화를 뜻하기도 한다. 그러므로 대학교육의 기능은 다분히 실용적 응용학문과 융합적인 학문형태로의 변화를 의미한다. 대학교육 기능의 변화는 일종의 성장기능 중심의 전통적 대학관의 변화를 뜻하며 이것은 '생존적 전략'(Survival stratagy) 중심의 대학기능으로 변화가 될 것으로 보인다.

대학교육 기능의 변화를 요약하면 다음과 같다. 첫째, 교육, 연구, 봉사의 기능에서 지식 미니어(Knowledge media), 지식 네트워크(Knowledge network), 지식 인큐베이터(Knowledge incubator)의 3K 기능으로 변화할 것이다. 둘째, 양적성장의 전략과 기능에서 질적 성장의 전략과 기능으로 변화할 것이다. 셋째, 상아탑적 대학관에서 인재양성이라고 볼 수 있는 원어의 뜻으로 방앗간 혹은 공장이라는 뜻으로 쓰이는 mill로 변화된다. 특히 3 mill, 즉 과거를 검증하고 재단하고 정리하는 Past mill, 오늘의 현실의 문제를 다루고 고민하는 Present mill, 그리고 이를 바탕으로 미래를 조망하고 준비하는 Future mill의 대학관으로 대학교육 기능의 대변화가 불가피할 것으로 보인다. 넷째, 교육의 장에서 자기주도적이고 복합적인 접근에 의한 학습 콤플렉스

(Learning complex) 장으로 변화할 것이다. 다섯째, 서비스 학습(Service learning) 중심에서 참여 중심 사회봉사 체제로 변화할 것이다. 여섯째, 캠퍼스 중심 교수학습에서 재택학습과 학습이동 시대로 변화할 것이다. 일곱째, 캠퍼스 중심에서 탈 캠퍼스 체제로 변화할 것이다.

• 한국 대학 비전의 변화

우리나라 대학들은 지금껏 성장 위주의 학교경영으로 운영되었다. 그러나 2030 시대의 한국 대학 비전은 성장이 아니라 내적충실을 대학의 가장 중요한 발전 전략으로 삼아야 한다. 특히 교육, 연구, 봉사의 기능이 변화되어 지식의 창출과 응용, 재조합을 통한 융합으로의 변화에 따라서 대학의 비전 또한 변화되어야 한다. 특히 주목해야 할 것은 캠퍼스 중심에서 캠퍼스 해체 체제로 가는 트렌드를 간과해서는 안 된다. 캠퍼스 해체 체제는 캠퍼스의 단위 캠퍼스 체제(Unit system)로 변화될 전망이 커서 단순한 양적 성장의 학교 경영 전략은 효율성에 한계가 있을 수밖에 없다. 그러므로 한국 대학 비전의 변화는 다음 몇 가지로 트렌드를 설정해야 할 것이다. 첫째, 기존의 3대 기능(교육, 연구, 봉사)에서 지식 경영 중심 기능으로의 변화, 둘째, 성장 중심의 교육에서 성숙 중심 교육체제로의 변화, 셋째, 실용 중심의 교육에서 창의적 실용 중심 교육으로의 변화, 넷째, 변화 주도 교육에서 변화 적응 중심 교육으로의 변화, 다섯째, 준비하는 교육에서 적시성 교육으로의 변화, 여섯째, 학위중심 교육에서 능력 중심 교육으로의 변화, 일곱째, 학제중심 교육에서 자격증 중심 교육으로의 변화, 여덟째, 교과위주 교육에서 참여적 학점선택제 창의 중심 교육으로의 변화이다.

이러한 변화가 주된 한국 대학 비전의 변화가 될 것이다. 따라서 우리나라 대학들의 비전은 성장보다는 성숙하는 교육으로, 경쟁 위주의 Red ocean에서 특성화 위주의 Blue ocean 교육으로 전환이 필요하다. 특히 급격한 사회변화에 따라서 능력 중심의 사회체제변화가 불가피하게 됨으로써 학위, 학과 중심의 체제를 탈피하여 능력과 자격증, 창의적 사고 중심의 교육으로 패러다임의 대전환을 해야 한다.

- 세계 대학들의 비전

전 세계에는 추계로 1만 4천여 개의 대학이 있다. 이들 대학 중 비전을 일찍 세우고 그 비전에 따라 전략적 경영을 해 온 대학들은 세계적인 대학으로 자리매김할 수 있었다. 그러나 특수한 비전의 실현 없이 시류에 내몰린 대학들은 평범한 대학에 머무는 것을 자주 볼 수 있다. 세계 대학들의 비전과 예를 몇 가지만 들어보면 다음과 같다.

→ 노틀담 대학

1917년 겨울, 눈발이 날리는 인디애나 주에서 100불을 가지고 기도로 시작한 이 대학은 지금 미국의 아이비리그 대학에 못지않은 세계적인 명문 대학으로 성장했다. 이 대학은 기독교 정신에 의해 참된 지성인을 기르는 목표를 세웠으며 경영학, 일부 인문사회와 예능 등에 있어서는 세계적인 명성을 얻고 있는 대학이다.

→ 시카고 대학

록펠러가 기부하여 세운 시카고 대학은 92명의 노벨상 수상자를 배출할 정도로 세계에서 노벨상 수상자를 가장 많이 배출한 대학이다. 경제학, 인문사회, 자연과학 등의 기초학문이 매우 강한 대학으로 성장했으며, 교양과정은 세계적으로 주목을 받는 선두적인 역할을 해왔다.

허친스의 100권의 책(One hundred great book series) 교양과정은 교양과 폭넓은 지성을 배양하고자 하는 학교의 비전에서 비롯되었다. 세계적인 대학인 시카고 대학은 지금도 예비 노벨상 수상자들이 연구에 전념하고 있는 연구 중심 대학이면서 동시에 세계최고의 교양교육의 대학이기도 하다.

→ 소르본 대학

6만 명의 학생이 수학하고 있는 소르본 대학은 인문과학 중심의 대표적인 특성화 대학이다. 과학기술 중심의 21세기의 특성에

도 불구하고 과학과 인문사회를 접목하는 지혜를 통해 시대가 요구하는 교양인, 직업에서 필요로 하는 교양교육, 사유와 창의성을 기를 수 있는 기초 인문과학교육, 융합적 인문과학교육을 통해서 파스칼이나 데카르트와 같은 석학을 배양하는 데 비전을 두어 세계적인 대학으로 성장했다.

→ 교토 대학

일본에서 노벨상 수상자를 가장 많이 배출한 대학 중의 하나인 교토 대학은 이공과 중심의 대표적인 특성화 대학이라고 볼 수 있다. 교토 대학의 비전은 다른 대학에서 하는 학문 영역이나 접근 방법을 탈피하여 전적으로 블루오션 경영 전략을 통해 가장 신뢰받는 연구 중심 대학으로 성장했고 세계적인 대학의 반열에 선 대학이다.

4개 대학의 예만 들었지만 우리가 주목해야 할 대학임에는 분명하다. 이들 대학들의 성숙형 대학경영(Matured college management)을 통해 타 대학과의 비교우위를 점유하고 그 대학만의 특성을 유지함으로써 21세기의 큰 변화에도 불구하고 세계적인 대학으로 지속적인 성장을 하고 있다. 몇 총장들의 의미 있는 말을 인용해 보면, 다음 몇 가지로 예를 들 수 있다.

- 프랑스 소르본 대학 총장

2002년 프랑스를 방문했을 때 소르본 대학의 총장과 조찬 모임을 한 적이 있다. 내가 "21세기에는 인문사회과학이 상대적으로 위축되어가는 학문인데 소르본 대학에서는 어떤 전략을 가지고 있습니까?"라고 물었을 때 소르본 대학 총장은 "비록 21세기라 할지라도 인문교양을 갖추지 않은 사람은 어떠한 직업을 갖더라도 성공적으로 그 직업을 수행할 수 없습니다. 인문교양은 모든 교양의 기초입니다."라고 말했던 것을 인상 깊게 기억하고 있다.

- 일본 교토 대학 총장

2000년에 일본 교토 대학 총장과 동경 대학에 하츠미 총장을 방문한 적이 있다. 일본 교토 대학 총장단과 저녁식사를 하면서 내가 이렇게 질문을 했다. "교토 대학이 노벨상 수상자를 많이 배출한 이유는 무엇입니까?" 그 때 교토 대학 총장은 "동경 대학이 동쪽으로 가면 우리는 서쪽으로 갑니다."라는 인상 깊은 말을 남겼다. 교토 대학은 다른 대학이 하는 전략과 학과를 그대로 답습하지 않는다는 것이었다. 특히 교토 대학만의 독특한 학풍과 전략을 통해 특성화와 지속적인 창의적 연구를 통해 노벨상 수상자를 많이 배출했다는 것이다. 교토 대학의 이러한 말은 우리 대학들에게 많은 시사점을 주는 말이기도 하다.

• 미국 버클리 대학 총장

미국 버클리 대학 총장이었던 티엔 총장과 만나 "버클리 대학의 21세기 전략은 무엇입니까?"라고 물었다. 티엔 총장은 나에게 크게 두 가지 전략을 얘기했다. "모든 학문영역의 기초는 IT응용학문으로 특성화시키겠다."라는 것과 "학문 영역을 초월하여 관심 있는 교수집단들이 연구그룹을 만드는 융복합 연구그룹을 만들겠다."라는 두 가지 말을 했다. 21세기에 꼭 필요한 전략이라는 생각이 들었다. 모든 학문의 연구와 기초가 IT의 기법을 활용해야 한다는 것과 융복합 학문을 해야 한다는 뜻이었기 때문이다.

그리고 버클리 대학 총장은 총장의 자질은 3가지가 필요하다고 덧붙였다. 첫째는 대학에 몸담은 학자이어야 할 것, 둘째, 전문성과 미래 비전을 갖추어야 할 것, 셋째, 경영 전략에 익숙한 CEO자질이 있으면 더 좋을 것이라는 총장의 자격론에 대해서도 덧붙여주었다.

대학 패러다임의 변화와 아젠다

1. 21세기 대학 패러다임의 변화

21세기는 지식 정보화형 대학 패러다임이 요구되는 시대이다. 그리고 21세기는 세계화, 정보화, 지식 집적화, 다국적·다문화로 특징지어지는 지식 정보화 사회이자 다원화 사회이다. 따라서 모든 삶의 형태와 활동이 지식과 정보라는 두 요소에 의해 크게 영향을 받는다. 경제도 지식기반경제의 특성을 띠게 되고, 인력도 지식형 인력(Knowledge oriented manpower)을 필요로 하게 되며, 교육 또한 창조적 지식창출 체제의 역할을 요구받게 된다. 따라서 이러한 지식기반 사회는 지식경영이 매우 중요시됨으로써 교육 시스템과 교육의 기능 역시 지식기반 사회에 적합한 체제와 체계를 필요로 하게 된다.

21세기 교육발전 전략으로 가장 중요시되는 과제는 지식기반 사회 구축과 지식의 창출, 그리고 응용에 있다고 볼 수 있다. 흔히 21세기는 '3K 사회'라 볼 수 있는 지식 미디어, 지식 네트워크, 지식 인큐베이터로 집약될 수 있고, 교육의 기능과 역할 또한 '新 3R'로 대변되는 적시성(Right time), 적절한 내용(Right contents), 올바른 배출(Right placement)을 수행하는 데 역점을 두게 된다.

이러한 시대적 변화는 모든 국가로 하여금 교육의 새로운 패러다임을 요구하여 사회와 국가를 가장 효율적인 '지식의 웹'(Knowledge web)으로 구축하는 데 정성을 쏟도록 하고 있다. 우리나라도 이러한 변화 과정에서 예외가 될 수 없다. '두뇌강국' '지식강국' '창의형 교육 패러다임'의 구축을 위해 보다 합리적인 체제를 필요로 하고 있어서 지식기반사회의 특성에 맞는 교육개혁 추진이 필요하다는 점에서는 이의가 있을 수 없다.

기본적으로 지식기반 사회를 대비한 국가발전 전략의 큰 틀은 사회와 국가 전체의 구도 속에서 자리 매김을 해야 할 것이지만, 여러 사회기관 중에서도 지식창출과 응용, 재생산을 그 역할로 하는 교육체제의 경쟁력 제고가 최우선되어야 함은 분명하다.

선진국의 예를 보더라도 지식기반 사회에 효율적으로 기능하는 교육시스템을 구축하기 위해 온 열정을 쏟고 있으며, 미국의 경우 1970년대 말 이래 5번의 교육개혁안을 지속적으로 실천해 나가고 있다. 일본, 중국, 호주, 영국, 독일, 프랑스 등도 대학교육의 질 관리를 강화하는 등 대학개혁을 집중적으로 추진하고 있다.

우리나라를 포함한 세계 각국들은 지식기반 사회에 대비한 전략과 문제점들을 중심으로 지식기반 사회 구축을 위한 해답을 찾고 있으며, 그 해답의 하나가 효율적이고 경쟁력 있는 대학교육 체제를 구축하는 데 있다는 점을 인식하고 있다. 지식기반 사회의 핵심적 과제는 지식을 창출하고 응용하며 이러한 지식을 재구조화하는 지식의 생산구조를 효율적으로 구축하는 일이라는 점에 동의하고 있다. 따라서 지식강국을 위한 기본 여건과, 활용 체제를 위한 패러다임의 설정과, 지식유통을 효율화시킬 수 있는 연계체제가 그 과제들이 되어야 할 것이다. 이 점에서 지식기반 사회에 적합한 대학개혁 방안은 지식의 창출과 재생산 구조를 효율적으로 구축하는 일이 최우선 과제 중의 하나라고 볼 수 있다.

세계적으로 대학들은 대학이 위치하고 있는 국가의 특성에 따라 나름대로의 문제점과 위기를 내포하고 있다. 우리나라도 예외가 될 수는 없으며 현재 일부 선진국이 1980년대에 경험했던 위기요인에 의한 대학 위기를 맞고 있다. 서구사회에서 1980년대의 대학의 생존 전략을 3R 즉, 감축(Reduction), 재배분(Reallocation), 긴축(Retrenchment)으로 제시한 바 있는데 오늘날 우리 대학에서 필요한 부분이 바로 대학 구조조정과 관련된 3R이라고 할 수 있다. 더구나 대학은 거듭나기를 필요로 하고 있고 새로운 패러다임의 설정을 요구하고 있다. 한 마디로 우리나라 대학들의 현재 모습을 변화시켜야 함을 그 전제로 하고 있다. 다만 정부주도의 수요와 공급을 조정하는 차원의 '물리적 구조조정'이 아니라 패러다임을 바꾸는 '화학적 구조조정'이 되어야 하는 과제를 안고 있다. 미래의 대학교육 체제는 사회, 경제, 문화, 정치적 변화에 따라 그 구조와 운영 면에서 이러한 변화들을 수렴하여 재구조화해야 하는 수렴 체제이면서, 동시에 미래지향적 자기발전과 생존을 추구해야만 하는 자구체제적인 이중적 특성을 갖게 될 것으로 예견되기 때문이다.

21세기 체제는 시대에 맞는 기능과 역할을 가장 효율적으로 수행해야 하는 열린 대학교육 체제가 될 것으로 보인다. 특히 21세기는 신문화 혁명, 언어 혁명, 학습 혁명, 전자-교통-생명 공학 혁명, 정보 혁명에 의한 영상 혁명과 통신 혁명이 이루어지고, 결국 총체적인 삶의 혁명이 예견되는 사회이다. 이 점에서 볼 때 21세기는 대학교육의 대전환기라 볼 수 있으며, 대학 패러다임의 변화를 다음 몇 가지 변화로 집약할 수 있다.

첫째, 폐쇄 체제로부터 개방 체제로의 변화이다. 입학에서부터 졸업까지의 전 과정이 유연성을 지니게 될 것이며, 가정-학교-직장이 한 교육과정의 선상에 서는 학습 체인 체제(Learning chain system)로 전환될 것이기 때문에 현재의 엄격한 규정에서 벗어나 유연성을 지닌 체제로 개방화 될 것이다. 따라서 대학 체제는 연성 체제(Soft system)적 특징을 띠게 되고, 지역과 국가를 초월함은 물론 제도와 비제도의 혼합적 특성을 띠게 되는 융합체제(Blended system)가 될 가능성이 높다.

둘째, 공급자 위주의 체제로부터 소비자 중심의 체제로의 변화이다. 이러한 변화는 '학생 소비자 시대'(Student consumerism)의 확산을 의미하며 학생 중심의 과정(課程)과 과정(過程)으로의 변화가 불가피할 것이다.

셋째, 교수 중심으로부터 학습 중심으로의 변화가 지배적일 것이다. 교수의 역할, 교과서의 구성, 교수 방법의 활용 등에 있어서 커다란 변화가 불가피할 것이다. 즉 융합적 학습(Blended learning), 이동 학습(Mobile learning), 협약 학습(Contract learning), 가상 학습(Virtual learning), 자기주도적 학습(Self-paced learning), 전환 학습(Trans learning), 지능형 학습(Smart learning)과 자기충족 학습(Self-help learning) 등이 대폭 확대될 것이다. 이러한 변화는 결국 무제도, 무형식, 무규제 교육이 보편화되고 학습자 중심 체제로의 변화를 주도할 것이라고 생각된다.

넷째, 내국적 관점에서 국제·세계적 관점으로의 변화가 예견된다. 이는 통신과 교통, 교수 방법과 매체의 발달에 따른 변화로서 세계가 한 교육의 장이 되고 세계가 교육 자원화되는 세계 대학의 체제가 정착될 것이다. 물론 세계를 학습장으로 하는 세계 학습 사회의 도래도 예견된다. 학생유치, 대학 프로그램 설정, 학사운영, 연구 등도 모두 세계적 관점에서 이루어져야 한다. 근래 대표적인 예로 하버드와 MIT가 공동으로 운영하고 있는 MOOC 프로그램이 있다.

다섯째, 대학행정 체제로부터 대학경영 체제로 변화될 것이다. 대학의 경영에 있어서도 경영 전략, 전문경영자적인 교육지도자 등의 요소가 강조될 것이다. 이에 따라 연구개발 경영, 웹 경영, 학생 경영, 교수 경영, 학교 기업, 전략적 경영 등의 다양한 기법이 요구되는 체제가 될 것이다. 한 마디로 교육산업적 관심으로 변화될 것이다.

여섯째, 전통적 대학과 비전통적 대학으로의 이원화가 이루어지는 이중 체제(Dual system)의 가능성도 예견된다. 즉 전통적인 대학 체제와 이와는 매우 다른 비전통적 대학, 예컨대 Virtual university, Cyber system, Mega-university, Andraversity, Televersity, Smart college, Transnational college, Opportunity college, Branch unit system 등의 체제가 공존할 것으로 보인다.

일곱째, 대학 인구의 이동과 자원의 공동 활용, 자격 중심 운영 체제적 특성을 지닐 것으로 보인다. 이러한 대학 이동 현상은 대학의 성장·쇄락의 활성화를 가져와 소규모 특성화 대학군과 대규모 명문 대학군의 성장을 가져다주는 반면, 생존 전략에 실패한 대학들의 쇄락을 촉진할 것으로 예견된다. 따라서 대학 간의 부익부 빈익빈 현상이 심화될 것이고 대학은 학생, 교수, 직원의 이동이 확대되는 모바일 대학(Mobile college) 시스템으로 변환이 급격히 이루어질 가능성이 있다.

여덟째, 출산율의 급격한 감소와 평균수명 증가에 따른 저출산, 고령화 사회의 도래에 따라 학생의 특성도 고연령 시간제 성인 학습자가 증가할 것이고, 평생 4~5번의 대학교육을 받게 되는 평생교육 체제로의 변화가 예견된다. 따라서 대학생 인구의 분포 또한 여학생의 증가, 기혼학생의 증가, 시니어 학습자의 증가, 시간제 학습자의 증가, 자격증 중심 학생의 증가, 외국인 학생의 증가 등의 특성이 나타날 것이다.

이러한 21세기 대학변화의 트렌드를 감안해볼 때 두드러지게 나타날 수 있는 공통적인 체제적 변화들은 다음 몇 가지로 집약될 수 있다.

첫째, 다학문적 접근에 의한 기존의 학과나 전공 개념의 퇴조, 그리고 다학문적 체제로의 재구조화가 확대될 것이다. 따라서 탈 전공, 탈 학과, 탈 학년이 두드러진 특징으로 나타나는 융합적 학습 단위군(Co-learning unit group)으로 재편될 가능성이 높다.

둘째, 학계·학제·학교 간 이동이 자유롭고 보편화되어 학제·학교 간 이동이 원활한 열린 개방 체제적 특성을 갖게 될 것이다. 따라서 온라인과 오프라인, 국내와 국외, 소속대학과 타 대학 간의 학점교류와 상호인정이 확대될 가능성이 높다. 이러한 예로써 유럽의 에라스무스 문두스 프로그램(Erasmus Mundus Program)이나 소크라테스 프로그램(Socrates Program), 레오나르도 다빈치 프로그램(Leonardo Da Vinci Program)을 들 수 있고, 아·태 지역대학 간의 상호학점인정 교류협력기구인 UMAP의 UCTS프로그램도 이러한 예에 속한다. 또한 유네스코 중심의 세계 대학 간 학점교류와 인정 프로그램도 이러한 교육 이동의 좋은 예가 될 것이다.

셋째, 교수 방법에 커다란 변화가 일어나 개인 학습 방법이 확대되고, 학점은행제나 자격증 중심 체제로 전환될 것이며 탈 대학적인 '재택 대학 체제'(Home schooling system)'나 프랙티컴, 인턴십 중심이 되는 현장 중심의 '직장 대학 체제'의 특성이 지배적일 것이다.

결국 21세기 미래의 고등교육체제의 특성은 '체제 중심'으로부터 '내용 중심'으로, '학제 중심'으로부터 '학계 중심'으로 변환될 것이며, '교수 중심'으로부터 '학습 중심'으로 변화될 것으로 보인다. 따라서 이러한 전반적인 특성은 세계의 대학들로 하여금 21세기형 새로운 패러다임 설정을 요구받게 된다.

한 마디로 21세기의 대학 체제의 변화는 소비자 중심, 수요 중심 교육으로 방향이 전환될 것이며, 평생교육 체제와 무제도적 특성이 강화되는 21세기 형 '신 대학 체제'(新 大學 體制)가 정착될 것이다. 이 때 중요시되는 점은 특성화, 다양화, 고객 중심, 네트워크, 협력과 경쟁, 질 관리 체제가 될 것이다.

결론적으로 21세기는 지식기반 사회와 교육이동의 사회, 가상 학습 사회 등으로 특징지어지는 사회이다. 이러한 대학교육 여건의 변화는 우리로 하여금 신세기의 패러다임을 요구하고 있다. 물론 대학의 기능과 역할도 커다란 변화를 예고하고 있어서 새로운 세기에 걸맞은 형태로의 재구조화가 불가피한 실정이다. 특히 학생인구 감소와 국가 간, 대학 간의 부익부 빈익빈 현상의 심화로 '대학의 빅뱅 시대'가 도래할 가능성마저 있다.

그러나 기존의 대학 질서와 구조가 현존하고 대학의 위상이 나름대로 정립되어 있는 현실을 감안할 때, 급격한 변화는 결코 간단한 문제가 아니다. 다만 지식기반 사회에서 우리나라 대학들이 이 모습 이대로는 안 된다는 것만은 분명하다. 따라서 어떤 형태로든 위기의 대학 시대에 맞는 대학개혁이 이루어져야 한다는 큰 흐름은 더욱 강화될 것으로 보인다.

특히 주목해야 할 점은 21세기의 대학의 패러다임 변화가 대학의 구조적 해체를 그 근간으로 할 것이라는 점이다. 21세기 고등교육 정책 또한 커다란 변화를 예고하고 있고 이에 상응하는 구성원들의 자세를 요구받게 될 것이다. 단순히 근시안적인 땜질식 구조개혁이 아니라 특성화 전략에 초점을 맞춘 시스템 전반의 대개혁이 되어야 한다. 몇 개 특정 대학의 '앞서가는 대학'의 개념을 뛰어 넘어 모두가 다르고 독특한 '유일한 대학'의 개념으로 전환해야 한다. 이 점에서 경영혁신 전략은 전략적 전통과 혁신의 조화, 개별 대학 차원의 특성화와 다양화의 조화, 규모경영 철학에 대한 양적 성장과 질적 성장 간의 조화, 세계적 경쟁 틀 속의 내국적인 측면과 국제적 측면의 조화 등을 감안해야 하지만 개별 대학의 전략화가 최우선이 되어야 한다.

기본적으로 기존 사고의 틀처럼 대학 전체 차원에서 연구 중심이니, 교육 중심이니 등의 카네기 재단의 분류도 감안되어야 하지만 학제, 학계 등을 과감히 재구조화하는 특성화, 차별화 등 적극적 방안이 모색되어야 할 것으로 보인다. 예컨대 우리나라 대학의 특성화를 전제로 국책형, 수익형, 전략형, 다국적형, 협력형으로 재구조화하여 협력 체제와 경쟁 체제를 가미할 수도 있고 외국 대학들과의 협력을 전제로 하는 완전 자율화 개방 체제로 전환하는 등의 구조적 개편도 적극 검토될 시점이다.

2. 한국 대학의 실상

우리나라에는 두 가지 수수께끼가 있다고 한다. 그 하나는 세계에서 대학 진학을 위한 교육열(2010년경 까지 인구 당 86.7% 진학률)이 가장 높다는 것이고, 또 하나는 이러한 교육열에 비해 지나칠 정도로 대학교육(교육예산 중 10.7% 예산)이 방치되어 있다는 것이다. 다행히 2010년을 기점으로 대학 진학률은 다소 완화되어 72~75% 수준을 유지하고 있지만 아직도 캐나다를 제외한 선진국에 비교해본다면 아주 높다는 점을 주목할 필요가 있다. 물론 진학률이 높다는 사실만으로 대학교육에 문제가 있다고 단정할 수는 없지만 유럽 등 선진국의 대학 진학률이 45~50% 수준이라는 점을 볼 때 경제발전 수준과 직업구조, 산업의 변화 속도 등을 감안할 때 내실없는 고학력 사회는 사회문제를 안을 수밖에 없다. 2014년 9월 통계를 보면 약 45만 명의 대학 졸업자 중 실업자가 20만 명, 시간제형 실업자가 97만 명, 구조적 청년 실업자(대기 실업자)가 72만 명인 것을 감안하면 약 180만 명의 대졸 청년 실업자가 있고 청년 실업률은 OECD 10위 수준이라고 하지만 8.9%에 이르고 있는 점은 높은 대학 졸업자 수와 취업구조와의 불일치 현상이 심화되고 있다는 반증이기도 하다. 특히 2015년 6월 현재 청년 실업률이 11.4%이고 체감 실업률이 22.7%라는 점은 취업구조와 대학교육 간의 불일치뿐만 아니라 최첨단 영역은 인재난이고 그외 다른 영역은 구직난이 되는 이중성을 지니게 된다. 이러한 관점에서 일부에서 주장하듯 내실 없는 대학교육에 대한 비판적 시각의 대학 부재론이나 대학 무용론이 대두되는 것도 무리가 아니다.

현재 우리나라에는 전문대학까지 합쳐 359개의 정규 고등교육 기관이 있고, 교직원만 해도 16여 만 명, 학생 수도 220여 만 명에 이르고 있어서 양적으로는 세계에서 결코 뒤떨어지지 않는 실정이다. 그러나 국제적 관점에서 보는 질적인 측면과 교육여건, 지표면에서는 열악하다는 것을 쉽게 부인할 수 없는 실정이다.

특히 우리나라와 외국의 교육여건을 비교해 볼 때 대학교육 환경 지표는 열악하기 그지없다. 2014년 현재 우리나라의 GNP 대비 교육예산은 50.8조 원으로 전체예산 대비 14.2%이고, 그 중 2014년 교육비 중 16%가 고등교육 예산으로 약 8조 6천억 원 정도이다. 그러나 1인당 교육비에서는 초·중·고 학생 1인당 교육비가 99만 원 정도인 데 비해, 대학생의 경우는 63만 원 정도에 불과하다. GDP 대비 교육예산을 주요 국가와 비교해 볼 때 미국의 경우는 2.6%(2005년), 일본 1.1%(2005년), 영국 1.1%(2006년)

에 비해 낮다. 더구나 고등교육기관 학생 수의 비율이 18.7% 임에도 불구하고 현재 고등교육비 예산은 9.7%에 불과한 실정이다. 이는 미국의 7년 전 40.2%, 일본의 22.5%, 영국의 18.9%에 비해 매우 낮은 편이다.

따라서 우리나라 대학생 1인당 교육비는 선진 외국 대학의 1/3로부터 1/24수준에 불과하며, 세계 평균 대학 교육비의 1/2에 지나지 않는다. 서울대의 예산을 볼 때에도 1997년 동경대의 1/5, 대만대의 1/3, 스위스대의 1/10에 불과한 실정이다. 물론 혹자는 우리나라의 사교육비까지 합하면 결코 낮은 편이 아니라는 주장도 있으나, 이러한 주장은 제도적 교육을 논할 때 의미가 없는 것이다. 우리나라의 2014년 고등교육 예산이 8조 6천 452억 정도인데 미국 하버드 대학의 일 년 예산이 2조 4천 억 원이다. 따라서 우리나라 대학 현실은 선진국 수준과 비교해 볼 때 도저히 경쟁을 할 수 없는 형편이다.

그러므로 개방 시대에 우리나라 대학의 가장 절실한 문제는 재정을 확보하는 일이다. 재정 확보 없이 대학 개혁은 한계성을 탈피할 수 없기 때문이다. 그러나 포뮬라 펀딩(Formula funding) 형식으로 대학을 평가해서 구조조정을 시도하고 있는 정부정책에 따라 대학들은 등록금 인상도 불가능하고 구조조정에 필요한 지표를 맞추기 위해 추가 재정을 투자해야 하는 이중고를 겪고 있다. 그뿐만 아니라 구조조정에 필요한 재정확보는 물론이려니와 장기적 관점에서의 대학의 발전 전략을 추진하기보다는 정부의 구조조정 평가지표에 급급한 현실이어서 장기적 안목에서 보면 대학의 국제경쟁력 제고는 한계에 봉착할 수밖에 없는 현실이다.

세계 속의 한국 대학의 위치는 우리나라에서 우수하다는 대학이 세계 100위권에 겨우 두 대학 정도 포함될 수 있다느니 등의 논의만 보아도 잘 알 수 있다. 도서관의 장서 수만 보더라도 하버드 대학이 18,500만 권 정도이고, 미국의 주립 대학들도 500만~700만 권인데 서울대의 경우 450만 권 정도에 불과하다. 그것도 규장각 소장 도서 등을 제외하면 이백 수십만 권 정도에 불과한 실정이다. 물론 다른 대학들의 도서 확보율이나 기타의 여건은 더욱 열악한 실정이다. 지식정보화 사회의 도래에 따라 e-Book 등 책 없는 도서관이 확산되고 있다는 것은 사실이지만, 그래도 장서의 경우는 도서관의 규모와 학습 자원 센터의 역할로서 그 위상을 판단할 수 있기 때문에 도서의 장서 수는 대학 학문연구의 인프라와 관련해서 중요한 판단지표가 되기 때문이다.

교수 대 학생 비율을 보더라도 우리나라 국립대의 경우는 23~25명 학생에 교수 1명이고, 사립대의 경우는 31명 내외인 형편이다. 전국 평균을 보면 28.3 : 1명인 셈이다. 그러나 주요 선진국의 경우와 비교해 보면 약 2~3배 정도로 학생 대 교수의 비가 높은 편이다. 물론 일본의 유수 사립대학인 와세다나 게이오 대학의 경우에는 인문사회과학의 경우 40~43 : 1 정도의 교수와 학생 비율을 가지고 있지만 이런 경우는 세계적인 추세로 보아

예외적인 케이스라고 볼 수 있다. 물론 교수 대 학생 비가 낮은 것만이 최상의 교육결과를 가져다준다는 논리는 무리가 있을 수 있다. 그리고 선진국과는 달리 정규 교수만을 강조하는 정부정책도 쟁점이 많고 특성화 전략이나 개별 대학 발전 전략에 따른 교수 확보율보다는 학생대비 1/N 개념의 교수 확보율 계산은 문제점이 있다. 그럼에도 교수 대 학생 비율은 대학교육의 질을 담보하는 최소의 인프라이기 때문에 중요한 질 관리 지표 중 하나가 될 수밖에 없다. 교수들의 연구 실적을 볼 때에도 교수 1인당 연간 논문 편수는 2.43 편이고 저서 수는 1.2편 정도이다. 물론 학생들의 독서량도 선진국의 1/4정도이고 과제와 수업량도 60% 정도에 불과하다. 실험 실습 기자재를 보더라도 전국 192개 대학이 보유하고 있는 확보율은 액수로는 3조 원이 넘고, 기자재 수는 19만 개 정도이지만 법정 기준의 52.7% 정도이고, 선진국에서 보유하고 있는 고가 실험 실습 기자재도 매우 열악한 실정이다.

이러한 우리나라 대학의 현주소를 생각해보면 지식정보화 사회의 도래와 기술변화의 급격한 변동을 감안해볼 때 세계 대학과 경쟁해야 하는 열린 세계화 시대의 대학으로서 제 기능을 수행할 수 있는 교육 여건은 상당 수준 미흡하다는 것을 부정할 길이 없다. 물론 혹자는 계량적 지표나 여건만으로 우리나라 대학교육 수준을 결정하고 비교하는 것은 바람직하지 않다고 할 것이다. 그러나 질 좋은 대학교육을 위해 필요한 인프라로 볼 수 있는 기본적인 대학교육 여건을 갖추지 않은 상태에서 질 좋은 대학교육과 국제 경쟁력을 갖춘 대학을 육성한다는 것은 쉽지 않다.

이러한 점에서 대학교육에 대해서 정부와 기업, 그리고 학부모들마저 아무런 관심을 기울이지 않는다면 분명 대학은 살아 있는 대학이 될 수 없다. 근래처럼 정부 정치권, 사회 등이 대학에 대한 부정적 시각을 갖고 대학을 비판을 하는 것은 대학의 열악한 인프라와 급격한 과학기술의 변화 등에 부응하지 못하고 있는 대학교육의 한계와 무관치 않다는 것을 인식할 필요가 있다. 물론 대학인들 또한 연구와 봉사가 제대로 이루어질 수 있는 환경이 아니라고 개탄하는 경우를 많이 봐왔다. 대학이 내부적으로뿐만 아니라 외부적으로 지원되고 육성되는 환경이 아니라면 분명 대학교육에 문제가 있는 것이고, 세계 속의 한국 대학의 위상도 낮아지기 마련이다. 낮은 수준의 교육의 질과 대학에 대한 관심은 21세기를 대비하고 세계적 경쟁력을 추구하는 대학교육에서 우리가 경계해야 할 첫 번째 요소이다.

재정도 빈약하고 연구 수준도 높지 않으며 교수 확보율도 한계가 있을 뿐만 아니라 산업체 욕구에 부응하지 못하고 교육, 연구, 봉사가 제대로 이루어지지 않는 한국 대학을 복원하고 지식정보화 시대의 대학으로 전환시키기 위해서는 국제 수준에 걸맞은 고등교육 예산 배정과 교수와 학생, 총장 등 구성원 모두의 교육 의식 개혁이 수반되어야 한다. 물론 이와 함께 학부모들의 대학을 보는 시각도 변해야 하고, 대학관과 대학 이상에 대한 이해도 절실한 실정이다. 세계 속의 한국 대학으로 발돋움하기 위해서는 미국의 한 대학의 1년 예산이 우리나라 전체 사립대 재정 10% 확보액이라는 점을 가슴 아프게 받아들여야만 한다.

그래도 우리나라 대학은 희망이 있다. 우수한 두뇌와 열성을 지닌 학생들과 어디에 내놓아도 경쟁력을 갖춘 자질 있는 교수 자원이 풍부하기 때문이다. 이 점에서 대학의 인적 자원인 교수와 학생들만이라도 양질의 Software화하는 과제가 주어진다고 할 수 있다. 우리 대학의 가장 큰 문제는 하드웨어도 문제이지만 그보다 더 큰 문제는 대학 이상을 시대적으로 알맞게 정립하는 일이고 효율적인 학습과 창의적인 연구가 가능할 수 있도록 교수와 학생의 동기와 능력을 배가시키는 일이다. 즉, '대학의 소프트웨어 혁명'(Software revolution)을 이루는 일이다. 대학은 시대정신을 반영하는 사회적 거울이고 국가와 사회와 민족을 선도해가는 시대적 개척기관이기 때문이다.

3. 한국 대학 변화 아젠다

우리나라 고등학교 졸업생 75% 이상이 대학에 진학하고 있다. 대부분 대학을 무사히 졸업한다. 연간 45만 여 명이 넘는 대학 졸업자들이 대학을 졸업한다. 그만큼 전국의 대학 수도 많다. 2년제 대학을 포함하여 대학학력인정기관까지 합하면 전국의 고등교육 기관이 400여 개에 가까운데, 이들은 졸업 이후 취업격정을 해야 하고 대학 재학 중에는 대학교육의 질과는 상관없이 학위 취득을 위해 주어진 교과 내에서의 학점 취득에 급급하다. 그리고 4년이 지나면 내실이 있든 없든 상관없이 졸업을 하게 되고 사회에 필요한 인력으로 배출된다. 학생의 질보다는 4년 간 학사 일정에 따라 학생을 배출해 내는 것이 대학의 역할이고 많은 대학들이 그러한 타성에 젖어왔던 것도 사실이다. 하지만 이러한 상황은 이미 바뀌었고 지금은 옛말이 되었다. 학생유치가 어려워지는 시기가 이미 도래했고 양질의 교육과 상대적으로 사회적 인정을 받는 대학의 경우에는 학생유치가 어렵지 않겠지만, 그렇지 못한 대학이라고 볼 수 있는 70% 이상의 대학들, 특히 지방 소재의 대학들은 학생유치에 어려움을 겪게 되고 결국 운영에 커다란 어려움을 겪고 있다. 결국 조금이라도 양질의 인력을 배출할 수 있는 대학으로 학생이 몰리게 되고 나머지 대학들은 심한 경우 대학 문을 닫게 되는 경우도 있을 수 있을 것이다. 혹은 다른 대학과 합병해야 할지도 모른다.

 1990년 중반까지 대학은 거의 독점과점 기관이었다. 학생은 항상 넘쳐났고 대학은 잘 골라서 선발해주기만 하면 되었다. 학생 유치에 어려움이 없었기 때문에, 크게 양질의 교육이니, 조직이니 하는 경영 측면을 변화해야 할 필요성을 느끼지 못했다. 그러나 지금은 상황이 많이 변해가고 있다. 수많은 사립대학들 중 스스로 경쟁력 있다고 자부하는 상위의 몇몇 대학을 제외하고는 앞으로도 대학의 주 수입원이 기존처럼 유지될 수 있다고 장담

하는 대학은 없을 것이다.

가장 큰 원인은 대학 신입생으로 지원할 고등학교 졸업생들의 급격한 감소 추세이다. 또한 입학 후에도 빈번한 휴학과 편입이 큰 골칫거리이다. 재정에 대한 압박은 정부로부터 재정을 지원받는 국립대학도 마찬가지이다. 교육부는 이미 국립대 구조조정에 대한 계획을 만들어 방만한 경영을 꼬집고 있으며, 혁신을 통한 구조개선을 강조하고 있다. 이와 함께 2023년 급격한 대학의 학령인구절벽에 대비해 대학 폐쇄를 전제로 한 구조조정이 진행되고 있다. 결국 대부분의 대학들이 변화와 혁신에 대한 고민을 안고 있고 구조조정에 대한 속앓이를 하고 있는 것이 현실이다. 마치 기업들이 기술변화와 세계적인 기업환경의 변화가 있을 때마다 경영 혁신을 외치면서 변해야 한다고 했던 때와 분위기가 비슷하다. 그러나 대학 스스로 이러한 변화를 주도하고, 구조조정 전략을 수립하고 시행할 수도 있는데 한계가 있는 것이 안타까운 현실이다. 대학 자율보다 정부가 구조조정을 주도하고 있기 때문이다.

그렇다면 대학들은 무엇을, 어떻게 해야 할 것인가? 한 마디로 대학들이 조금 더 적극적으로 변해야 한다고 말하고 싶지만, 대학이 획기적으로 변하기란 대단히 어려운 것 또한 현실이다. 늦었지만 지금부터라도 준비하고 변화를 시도하는 대학만이 몇 년 후에 당당하게 살아남을 것이라는 사실이다. 또 하나의 결론을 덧붙이자면 기업처럼 핵심 기술, 즉 특화된 고급 지식을 발전시켜 유지 보전해야 한다는 것이다. 지금의 대학들은 한 때 과거

1960~70년대 기업들이 농경사회에서 산업사회로 변화하는 전환기에 판매 가능한 모든 것을 판매하던 종합 상사와 같은 모습을 하고 있다. 그러나 그 당시 기업에서 일하던 사람들이 '우리는 걸레에서 비행기까지 판매합니다.'라고 자랑삼아 얘기했지만 지금은 그런 기업들은 모두 망했다고 한다. 일본의 소니 회사나 핀란드의 노키아 핸드폰 회사가 쇠락한 까닭도 변화를 읽지 못했기 때문이다. 전국의 4년제 대학들은 대부분 비슷비슷한 전공 분야를 가지고 있다. 1980년대 중반 이후 많은 대학들이 종합 대학화하면서 너도 나도 유사 학과를 늘려 왔다. 몇몇 대학을 빼고는 결국 유사한 학과들을 개설하고 있는 셈이다.

특히 최근에는 기술교육인력을 양성하는 2년제 대학들의 전공개설영역과 4년제 대학의 전공개설영역이 중첩되고 있는 것이 현실이다. 물리치료학과의 경우는 2년제 대학보다 4년제 대학이 더 많은 학과를 개설하고 있는 형편을 봐도 이를 알 수 있다. 또한 4년제 대학이나 2년제 대학에 개설되어 있는 상당수의 학과는 대학교육에서 학문적으로 정립되기 어려운 영역도 있다. 이러한 점은 대학이 대변환기에 생존하기 위한 궁여지책임을 알 수 있지만 대학의 기능과 본질 면에 비추어보면 바람직한 현상은 결코 아니다. 지난 몇 년간 기업은 지식경영이라는 주제 아래 현장에서 유용한 핵심 지식을 가지고 있는 지식인들을 산업사회의 물질 자원보다 더욱 중요시 여기는 사고를 확대해 왔다. 그리고 백화점식 확장 경영을 축소하여 내실형 핵심 기술 경영으로 몰아가고 있다. 변화하는 사회 환경에 발 빠르게 적응하기 위한 것이다. 이렇게 많은 기업들이 산업사회 조직에 적응했던 조직 구조를 정보사회에 맞는 조직 구조로 바꾸어 나가고 있다. 기존의 그룹 중심의 단체주의, 대량 생산주의를 개인 전문가, 소량 특수 분야 개발 등 점점 특화된 분야로 전환하고 있다.

 기업들은 조직원 개인의 능력 개발에 치중하면서 창조적 혁신 전략과 구조조정 전략을 통해 한 사람이 수십만 명을 먹여 살릴 수 있다는 확신을 가지고 생존 전략을 수립한다. 대학들도 환경 적응을 위해 부단히 애쓰고 있는 것이 사실이다. 그러나 대학 특성화, 사이버 교육 확대, 교육환경 개선 등 다양한 요소들을 더 고민해야만 한다. 하지만 정작 중요하게 고민할 것은 대학이 자산으로 여겨야 할 고급 지식의 발전 전략이다. 학생들이 대학을 졸업할 시기에는 이 시대에 적합하고 사회에서 유용하며 고부가 가치를 만들어 낼 수 있는 지식 기반을 만들어내야 한다. 외국의 대학에서 힘들게 공부하는 유학생들이 바라는 것은 졸업 후 자신에게 평생 재산이 될 고급 지식의 보유일 것이다. 우리나라 대학들이 비판받아 오고 있는 부분이 바로 이것이지만, 여전히 온갖 개혁의 주제 하에서도 쉽게 개선되지 않는 부분 또한 이것이다. 이를 달성하기 위해서는 우수 인력, 즉 능력 있는 교수의 확보가 중요하며 무엇보다 교과과정이라고 볼 수 있는 콘텐츠 혁명 없이는 불가능하다. 하지만 아직까지 우리의 대학은 공동체 의식이 강하다. 그러다 보니 교수들의 능력은 변화하지않는 대학의 풍토때문에 대학에 발을 들어 놓는 순간부터 하향곡선을 긋는다는 얘기도 있다. 미국의 교수들이 기를 쓰고 대학에서 살아남은 결과, 가족은 해체되었다는 우스갯소리와 단연 비교된다. 대학의 교수들을 조직의 능력을 개발시키고 대학의 경쟁력을 키우는 밑거름으로 삼아야 한다. 캠퍼스도 변변치 않고 학생 수도 많지 않지만 한 분야에서 독보적인 자리를 차지하고 있는 외국의 대학들을 보면서 우리가 깨달아야 하는 것은 그들이 자랑하고 있는 고부가 가치 지식과 이를 보전하고자 하는 그들의 노력이다. 노벨상 92명을 배출한 시카고 대학의 경우에는 최고의 고부가 가치 연구와 이를 위한 연구 환경을 조성하고 능력 있는 교수를 확보하여 최고의 명문 중 하나로 부상한 것이다.

지금은 그렇지 않으나 한동안 유학 바람이 거세게 불었던 이유 중의 하나도 국내에서 대학 나온 인력 보다는 해외에서 대학 나온 인력의 고급 지식을 선호하는데서 비롯된다. 향후에도 지식에 대한 빈익빈 부익부 현상은 지속될 것이라는 게 전문가들의 전망이다. 인터넷을 통해 고급 지식을 가진 교육기관들이 전 세계를 대상으로 수익 사업을 펼치고 있고 결국은 고등교육 시장이 전면적으로 유통된다는 점을 감안할 때, 우리 모두가 세계적인 틀 속에서 우리 대학의 경쟁력과 다양성, 연구역량이 취약하다는 것은 이미 알고 있는 사실이다.

안타까운 점은 대학의 몸집은 상당히 둔한 편이라는 점이다. 중소 규모의 사립대학도 눈치를 보며 의견을 조율해야 할 조직이 많다. 국립 대학으로 가면 상황은 더욱 심하다. 다양한 조직의 의견을 거치면서 새로운 제도나 원칙이 만들어지는 것은 상당히 바람직하지만, 이는 변화에 대한 수용성을 떨어지게 만드는 원인이 되기도 한다. 학과명, 교과목명 하나 바꾸는 데도 오랜 시간 동안 회의하고, 또 생각하고, 그러다가는 원위치하고 마는 것이 대학의 현실이다. 기업들의 경우에는 이런 문제를 해결하기 위해 결재 단계를 축소시키면서 팀제를 도입했고 수평 조직을 만들었다. 물론 아직까지도 부작용이 없는 것은 아니지만 기업의 문화를 능동적으로 바꾸어 놓은 것은 사실이다. 한동안 변화 없는 조직으로 유명했던 정부 조직들이 엄청난 고통을 겪어가면서 조직을 고치고, 유연성을 확보하며, 고객 서비스를 외치면서 의식 개혁을 강조하고 있는 것도 결국은 이들이 살아남기 위해 시대가 요구하고 있는 길이었다. 혁신 초기에 이들의 벤치마킹 대상은 기업이었다.

이에 비해 대학은 아직 변화하기 전의 기업문화와 비슷하다. 대학의 이직률은 사회의 다른 분야보다 현저히 떨어진다. 평생직업의 개념보다 평생직장으로 여기는 사람들이 많은 것도 이 때문이다. 평생 몸담아야 할 직장이기 때문에 싸워서 기득권을 확보해야 직장 생활이 편할 것이기 때문이다. 시대 변화마다 기업이 시도해왔던 다양한 경영 혁신의 방법이 조금이라도 효과가 있었던 기업들은 구성원들의 의식 변화를 강조한 기업들이었다. 지금의 대학들이 필요한 것은 기업에서 생존을 위해 기업 구성원들의 의식을 변화시켰듯이 바로 이러한 의식의 변화일 것이다. 대학의 직원들만 변해서도 안 되고 교원들만 변해서도 안 된다. 교직원 모두가 우선 과거의 사고방식을 버리고 서로 살아남는 생존 전략을 펼쳐가야 한다. 물론 학생들도 함께 변화해야 한다. 의식 변화가 안 된 상태에서 제도적인 변화는 무의미할 것이다. 대학이야말로 사람들이 움직여 주지 않으면 돌아갈 것이 하나도 없는 조직이기 때문이다.

기업의 특성은 제품에 대한 품질 관리, 목표 관리를 철저히 하기 위해 불량률 제로, 만족도 백 퍼센트에 도전하는 등 다양한 제도를 시행하고 있다. 이러한 경영 전략을 통해서만 기업의 생존이 가능하기 때문이다. 한 마디로 기업들의 이러한 경영 혁신은 질 좋은 제품을 만들어 고객들에게 만족을 주기 위한 것이다. 결국 사전 서비스에서부터 사후 서비스까지, 제공되는 서비스를 통해 혁신을 계속하고 있는 것은 경쟁에서 살아남기 위한 생존 전략의 일환인 것이다.

그러나 과연 우리의 대학들은 기업들처럼 양질의 교육을 위해 이런 아픔 속에서 새로운 변신을 시도할 수 있을 것인가? 대학 졸업생들에 대한 교육의 질은 아직까지 전적으로 본인의 책임으로 인식되는 것이 현실이다. 더구나 대졸 신입사원을 채용하는 기업들은 이들이 준비된 일꾼이 아니라는 데 동의한다. 많은 기업들이 선발한 이후에도 일정 기간 동안 많은 비용을 들여 재교육을 시키는 이유도 여기에 있다. 이들이 쓸 만한 조직원이 되려면 기업에서 적어도 일 년 이상 일을 배워야 한다. 그러다 보니 많은 기업들이 바로 쓸 수 있는 경력사원을 더 선호하게 되고 이는 대졸 청년실업의 증가에 일조하는 결과를 초래하고 있다. 대학을 졸업해도 바로 취업을 못하고 잠재적 청년 실업군의 생활을 할 수 밖에 없는 이유가 여기에 있다.

사회와 기업들은 우리나라 대학교육의 비현실성을 꼬집는다. 대학교육의 부실을 기업이 메꾸어 재교육하는 데 드는 비용이 만만치 않기 때문이다. 대학이 현장의 사정을 너무 모르고 동떨어진 교육을 하고 있다는 비판이 어제 오늘의 이야기가 아니지만 쉽게 고쳐지지도 않는다. 원인을 찾아보면 현장 경험이 없는 교수들의 경력과 이론 위주, 강의실 위주의 교육방법에 원초적인 이유가 있음을 첫 번째로 꼽는다. 더구나 기술과 산업구조의 변화가 급격히 이루어지고 있는 오늘날의 현실을 감안해 볼 때, 산업현장과 대학교육 현장의 갭은 더 커질 수밖에 없는 것이 현실이다.

그러나 하루아침에 이 모든 것을 위하여 커리큘럼이 수정되기는 어려운 일이다. 사실 현장 위주의 교육을 하기 위해서는 교수가 준비하고 노력해야 할 일이 매우 많다. 하지만 현재까지는 이렇게 하지 않아도 대학이 현상 유지하는 데 별 문제가 없었다. 몇몇 대학들이 졸업생들에 대한 리콜제 등을 실시하지만 유효성이 있느냐, 홍보성이라고 하며 의견이 분분하다. 문제는 양이 아니라 질이다. 대학교육의 질을 높이기 위해서는 끊임없는 개선 노력과 개혁에 관한 연구가 필요하고 대학에서 이러한 노력은 핵심 과제가 되어야 한다. 기업들이 핵심 지식과 기술을 개발하기 위해 물질적으로, 정신적으로 투자하는 노력을 대학들은 주목해야 한다.

지금 몰아닥치는 변화의 요구는 향후 대학들의 모습을 바꾸어 놓을 것이다. 대학이 끝없이 변화하기는 어렵겠지만 기존의 대학 순위, 문화, 역할 등 모든 것을 다시 검토하고 혁파하여, 사회에서 절실히 요구하는 기관으로 변화를 시도해야 한다. 그 이유는 생존때문이다.

그 중 가장 시급한 문제는 대학에 속해 있는 사람들의 의식 변화일 것이다. '제도 변화보다 조직원들의 변화 의식을 지속적으로 관리하는 능력이 대학의 혁신 성패를 좌우한다.'는 의미를 다시 한 번 되새겨야 한다.

21세기는 세계화, 정보화, 고객화 등의 흐름이 대학교육을 주도하는 세기이다. 또한 지식망을 그 특징으로 하는 정보지식 사회의 세기이다. 특히 지식기반 사회적 특징은 새로운 신세기의 패러다임을 요구하고 있다. 이 점에서 대학의 기능과 역할도 커다란 변화를 예고하고 있고 새로운 세기에 걸맞은 패러다임을 필요로 하고 있다. 지식기반 사회에서는 모든 삶의 형태와 활동이 지식이라는 요소에 의해 크게 영향을 받는다.

따라서 대학은 현 시대를 시대적 요구, 시대적 변화, 시대적 인재를 염두에 두는, 시대와 요구에 맞는 대학으로의 대전환기임을 늘 염두에 두어야 한다. 기존 대학은 이미 죽었고 새로운 '신세대 대학'(New age university)이 절실히 필요한 시대이기 때문이다.

대학교육의 대전환
3無 대학과 신대학교육 패러다임

1. 전통대학교육과 대학 환경 변화

대학교육이 대전환기에 처해 있다. 이는 새로운 신세기 시대가 15년이나 지났고 지속적인 세기적 전환기의 변화와 지식기반 사회로 특징지어지는 지식집약 사회의 요구가 대학교육의 새로운 틀을 기대하고 있기 때문이다.

지난 세기는 과학과 기술, 훈련 및 연구에 치중되어 왔던 반면, 새로운 세기는 새로운 지식의 창출과 창의적 지식응용 능력에 비중을 두게 됨에 따라 대학의 새로운 패러다임 정립의 필요성이 점증되고 있다. 이 점에서 대학의 기능과 역할 면에서나 학습자의 특성, 교수방법 및 교과내용 면에서 전통적 대학의 모습에 커다란 변화가 불가피한 실정이다. 한 마디로 구조적 측면에서나 운영의 측면에서 전통대학교육과 신대학교육 간의 선택 내지는 절층이 불가피한 추세가 예견되고 있다. 특히 유비쿼터스 시대가 도래함으로써 시·공간을 초월한 학습사회의 대전환이 이루어지고 있다.

21세기의 대학은 소위 '3無 대학'(3-less college)으로 불리는 '책 없는 도서관'(Bookless library), 캠퍼스에서의 수업보다는 재택학습이 확대되는 '캠퍼스 없는 대학'(Campusless college), 강의실에는 교수 대신 학습자 스스로의 자기주도적 학습이 이루어지는 '교수 없는 강의실'(Professorless classroom)이 보편화될 전망이다. 그러므로 이러한 변화들을 고려해 볼 때 대학은 평생교육체제로의 새로운 전환기에 처해 있다고 볼 수 있다.

현재와 같은 고등교육 인구특성의 변화, 제한된 재정자원, 현장과 대학 간의 거리감을 최소화하는 적시성 교육(Just-in-time education) 등의 확대는 전통적, 상아탑적 대학교육관에 대한 변화가 불가피하고 오히려 시간제 학점단위 등록, 학습자의 증대와 고등교육의 확대, 재택 학습 등의 확산 등이 보편화될 전망이다. 이 점에서 볼 때 전통대학교육의 위상변화는 불가피한 전망이고 신대학교육 간의 갈등의 소지마저 있다. 더구나 사이버 구조와 가상 대학(Virtual university)의 급격한 신장은 국경을 초월한 신대학교육의 핵심적 영역이 되고 있으며 그 프로그램 숫자 면에서뿐만 아니라 수강학생의 양적인 측면에서도 전통대학교육을 잠식하기에 충분할 정도에 이르고 있다.

일반적으로 대학의 전통적 기능은 교육, 연구, 봉사로 집약되어

왔다. 이러한 대학의 전통적인 세 기능은 지금껏 일반 사회의 어느 기관에서도 수행하기 힘든 종합적이고도 고유한 기능으로 인정받아 왔다고 해도 과언이 아니다. 그러나 20세기 후반의 급격한 기술과 산업발전은 대학 고유의 기능에 큰 변화를 요구했고 특히 컴퓨터의 발달에 의한 정보화의 확산은 교수 방법 면에서나 대학 운영 등 대학 기능 전반에 대변화를 불가피하게 만들었다.

오늘날과 같은 지식사회로 지칭되는 사회적 특성은 조직 특성 면에서도 책임 중심 조직(Responsibility-based organization)으로 정의되고 있으며, 지식경영의 측면에서는 지식의 경제성과 생산성에 대한 중요성이 더욱 강조되고 있다. 따라서 대학에서는 연구의 측면뿐만 아니라 교육의 측면과 사회봉사의 측면에서도 독자적인 기능에 한계를 갖게 되었을 뿐만 아니라 사회의 각 기관과의 '지식연대' 내지는 '지식공유'를 불가피하게 만들었다. 이러한 변화는 결국 대학 교육환경 변화에 크게 영향을 주고 있으며 내용적 측면에서뿐만 아니라 교육과정(過程)적 측면에서도 전통대학교육의 한계를 느끼게 하기에 충분하다고 볼 수 있다. 세기적 전환기에 대학의 3대 변화를 '정보화' '탈 제도화' '고객화'라고 볼 수 있는데, 대학의 특성과 기능도 이러한 맥락에서 이해되어야 한다는 견해이다.

전통적 대학의 특성은 상아탑적 이상을 구현하는 데 있었으나 산업화와 사회변동의 결과로 대학의 특성이 '학생고객'의 개념과 '교육산업'의 개념이 확산되고 있고 이미 '전략적 교육산업'의 개념이 도입되지 않으면 안 될 시점에 접어든 것이다.

고등교육 인구의 특성 면에서도 제한된 연령층과 고등교육 졸업자로 국한시켜 왔던 정형적 학생의 개념에서 모든 연령층을 대상으로 하는 '학생 소비자'의 개념으로 변화되면서 입학에서부터 졸업에 이르기까지 학사운영의 측면에서 커다란 변혁기를 맞고 있는 셈이다. 물론 대학교육의 목적과 기능 면에서뿐만 아니라 체제와 과정에 이르기까지의 총체적 전환이 불가피하게 되었다.

대학환경 변화에 따른 전통대학 특성의 변화들을 지적해보면 다음과 같다.

- 정형적 대학교육에서 비정형적 대학교육으로의 변화
- 학사운영과 교육방법 등에서의 폐쇄적 체제에서 개방된 체제로의 변화
- 교수 중심 체제로부터 학습 중심 체제로의 변화
- 정원 중심 사고에서 다양한 학생고객 중심 사고로의 변화
- On-campus의 사고로부터 Off-campus와 Multi-campus 사고로의 변화
- 엘리트 고등교육관에서 성취 중심, 자격증 중심의 일반 고등교육 사회로의 전환
- 상아탑적 사고로부터 교육산업적 사고로의 전환
- 대학경영 사고에서 지식경영과 교육서비스 경영사고로의 전환
- 커리큘럼의 사고로부터 학습체제(Learning format)로의 변화

- 정보화와 학습이 연계되는 학습 중심 Mega-university의 확산
- University의 개념으로부터 통신 매체 중심의 원격교육체제인 Televersity와 성인 중심 대학인 Andraversity, 지역사회 중심의 Transversity 개념으로의 변화

이러한 전통대학의 특성 변화를 유도하고 있는 주된 환경변화 요인들은 앞에서 지적한 바대로 교수 방법 및 기술의 변화, 고등교육 인구의 특성 변화, 사회의 교육 수요적 특성 변화, 대학교육의 양적 팽창 등을 들 수 있다. 물론 적시성 교육의 증가와 고등교육의 확대 등도 대학 본래의 기능과 역할을 변화시켜 오는 데 큰 기여를 해 왔다.

이러한 교육 목적과 과정, 체제의 변화는 결국 대학의 전통적인 기능의 변화를 요구하고 있으며 대학생들의 특성과 교육욕구의 측면에 있어서나 대학의 행정체제, 전공 영역의 배치 등에 있어서 많은 변화가 불가피할 것으로 보인다. 이 점에서 전통대학교육의 한계성에 도전하면서 전통대학교육을 보완하거나 완전 새로운 체제라고 할 수 있는 신대학교육이 확충될 전망이다. 전통대학은 학습자원센터나 학습망(Learning net)의 역할수행이 더욱 중요하게 되는 반면, 신대학교육은 다양한 학습자들을 대상으로 전통적 대학교육에 대변혁을 시도하는 형태의 교육으로 확대될 가능성이 높다. 이럴 때 교수의 역할 또한 변화가 불가피하고

2030년경부터는 대학 교수의 역할이 대폭 축소되고 양적인 측면에서 대폭 감소될 것으로 예견된다. 물론 입학 체제에 있어서도 현재와 같은 경직된 형태가 대폭 개선되어 신대학교육이 활성화될 수 있는 유연성 있는 체제로 변화되리라고 본다.

2. 신대학교육 패러다임의 확산

전통대학교육의 변화는 결국 신대학교육의 확대를 의미하고 이러한 과정에서 불가피하게 전통대학교육과 신대학교육 간의 역할과 기능의 문제가 대두하게 된다.

신대학교육은 그 대상과 체제, 방법 면에서 전통대학교육과는 커다란 차이를 나타낸다. 무엇보다 방법 면에서 두드러진 특징을 지니고 있고 시간, 장소, 내용, 대상 등의 측면에서도 많은 유연성을 지니고 있을 뿐만 아니라, 한 마디로 학습자 중심의 무정형적 대안교육(Nonformal alternative higher education)이 가장 큰 특징이라고 볼 수 있다.

신대학교육은 크게 가상 대학(Virtual university), 교외 프로그램, 이동 학습 프로그램(Mobile learning), 학점 은행제(Credit bank system), 경험 중심 학점제(Experience based learning system) 등의 다양한 비정규 프로그램과 재택 학습(Home schooling) 프로그램, 협력 학습(Co-learning program) 등을 지

적할 수 있다.

이러한 신대학교육은 전통대학교육에 비해 대상이나 내용, 수업장소와 시간, 학습내용 등이 매우 광범위하고 유연성을 지니고 있다는 점인데 한 마디로 언제, 어디서나, 누구든, 무슨 내용이든 자율적으로 학습할 수 있다. 그러므로 신대학교육은 다분히 학습자 중심의 평생교육 체제적인 특성이 두드러진다는 점이다. 다만 우리나라 고등교육 정책이 중앙집권적, 정부주도적, 획일적인 법적규제가 많다는 점 때문에 다소 시간이 걸릴 것으로 예견되어 안타까울 뿐이다.

신대학교육의 특성을 요약해 보면 다음과 같다.

- 입학과 졸업 등 자격요건의 탄력성이 높다.
- 학습 대상이 연령, 인종, 국적 등을 초월하여 광범위하고 폭이 넓다.
- 학습 시간과 방법 등 학사운영체제가 학습자 중심적인 특성이 두드러진다.
- 정형적인 커리큘럼보다 주문형 커리큘럼 내지는 학습자 중심의 학습체제로 운영되는 경우가 많다.
- 주로 시간제 학생이 많은 특성을 지닌다.
- 전통대학교육과의 연계 체제가 가능하다.
- 교수 방법 면에서 컴퓨터를 활용하는 CBL(Computer Based Learning), CAT(Computer Assisted Training) 등 다중매체,

스마트폰과 웹 중심형 핸디 학습(Handy learning), 그리고 지식매체(Knowledge media)를 활용한다.
- 재택 학습 방법이 활성화되어 있다.
- 산업현장에서 필요로 하는 적시성 교육이 강조된다.
- 일반적으로 방법 면에서 성인교육 기법이 강조된다.
- 운영 면에서 학습자 주도적 사이버 체제에 의존하는 경향이 높다.
- 입학의 문호가 매우 넓고 특별전형, 예컨대 경험 중심 입학(Experience based admission) 등 다양한 선발 방법이 활용되고 있다.
- 지역사회나 산업체 등 교육자원의 활용범위가 넓고 지역사회는 물론 세계적 관점에서의 열린 학습장의 특성을 지닌다.
- 학습망의 성격을 띠는 경우가 많고 전통대학 간의 컨소시엄형 신대학 프로그램으로 운영되는 경우가 많다.
- 전통대학 사회 프로그램과의 연계프로그램으로 운영되는 경우도 많다.
- 대상 면에서 성인 학습자가 주된 그룹으로 등장할 가능성이 있다.
- 탈국적 교육의 확산이 이루어질 것이다.
- 다언어, 다민족, 다국적, 다전공의 다원화가 이루어질 것이다.
- 학점 단위 학사운영이 패키지 단위 학사운영으로 바뀔 것이다.

이와 같은 신대학교육은 대상 면에서나 프로그램 범위의 측면에서 매우 다양하고 광범위하기 때문에 정형화하기에는 무리가 따른다. 가상대학의 경우만 보더라도 2014년 4월 세계적으로 추산하여 12,000여 개에 이르고 수강 학습자만도 1억 7,000만 명 정도로 추산하고 있다. (미국 campus life, 2014)

이 외에도 미국의 경우를 예로 들면 각종 통신매체나 자기주도적 학습에 의한 여러 유형의 재택학습자들도 전체 인구의 53%에 이르고 있다. 그러므로 신대학교육은 시간제, 단위학점 이수제, 재택학습자 등의 특성 속에서 급속한 성장을 거듭하고 있다.

전통대학교육과 신대학교육 간에는 여러 측면에서 확연하게 다른 측면이 있고 향후의 기술과 대학교육 간의 측면에서 본다면 상호 보완적 측면이 많다고 볼 수 있다. 그러나 대학교육의 목적과 교육대상의 변화를 감안할 때 교수 위상의 변화가 불가피하고 신대학교육의 확대는 향후 대학교육 패러다임의 이동을 예고하고 있다고 할 수 있다.

3. 대학교육 패러다임의 대전환

21세기에는 대학의 교육적 사명과 기능의 대전환이 이루어질 것이다. 대학교육 패러다임 변화의 전망을 정리하면 다음과 같다.

첫째, 정규교육에서 재교육 내지 훈련으로의 변화가 두드러질 것이다. 대학이 캠퍼스 중심 교육에서 탈피하여 누구나 일생 동안 학습할 수 있는 장의 역할을 할 것이며, 상아탑적 지식과 강단 교육에 그칠 것이 아니라 적시성 지식의 개발과 발전이 괄목할 만하게 이루어질 것이다.

둘째, 대학교육 기회의 평등을 구현하는 다양한 제도가 도입될 것이다. 이러한 다양한 제도의 도입으로 결국 신대학교육의 대폭적인 확산이 이루어질 것이다. 그 예로써 부분 전통대학, 학점연동 대학, 다국적 학점연계 대학 등이 다양한 제도의 보기이다.

셋째, 사회적 요구를 충족하기 위한 산·학연계가 강화될 것이고, 대학은 직업창출과 구직의 이중적 역할을 조화시킬 의무를 갖게 될 것으로 보인다.

넷째, 대학교육에서 비정규 교육의 확대는 대학교육에서의 수월성 문제를 더욱 강조할 것이다. 질 관리 체제의 일환으로 국제적 질 관리 체제의 도입이 불가피할 것이다.

다섯째, 대학의 새로운 패러다임은 정규 학생과 시간제 학생, 학위취득과 재훈련 목적의 학습자를 조화롭게 교육하는 과제가 대두될 것이다.

여섯째, 대학교육은 전통대학교육과 신대학교육의 접목에 의한 제 3유형의 새로운 패러다임의 출현이 예견된다. 제 3유형의 신 패러다임은 다국적 현장 중심 학습망의 특성을 띨 가능성이 높고 초거대 대학의 면모를 갖출 것이기 때문에 전자매체형 초거대 대학(Megaversity)이 일례가 될 것이다.

일곱째, 교수 인력의 두드러진 감소가 예상되고 선진국의 경우 교수의 숫자가 절반 이상으로 감소되고 신대학의 확산에 의한 전통대학 커리큘럼의 대폭 축소가 예견된다.

이 외에도 21세기의 대학모습은 대학해체 내지는 전통대학 무용론이 등장할 소지마저 있는 다양하고 광범위한 변화가 이루어질 것으로 보인다. 그런 점에서 21세기 대학교육은 어쩌면 '대학의 종언'이 이루어질 가능성마저 있고 신대학과 전통대학 간의 전쟁(War between traditional university and nontraditional learning)이 불가피할 것으로 예측된다.

IT 기술의 급격한 발달과 정보화 체제의 확산에 따라 1~2년마다 지식양의 배가가 이루어지고 21세기 지식의 양이 20세기의 15배에 이를 것이라는 전망을 볼 때, 전통대학교육의 모습은 어떤 형태로든 대전환의 시기에 도달한 것이다. 이러한 전환 과정에 필요한 기간이 어느 정도일지는 단정할 수 없지만 인공지능에 의한 지능 교수(Smart professor)나 초능력 학습(Super learning) 등이 확산되면 전통대학은 의외로 짧은 기간에 혁명적인 패러다임의 전환이 이루어질 것이다.

따라서 도식적이고 경직된 대학관을 탈피하여 대학의 본질적인 이념과 기능을 훼손하지 않는 자세로 변화를 수용하고 개선해 나간다면 전통대학과 신대학을 접목한 이상적인 21세기형 대학의 정립이 이루어질 것이다. 그 때 '모든 이를 위한 대학교육'이

가능하고 사교육비 문제 등 우리 사회가 안고 있는 고질적인 교육병리현상도 자연치유될 뿐만 아니라 누구든 능력과 자질에 따라 학습하는 '대학 학습 사회'(College learning society)가 구현될 수 있을 것이다.

특성화 시대의 대학

1. 교육서비스 시대

21세기를 대비한 대학 변화 중의 하나는 대학의 자율화와 특성화이다. 특히 고등교육이 보편화되고 직업구조가 분화된 후기 지식 정보화 사회(Post-knowledge society)의 대학은 그 기능과 체제 면에서 다양한 교육 수요자들의 교육 욕구를 충족시킬 수 있는 특성화 여부가 대학 성장의 관건이 되고 있다.

우리나라 대학들도 그동안 대학의 특성화를 적극적으로 추진해 왔으며 김영삼 정부의 1995년 5·31 교육개혁안의 공표 이후 대학 현장에서의 주요 과제로 확산되어 왔다. 그러나 대학 간의 역할 분담이나 대학 특성화와 관련된 구체적인 시안이나 추진 전략에 대한 방향 제시가 없어 대학가에 상당한 혼선이 일고 있는 실정이다. 오랜 대학 교육사를 지닌 여러 선진 국가들의 경우와는 달리 우리나라는 100년의 짧은 대학 역사 속에서 해방 이전 하나의 대학을 포함한 전문학교 체제를 출발점으로 하여 꾸준히 분화과정을 거쳐 왔음을 알 수 있다.

우리나라 고등교육의 분화 체계는 이론상 고등교육 기관의 유형 간에 수직적으로 계층적인 위계관계를 형성하는 '수직적인 분화체계'와 수평적으로 동등한 차원에서 고등교육 체제상의 변화과정을 겪는 '수평적인 분화체계'를 겪어온 것은 사실이다. 그러나 전체적인 대학의 모습을 볼 때 규모나 설립 목적, 대학의 위치와는 상관없이 특정 대학의 모방현상과 백화점식 형태가 지배적인 경향이었음을 부인할 수 없다.

대학 간의 역할 분담이나 특성화는 대학 스스로의 자기정체성(Self-identity) 확립이며 대학에 대한 사회적 기대와 학생들의 교육적 욕구를 바탕으로 각 대학이 그 위상과 좌표를 설정하는 프로그램이나 커리큘럼의 재정비를 의미한다.

특히 21세기는 '교육서비스'의 사회가 될 것이며 교육 수요자들의 선택적 학습이 일반화되는 '학생 소비자 시대'가 될 것임을 감안할 때 대학 특성화는 각 대학이 설립 목적과 대학 구성원들의 특성에 처한 체제와 체계의 변화를 목표로 하는 것이다. 그러나 근자의 정부의 포뮬라 펀딩에 의한 재정지원 정책과 구조조정에 내몰리게 하는 평가체제는 대학의 특성화를 훼손하는 중요한 요인이 되고 있어 또 다른 획일화와 지표 달성형 구조를 고착시키고 있는 실정이기도 하다.

2. 대학 특성화 전략 모델

대학 특성화를 위한 전제는 기능과 체제 면에서는 다양화를 추구하고 커리큘럼과 학사운영에 있어서는 특성화를 지향하는 것이다. 물론 이러한 기본 전제 속에는 학생 소비자 중심과 자체 질 관리 체제 등의 교육관이 포함되어 있다.

대학의 특성화를 위해 필요한 개념들은 다양화, 특성화, 학생 소비자 중심, 연대, 수직적·수평적 통합, 경영적 사고와 교육적 사고의 통합, 자체 질 관리 체제 등으로서 다분히 개방 대학 체제와 수평적·수직적 연계 체제를 염두에 두고 있다. 특히 특성화를 위한 과정상의 특성을 든다면 무학년 체제, 다전공 체제, 개인 학습 체제, 학사-network, Team teaching, 분권화, 수강전공제(Credit major system), 정원입학제, 수요중심형 학사운영, 유연성 있는 구조 등이 있다.

그러므로 대학 특성화 전략은 개방적 체제와 협동 체제, 그리고 학습자 중심의 특성을 지니고 있다. 이러한 체제와 체계적인 변화가 필요하다는 전제 위에서 특성화가 논의되어야 하고 특성화의 결정 요인들 또한 간과해서는 안된다. 우선 대학 특성화의 모형은 미국 카네기 재단에서 구분하듯 7개 유형화도 가능할 것이며 단순하게는 연구 중심, 직업 중심, 학문·학부 중심, 전문 학부 중심 등의 구분도 가능할 수 있다. 그러나 대학 특성화의 모형이 어떤 전제이든 대학의 자율성은 신장되어야 하고 대학 스스로

〈표 1〉 대학기능으로 본 특성화의 횡적 모형

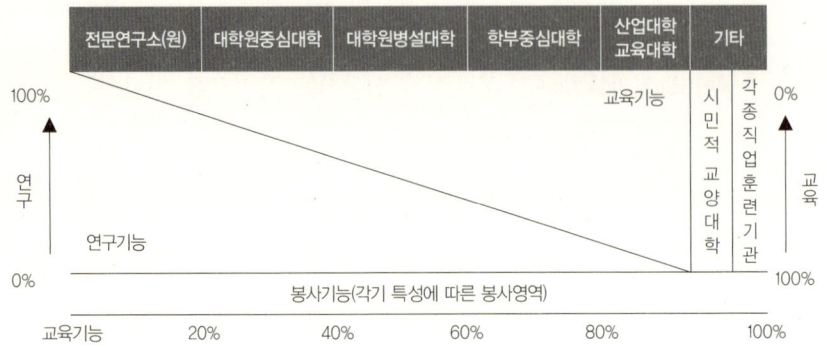

출처: 구병림, 이현청, 「대학 간의 역할분담과 특성화를 위한 과제」 대학 초임총장 워크숍 자료, 1995년

〈표 2〉 특성화된 특정 대학의 가정적 위상과 좌표

기능의 비중 분야	교육기능 연구기능									
인문과학계	각 분야 전문 연구소	대학원 중심 대학	인문사회학부중심대학	대학원 중심 대학	인문사회학부중심대학	학부중심대학	교양대학	각 분야 전문대학	시민적 교양 대학	각종 직업 훈련 기관
사회과학계										
자연과학계			이공계학부중심대학		이공계학부중심대학		산업대학			
응용과학계										
정보 및 환경과학계										
시민적 교양	전문적·일반적 봉사 기능									

출처: 구병림, 이현청, 「대학 간의 역할분담과 특성화를 위한 과제」 대학 초임총장 워크숍 자료, 1995년

의 자기 정체 확립이라는 관점에서 대학에 전적으로 맡겨져야 할 것이다.

우선 대학 특성화의 전략으로서 제시될 수 있는 것은 첫째, 필요에 따라서는 학과의 통폐합과 계열화 혹은 학부제로의 전환이 필요하다. 우리나라에서 현재 557개에 이르는 학과가 있어 지나치게 세분화된 현실은 세계적 경향이라고 할 수 있는 학문의 학제적 경향이나 학부 교육의 광역화 추세에 배치된다. 따라서 대학 특성화에서 첫 번째 고려되어야 할 점은 내부적 개혁이라고 할 수 있는 학과 간, 학문 간, 계열 간의 연계 체제의 구축이다.

둘째, 대학의 기능으로 논의되고 있는 3대 영역인 교육, 연구, 봉사의 비중을 어디에 두느냐에 따라 대학의 위상을 재정립하는 과업이 필요하다. 예컨대 수평적 기능분화에 따라 대학원 중심, 준대학원 중심, 대학원 병설 대학 등으로 구분하는 등의 기본 기능에 따른 특성화를 추구할 필요가 있다. 〈표 1〉〈표 2〉 참조〉

셋째, 교과과정의 운영과 학점 배정 면에서 특성화를 탐색할 필요가 있다. 학점 배정의 차등화와 교과과정의 다양한 배열에 의해 단계적으로 전공영역과 커리큘럼, 그리고 학사운영체제 전반에 걸쳐 대학의 특성화를 추구해야 한다.

넷째, 대학의 보편화되어 있는 현실을 감안할 때 〈표 3〉에 제시된 제반 특성을 고려하여 고객 중심 체제로의 전환을 도모해야 한다. 특히 종래 대학의 고정적 관념에서 탈피하여 대학의 규모와 장·단기 발전 목표에 따라서 소규모 대학(Miniversity), 다기

⟨표 3⟩ Trow의 고등교육 발달단계 모형

고등교육제도의 단계	엘리트형 (ELITE)	대중형 (MASS)	보편형 (UNIVERSAL)
전체규모 (해당연령 인구중의 대학 재학률)	15% 까지	15~50% 까지	50% 이상
해당되는 사회(예)	영국을 비롯한 서구제국	일본, 캐나다, 스웨덴 등	미국
고등교육 사회	소수자의 특권	상대적 다수자의 권리	만인의 의무
대학진학 요건	제약적 (가정배경과 재능)	준제약적(일정의 제도화된 자격)	개방적 (개인의 선택의사)
고등교육의 목적관	인간형성, 사회화	지식, 기능의 전달	새롭고 광범위한 경험의 제공
고등 교육의 주요 기능	엘리트, 지배계급의 정신과 성격 형성	전문분화한 elite양성+ 사회의 지도자 중 양성	산업사회에 적응할 수 있는 국민육성
교육과정	고도의 구조화	구조화+탄력화	비구조적(단계적 학습 양식 붕괴)
교육방법 및 유형	개인지도, 사제관계 중시, 세미나제	비개별적인 강의 + 보조적 시간제, 샌드위치형 코스	통신, TV, 컴퓨터, 교육기구 등의 활용
학생의 진학 및 취학 경향	중등교육 수료 후 대학 진학 중단 없이 학습하고 학위취득, 퇴학률 저조	중등교육 수료 후 진학과 일시적 취학 정지, 퇴학률 증가	입학 시기 연장, 일시적 취학정지, 성인 근로학생 진학, 직업 경험자의 재입학 증가
고등교육 기관의 특색	동질성(공통의 높은 기준을 지닌 대학과 전문분화 전문학교)	다양성(다양한 수준의 고등교육기관 및 종합 고등교육기관	극도의 다양성 (공통의 일정 수준 상실)
고등교육 기관의 규모	학생 수 2000~3000명	학생, 교직원수 3만 4만 명(학문공동체보다는 두뇌의 도시)	학생 수는 무제한적
사회와 대학의 경계	명확한 구분, 폐쇄적인 대학	상대적으로 희박함 개방된 대학	경계구분의 소멸, 대학과 사회와의 일체화
최종권력의 소재와의 사결정의 주체	소규모의 elite 집단	엘리트집단+이익집단+ 정치집단	일반 대중
학생선발원리	중등교육의 성적과 시험에 의한 선발 (능력주의)	능력주의+개인교육기회의 균등화원리	만인을 위한 교육보장 +집단으로서의 달성 수준 균등화
대학관리자	아마추어 대학인의 겸임	전임화된 대학원+ 거대한 관료조직	관리전문직
대학 내부 운영 형태	원로교수에 의한 과두지배	원로교수+적은 수의 교원과 학생이 참여한 민주적 지배	학내합의의 붕괴와 학외자에 의한 지배가 가능

능 대학(Multiversity), 성인 중심 평생교육 대학(Andraversity), 매체 중심 대학(Televersity), 통합 대학(Syntheversity) 네트워크형 초거대 대학(Megaversity) 등으로 전환하는 개혁적 사고도 필요하다.

다섯째, 대학 특성화는 개별 대학의 과제만은 아니다. 오히려 유사한 대학 간, 지역대학 간의 협력체계를 염두에 두어야만 성공적인 특성화가 가능하다. 예컨대 지역 간 '특정화 컨소시엄'을 형성할 때 자원과 인적교류가 활성화될 뿐만 아니라 자율화에 의한 자율적인 학사운영, 자율적인 정원 책정, 자율적인 통제 등이 가능해지기 때문이다.

여섯째, 특성화의 과제는 단순한 내국적 관점만은 아니다. 오히려 '세계형 대학'에서 필요한 과제이며 세계적이고도 국제적인 관점에서 논의가 이루어져야 한다. 국제협력을 전제로 한 특성화도 적극적으로 검토되어야만 한다.

3. 미국 대학의 특성화 사례

미국 대학들은 대학의 유형과 설립 목적, 개별 대학이 지니고 있는 전통, 지역적 특성에 따라 특성화가 되어 있는 실정이다. 고등교육 기관이 4,900여개 정도나 되지만 대개 연구 중심 대학, 박사학위 수여 대학, 종합 대학, 인문대학Ⅰ, 인문대학Ⅱ, 지역사회

대학, 2년제 사립대 등의 7가지 유형으로 구분되어 있다.

7가지 유형을 살펴보면 소위 명문 대학으로 알려진 120여 개 대학은 연구 위주의 기능에 따라 특성화되어 있기 때문에 연구 중심 대학으로 구분되고 있다. 109개 정도의 대규모 대학들은 박사학위를 수여하는 대학원 병설 대학으로 분류되고 그 특성에 있어서도 박사학위 수여 대학(Doctoral granting university) 답게 학부와 대학원 프로그램을 조화시키고 있으면서도 우수한 박사학위 과정을 운영하고 있는 것이 그 특징이다. 한편 종합 대학(Comprehensive university)은 주립대학 수준의 대학들이 대부분을 차지하고 있고 그 숫자에 있어서는 지역사회 대학(Community college) 다음을 차지하고 있다. 인문과학 대학들은 대개 소규모의 인문사회 계통을 관장하고 있는데 전공영역과 전통에 따라 독특한 측면을 지니고 있다.

미국 대학의 특성화 사례를 몇 개 대학을 중심으로 보면 미국 대학의 일반적 경향을 이해하는 데 도움이 될 것이다.

- 연구 중심형 대학

연구 중심형 대학의 대표적인 대학으로 하버드 대학(인문사회, 기초과학 연구 중심), MIT 대학(이공학, 경영 연구 중심), UC 버클리 대학(기초과학, 전문대학원 중심), 시카고 대학(기초 학문, 전문 대학원 중심) 등을 들 수 있다. 이들 네 대학 외에도 형태는 다르지만 연구 중심 대학으로 구분될 수 있는 대학은 120여 개에 이른다.

하버드 대학의 경우는 공과 계통의 학과는 설치하지 않고 인문사회 계통과 경제학, 의학, 신학, 기초과학인 생물, 화학, 수학, 물리 등의 학과 위주로 비공과계 연구 중심 대학적인 특성이 강하다. 하버드 대학은 그 특성 면에서 대학원 중심 대학이면서도 학문 계열의 특성에 따라 전문대학원(School) 중심으로 운영되고 있으며, 커리큘럼 운영과 연구는 인접 학문간 열린 체제로 운영된다. 따라서 교수들은 학과 소속이 아니라 전문 영역별 소속으로 되어 있고 관심 영역에 따라 분야별 교수 중심 체제로 커리큘럼 운영과 연구가 진행되고 있다. 또 하나의 특징은 연구소 중심 체제가 강화되어 있는 점이다. 연구소는 관심 분야 교수집단의 공동 연구와 세계적 석학들이 방문하여 연구토록 하는 국제 연구기능을 수행한다. 그리고 하버드 대학의 큰 특징 중의 하나는 분권화되어 있다는 점인데 분권화의 특성 때문에 커리큘럼 운영과 연구 등이 특색 있게 이루어지며 분야에 따라서 보스턴 근교의 여러 대학들과 협력프로그램을 운영하고 이과 계통의 연구는 인근 MIT와의 교류프로그램을 운영한다.

하버드 대학의 특성은 첫째, 연구 위주의 행정 체제 운영, 둘째, 연구 중심의 학사운영, 셋째, 연구 중심의 교수 활용, 넷째, 개방 체제적인 교과 운영, 다섯째, 다학문적 커리큘럼 운영, 여섯째, 연구소와 전문 대학원 중심 체제, 일곱째, 응용 전문 대학원과 순수 연구 체제의 이원화를 특징으로 하고 있다.

MIT 대학의 경우도 히버드 대학의 특성과 유사하나 이공계 중심이라는 특징 때문에 위탁 연구 중심의 운영이 두드러진다. 위탁 연구 체제는 장·단기 공동연구 프로그램 여하에 따라 세부 전공과 커리큘럼이 운영되고 교수의 충원과 배치가 이루어진다. MIT 특성화의 면면을 살펴보면 첫째, 프로젝트 중심의 연구소 체제 운영, 둘째, 경영과 공과 계통의 조화, 셋째, 소규모 대학원 운영, 넷째, 핵심적 전략 분야, 예컨대 기계공, 전자공 등에 집중 지원 체제를 갖추고 비전략 분야는 협동 프로그램을 통해 재정을 절약하고 있다는 점이다.

특히 근래에는 IT 분야의 특성화를 강화하면서 세계적으로 독보적인 지능 IT 분야인 미디어랩(Media Lab) 프로그램을 운영하여 이를 미국은 물론 세계 몇 개 대학들과 연계체제로 운영하고 있다. 이 분야는 카네기 멜론 대학과 함께 선도적인 역할을 수행하고 있다. 또한 근자에 하버드와 함께 MOOC 프로그램을 운영하여 주목을 받고 있다.

UC 버클리 대학은 전문대학원 체제와 연구 분야별 다학문 프로그램 체제로 2원화 되어 있는 것이 특징이다. 특히 기초과학 분야와 협동 체제와 전문대학원의 독립체제가 잘 조화되어 있다. 교수의 배치와 커리큘럼의 운영도 이러한 특성에 입각해 있다. 연구 분야별 다학문 프로그램은 연구소와 연구 그룹에 교수를 배치하여 공동 연구를 수행하게 함은 물론 다학문적 커리큘럼을 공동강의 형식으로 운영하도록 한다. 또 하나의 특징은 대학 평생교육 체제가 매우 활성화되어 있어서 연 1,990개 정도의 강좌에 4만 명이 넘는 학생을 수용하고 이들 대학 확충 프로그램(University extension) 체제와 정규 프로그램이 연계되는 공동 프로그램을 운영하고 있다. UC 버클리 대학의 특성을 요약하면 첫째, 전문대학원 체제와 연구 분야별 다학문 체제의 2원 체제 운영, 둘째, 평생교육 체제와 정규교육 프로그램의 연계 운영, 셋째, 연구소와 연구 그룹 위주의 학사운영체제, 넷째, 기초과학연구소의 통합 운영, 다섯째, 영역별 도서관 체제의 정립, 여섯째, UC 체제와의 연계 등이다.

시카고 대학은 기초 교양과 인문사회, 경제 등 인문사회 기초가 매우 훌륭한 대학이다. 특히 첨단학문 영역과 기초의 융합을 통한 연구개발이 특성화 되어 있고 교수들의 연구개발 시스템이 세계 최고 수준인 대학이다. 특히, 다른 대학과 차별화가 이루어지고 있는 '블루오션 프로젝트' 중심 연구 운영 체제가 독보적인 대학이다.

미국의 연구 중심형 대학의 예를 4개 대학에 국한시키고 있으나 공통적인 특성은 첫째, 연구소의 활성화, 둘째, 다학문적 커리큘럼 체제, 셋째, 전문대학원의 강화, 넷째, 우선순위에 의한 특성화 영역의 집중 지원, 다섯째, 정원, 학사, 입학 등의 다양화, 여섯째, 인접 학문간 공동연구의 장려, 일곱째, 프로젝트 중심 학사운영, 여덟째, 연구 경영(Project management) 체제의 도입 등이다.

- 박사학위 수여 대학 (대학원 병설 대학)

사우스캐롤라이나 대학(캠퍼스 network), 일리노이 주립대학(대학원 영역 특성화 대학), 인디아나와 퍼듀 대학(캠퍼스 network), 박사학위 수여 대학(Doctoral granting university)은 연구 중심 대학의 일부 면모를 갖추고 있으면서도 기능에 있어서는 대학원 프로그램 위주로 운영되고 있다. 특히 대학에 따라서는 박사학위 수여 영역이 특성화되어 있다.

우선 사우스캐롤라이나 대학은 8개의 캠퍼스로 구분되어 석사, 박사 과정을 학외 중심으로 운영하고 있는 것이 특징이다. 또한 학부프로그램에 있어서도 8개 캠퍼스를 통합 운영하는 다캠퍼스(Multi campus)를 운영하고 있다. 특히 대학원 운영은 인근 산업체와 학교와의 '실습협약제'를 도입하여 주내의 산업체와 학교가 모두 대학원과 학부의 고객화 및 취업 연계가 되도록 운영하고 있다. 또 하나의 특징은 전 세계적으로 인정받고 있는 교육방송 체제와 연방 정부 프로그램을 대학 정규 프로그램과 연계시키고 있는 협약교육제(Contract learning system)를 도입하고 있는 점이다.

일리노이 주립대학의 경우는 일리노이 주 내에 설립된 대학들 간의 역할 분할에 따라 그 기능을 수행하고 있는 특징을 지닌다. 우선 몇 개의 캠퍼스로 분할 운영되어 영역별 특성화를 시도하고 있는 특징을 지닌다. 이러한 특징들에는 3년제 일부 기술개발 대학(School of technical careers)을 4년제 대학 내에서 설치 운영하는 체제, 특수 대학원의 박사과정을 다학문적 관점에서 통합 운영하는 체제, 인문사회계 중심 운영체제의 집중화 체제, 의과대학과 이공계의 연계 운영 등이다.

이들 특징을 요약하면 첫째, 3년제 프로그램과 4년제 프로그램의 분화적 경향이 있다. 둘째, 특정 대학원 프로그램 중심, 예컨대 교육학 영역 중심 운영 체제, 농업 중심 운영 체제, 직업교육 중심 운영 체제 등이다. SIU 경우는 박사학위 수여자의 80% 정도를 교육학 영역과 연계운영하고 있다. 셋째, 대학에 따라서는 학생 선발에 있어 일정 비율을 국가별, 지역별 특별 전형으로 하는 경우가 있다. 넷째, 주정부 위탁프로그램 위주로 운영한다. 다섯째, 인근 지역사회 대학(Community college)과의 2+2 체제 활성화 등이다.

이러한 예는 인디애나 주의 인디애나 대학과 퍼듀 대학의 주 전역에 걸친 연계프로그램을 들 수 있다. 두 대학은 연구 중심 대학으로 분류되는 명문들인데 캠퍼스에 두 대학 프로그램이 운영되는 특수성을 지니고 있는 체제이다.

- 인문대학 : 윌리암 펜 대학 (교양교육 특성화)

인문대학은 비교적 독특한 교육과정과 규모, 기능 등을 수행한다. 전적으로 교양과목만을 위주로 학사운영을 하는 대표적인 대학은 윌리암 펜 대학(William Pen college)이다. 이 대학은 한동안 시카고 대학의 '위대한 100권의 책' 프로그램과 같이, 4년 동안의 커리큘럼 내용이 100권의 엄선한 고전과 필독서 등이며 학위수여도 이 커리큘럼 내에서 논술과 토론 등에 의해 학점이 부여되면 졸업을 하게 되어 있다. 따라서 철저히 교양중심 커리큘럼에 의해 운영되고 있다.

또 다른 스미스 칼리지(Smith college) 등 인문과학 중심 대학들은 학사 과정을 2+2 체제로 운영하는데 1~2학년은 기초과목과 컴퓨터, 외국어를, 3~4학년은 심화 기초과목과 직업관련 과목으로 설정하고 있다.

- 지역사회 중심 대학 : 그린빌 대학 (산학연 특성화대)

지역사회 중심대학은 2년제, 3년제, 4년제 대학들이 혼재되어 있다. 특히 주에 따라서는 Community college, Technical college, Vocational college, 그리고 단순한 college라는 명칭 등으로 혼재되어 있다. 지역사회 중심 대학들은 지역적 특성에 따라 매우 다양한 면모를 보인다.

성인 대학의 커리큘럼 위주의 대학, 직업 지향적 대학, 기술 중심 커리큘럼 대학 등이 있다. 매우 다양한 모습을 일반화시킬 수 없지만 독특한 대학의 예로 그린빌 대학(Greenvile college)을 들 수 있다.

그린빌 대학은 '산학 협동형' 모형의 특성화 대학이다. 커리큘럼의 운영 자체가 산업체 현장 중심으로 되어 있고 학점과 교과 과정의 관리도 현장과 대학 간의 협력체제로 되어 현장 중심 커리큘럼(Industry based curriculum)을 운영하고 있다. 교수의 채용도 협약교수제(Contract professorship)로 운영되어 노스캐롤라이나에 산재되어 있는 산업체를 현장 학습 기관으로 활용하고 있다. 또한 학교 중심 실습제(School-based enterprise)를 정립하고 있다. 이 대학의 특성은 개방 커리큘럼, 현장 중심 학사운영, 협약교수체제, 시간제 학생 위주의 학사운영, 산학협동 협약제 활용 등이 있다.

- 지능 대학 : 스마트 칼리지, 메릴랜드 대학

지능 대학은 기존의 대학 체제를 전자매체(Electronic campus) 대학으로 전환하는 특징을 지닌 대학이다. 이러한 대학의 특징은 흔히 가상 대학(Virtual college)으로 지칭되기도 한다. 이와 유사한 대학은 노스캐롤라이나, 사우스캐롤라이나, 조지아 주가 협력 체계로 구상 운영하고 있는 스마트 칼리지(Smart college)와 메릴랜드 대학(University of Maryland)의 전자매체 대학이 이러한 예에 속한다. 이들 대학의 기본 특징은 첫째, 재택(在宅) 학습 위주의 커리큘럼, 둘째, 다중 매체 센터의 전산화 도서관 체제, 셋째, 다국 간 이동학습 체제, 넷째, 전산화 과제 시스템, 다섯째, 전산화 교육 행정 체제, 여섯째, 산업체와의 동시 강의 체제 등이다.

- 경험 중심 대학 : 엠포리아 주립대학, 워싱턴 대학, 스탠포드 대학

다른 형태의 특성화 대학은 경험 중심 교육체제(Experiential learning system)로 운영되고 있는 엠포리아 주립대학과 시애틀의 워싱턴 대학이 있다.

엠포리아 주립대학은 산업체의 근무자들에게 근무 기간과 실무를 학점으로 인정하고 교수교육 방법에 있어서도 자기주도적 계약 학점제(Self-paced contract credit)로 운영된다. 따라서 이론 중심의 학점은 전체 커리큘럼의 1/5정도에 불과하고 4/5정도는 실기 위주의 경험중심 학점제로 운영된다. 시애틀의 워싱턴 대학의 경우에도 인근에 위치한 보잉사 등을 비롯한 많은 산업체와의 연계를 통한 경험학습체제를 도입하고 있는데 영역에 따라서는 실습 위주의 학점제를 시행하고 있다. 스탠포드 대학도 대표적인 명문 연구 중심 대학이지만 연구영역뿐만 아니라 학습영역 역시 인근의 IT 밸리와 BT 밸리로 불리는 인근 첨단기술 과학 단지들과의 경험중심 학습을 강화하고 있는 특징이 있다.

- 기타 특성화 대학 유형

일반적으로 연구 중심 대학, 박사학위 수여 대학, 종합 대학 등

은 예외적인 대학을 제외하고는 우리나라와 커다란 차이를 보이지 않고 있으나 독특한 특성화를 유지하고 있는 대학의 예는 커리큘럼, 교수 활용, 기자재 확보, 그리고 행정체제 등의 측면에서 찾아 볼 수 있다.

이런 특성화 내용을 분류해 보면 다음과 같다.

→ 커리큘럼
- 경험중심 커리큘럼
- 협약제 커리큘럼
- 블록 커리큘럼
- 2+2 체제, 4+1(2) 체제
- 독립 학점 이수제
- 프렉티컴, 인턴십 학점제
- 프로젝트 학점제

→ 교수
- 현장교수제
- 협약교수제
- 지역사회 교수 Pool제
- 다기간 협력 교수제
- University professorship
- 특별교수제(특별 강좌 중심 교수제)

• 기자재확보

- 산학협력 실험실제

- 기초과학 공동 실험제

- 지역할당제

- 프로젝트 중심 실험실습제

→ 행정체제

- 다캠퍼스제(Campus network system)

- 이원 캠퍼스제(Dual campus system)

- 총체 학부제(Total college system)

- 대학원 중심제

- 정규+평생체제(Cocurrent credit system)

- 이동 학습 행정체제(Mobile learning system)

- 종합적 전략모형(CSP)

- 전략적 대학경영(SCM)

- 고객중심체제(CCC)

- 인문과학체제(GET)

- SWOT 분석과 주문형 정책체제(KOP)

- 학문적 복지체제와 SOTA(Student Oriented Teaching Aid) 체제

- 총체적 질 관리체제(TQM)

→ 학사운영 (입학, 졸업 등)
- 특별입학제도 (국가별, 인종별, 지역별, 남녀별, 기여별, 자질별, 동문 추천제)
- 개방입학제도 (2+2제, 전원 입학제, 부분 입학 허용제)
- 졸업연동제 (특별졸업제, 영역별 학점 인정제, 이공+인문사회 인정제)
- 선택졸업제 (지역졸업제, 선별졸업제, 경험중심 학위제, 준학사+학사졸업제)
- 정원연동제
- 이원입학제도
- Smart-credit제
- 인턴학사제

4. 대학 특성화의 과제

　대학 특성화의 결과에 따라 국가적 차원에서는 교육력을 강화하는 데 의미가 있으며, 지역적 차원에서는 특성화된 각 대학들 간의 협력체제를 강화할 수 있는 토대를 마련할 수 있다. 따라서 앞에서도 논의한 바와 같이 특성화를 위한 과제로서는 학과와 전공영역의 합리적 재조정, 대학의 행정체제와 지원체제의 합리화, 학사 자율화의 구현, 정원 자율화와 학생수급체제의 정립, 전공과 교양, 필수와 선택 간의 합리적 조정, 교수자원과 교육시설

기자재의 합리적 배치, 다전공·다학문적 접근의 체제 정립, 대학의 설립취지와 목표의 재정립, 계열 간, 전공 간, 학부, 대학원 간 통합체계의 정립, 교수요원의 확보와 선택과목의 확충 등이 제시될 수 있다.

특히 대학 특성화는 제도적 측면만의 문제가 아니므로 대학 구성원들 간의 교육적 합의가 필요하다. 특성화는 21세기 대학의 생존 전략이며 우리나라 모든 대학 간 공생공존의 관건이라 해도 과언이 아니다.

대학은 그대로 머물면 부패하고, 지나치게 변화하면 상처를 남기며, 눈을 뜨면 미래가 전개되고, 귀를 열면 진리가 샘솟으며, 입을 열면 3R(올바른 지식, 올바른 신념, 올바른 실천)이 함께 하는 산실이 되어야만 한다. 이 점에서 특성화는 변화를 전제로 하고 대학의 오감(伍感)이 가능하도록 하여 각 대학들이 독특한 모습을 지향할 때 참뜻을 살릴 수 있다.

25년 전의 보고서이긴 하지만 1990년 카네기재단의 'Campus Life : In search of Community'라는 보고서에서 현대 대학의 특성을 제시했다. 첫째, 대학은 교육적으로 목적을 가진 사회이다. 교수와 학생은 교육적 목적을 공유하며 협조하여 교수와 학습을 강화해야 한다. 둘째, 대학은 개방된 사회(Open community)이며 합의된 자유의 표현이 필요한 곳이다. 셋째, 대학은 다양성이 추구되고 개개 구성원의 명예가 존중되어야 할 공평한 사회(Just community)이다. 넷째, 대학은 의무와 통어 절차가 분명한 연마된 사회(Disciplined community)이다. 다섯째, 대학은 교육서비스와 복지가 구현되는 보살핌의 사회(Caring community)이며 대학은 대학의 전통과 관습과 예식이 존중되면서도 변화가 있는 자축하는 사회(Celebrative community)이다. 이 점에서 이 시대의 대학은 자기의 모습을 구현하는 특성화가 절실한지도 모른다.

세계화 시대의 대학

1. 세계화 대학 시대

21세기는 국제협력이 증대되고 다국 간, 다인종 간 인간협력 시대가 돌입할 것으로 예측되고 있다. 이미 산업과 교역의 분야에서는 국제협력이 일상화되어 있으며 FTA 협상, UR 협상 등 다자 간 교육협력체제에 따라 교육서비스 개방이 날로 확산되고 있는 상황이다. 특히 세계화와 교육개방의 문제는 단일국가의 문제라기보다는 범세계적 경향이며 우리나라의 입장에서 볼 때 현재의 발전 수준에서 낙후되지 않고 국가 목표인 선진국 대열에 진입할 수 있는 생존, 발전 방안을 모색해야 하는 심각한 과제이다.

일반적으로 세계화와 교육개방의 과제는 정치, 경제, 사회, 문화 등의 구조적 측면과 이러한 구조 속에서 이루어지는 의식과 행동 등에 지대한 영향을 미치는 과제이다. 특히 교육개방의 시대를 맞은 우리는 세계적 교육의 전이현상에 따라 교육내용 및 체제의 개방, 교육 구성원들의 이동을 진행시키고 있다.

이 점에서 세계화 경향에 따른 대학의 교육개방은 '교육적 동화'와 '문화적 접변'의 이중적 과제를 내포하고 있으며 특히 대학 구성원들의 의식과 관련된 과제와 대학의 역할과 기능을 재정립하는 과제는 무엇보다도 중요한 요인이라고 할 수 있다. 교육개방이 단순한 제도적 개방이 아니라 의식과 관련되어 있으며 국제사회와 유관하기 때문에 대학교육의 현상을 냉정하게 분석할 필요성과 함께 개방에 대비한 대학교육의 개혁방안이 그 어느 때보다 절실한 시점이다. 특히 우리나라 고등교육 시장의 수요와 공급 면에서 향후 10년을 추정해 볼 때, 학생 수의 급감 등 심각한 대학 환경 변화가 가져다 줄 영향 등으로 예견되는 고등교육 인구의 변화라든지, 고등교육에 투자되는 사교육비의 의존도, 한국 교육의 교육 문화적 측면 등을 고려할 때 교육개방의 의미와 대비책은 아무리 강조되어도 지나치지 않다.

준비된 교육개방을 강조하고 교육개방에 따른 개혁이 필요하다고 주장하는 이유는 교육개방이 주는 영향에 대해 긍정적인 효과에 못지않게 부정적인 영향을 우려하기 때문이며 향후 고등교육 구성요인의 변화와 연관되어 있기 때문이다. 더욱 중요한 것은 대학의 다원화, 다양화, 다국화, 국제화에 따른 변화에 대비해야 하고 세계의 교육시장을 상대로 질적 경쟁을 해야 한다는 사실이다. 이 점에서 한국 대학들은 교육산업적(Educational industry)

시스템으로서 비효율적이고 비생산적인 면을 부인할 수 없고 '학생 소비자 시대'(Student consumerism)에 대비한 다양한 형태의 학사운영이 정착되어 있지 않다는 점도 직시할 필요가 있다.

2. 국제화와 교육개방

국제화는 사회화의 연속적 과정으로 생각할 수 있다. 일반적으로 사회화란 한 개인이 다른 사람과의 거래를 통해 사회적으로 적절한 행태와 경험의 유형을 발전시켜가는 총체적 과정이라고 정의할 수 있다. (Zigler & Child, 1969: 474).

이러한 정의를 받아들인다면 국제화란 한 개인이나 조직 또는 국가가 다른 나라의 개인이나 조직 또는 국가의 거래를 통해 국제사회에 효과적으로 적용할 수 있는 형태와 경험의 유형을 발전시켜가는 총체적 과정이라고 할 수 있을 것이다. 그러면 여기에서 국제 사회란 무엇인가라는 질문이 제기될 수 있다. 단순히 말해, 국제 사회란 두 국가 또는 그 이상의 국가들이 형성하는 사회를 의미한다. 두 인접 국가 사이에 개인이나 조직 또는 정부 차원에서 여러 가지 형태의 교류가 있을 수 있다. 여기에서 더 발전하여 세 국가 또는 그 이상의 국가들 사이에 교류 작용이 필요에 의하거나 우연적으로 일어날 수 있다. 이것은 지역적 국가 현상으로서 지역적 국제화라고 표현할 수 있을 것이다. 그러나 이러한 표현은 협의의 개념에 속한다. 광의의 개념에서 국제화는 세계화 또는 지구화를 의미한다. 즉, 국제화는 지구상에 살고 있는 모든 사람들이나 조직, 국가가 개인적, 조직적, 국가적 차원에서 상호 거래를 통해 세계 사회에 효과적으로 적응해 갈 수 있는 형태와 경험의 유형을 발전시켜가는 총체적 과정이라고 광의로 정의할 수 있다.

- **국제화를 위한 환경**

한국적인 입장에서 국제화 내지 세계화에 효율적으로 대응하기 위해서는 몇 가지 전제 조건이 확립되어야 한다. 첫째, 국민적 가치관의 변화가 있어야 한다. 국제화는 협력 못지않게 경쟁을 추구하는 것이기 때문에, 이에 적응할 가치관을 확립할 필요가 있다. 전통적인 가치 체계에서 벗어나, 객관성과 합리성이 유지될 수 있는 방향으로 국민 모두가 노력을 해야 한다. 변화에 객관적으로 적응하려는 태도, 경쟁하려는 의지, 창의력을 발휘하려는 집념, 공동의 목표를 향해 협력하는 자세는 곧 국제화를 위해 국민 모두가 터득해야 할 가치이다.

둘째, 국제화는 개방이라는 것을 전제로 한다. 우리가 싫든 좋든 국제사회에서 생존, 발전을 하려면, 다른 국가들과 공존해야 한다는 의식을 갖고 개방 정책을 추구해야 한다는 것을 수용해야 할 것이다.

셋째, 국제화는 곧 국제 체계의 한정을 전제로 한다. 어느 신생 후발 국가에서 무조건 국제화 물결에 휩쓸려 모든 정책을 개방한다면, 거기에는 엄청난 손실이 뒤따르게 될 것이다. 비록 한국이 후발 국가가 아니고 튼튼한 중진 공업국이라고 하더라도 "철다리도 두드리고 간다."는 자세로 내부 제도를 재확인하고 미비 영역을 과감히 개선토록 해야 할 것이다. 이를 위해, 먼저 해야 할 일은 국가 목표 체계의 재확인이라고 하겠다. (허범, 1993: 20)

넷째, 국제화를 위한 제반 전략과 정책은 상대주의적 관점(Meiland and Krausz, 1982: 3)에서 채택, 활용되는 것이 효과적이라는 것을 전제로 한다. (김형렬, 1993) 이것은 상황적 정책 결정과 그 맥락을 같이 하는 것으로서 한국의 역사적 맥락과 구조적 조건에 적합한 정책을 선택함을 의미한다.

다섯째, 국제화는 상호 의존적 관계를 유지하면서, 국가 간에 치열한 경쟁 과정이라는 것을 전제로 한다. 바꾸어 말해, 각국은 자국의 이익을 우선적으로 추구하려는 경향이 강하다는 것을 깊이 인식할 필요가 있다.

• 자국화 교육과 국제화

국제화와 세계화의 시점에서 교육개방의 중요한 과제는 자국화 교육이다. 국제 교육하면 전통적인 관념이라고 할 수 있는 외국과 외국문화에 대한 습득만으로 생각하기 쉬우나 이에 앞서 관심을 가져야 할 영역이 자국화 교육이라고 할 수 있다. 자국화 교육은 국제화에 대비한 주체적 정체감을 배양하는데 그 목적이 있으며 다른 표현을 쓴다면 '한국화 교육'이라고 할 수 있다. 자국화 교육을 통해 편협하지 않은 국제 교육이 가능하기 때문이다. 자국화 교육의 내용은 민족적 정체감, 민족문화의 이해, 민족적 교육 등이 포함되어야 하며 문화적 상대주의(Cultural relativism)에 입각한 타문화 교육 등이 주요한 영역이 되어야 한다.

따라서 국제 관계를 원활히 할 수 있도록 제도나 관행을 바꾸는 개방화와 함께 전통성과 민족적 고유성을 유지하고 국제적 보편성을 인식하며 타문화와 관습, 타민족의 고유성을 이해하는 태도를 배양하는 내용이 자국화 교육이다. 특히 무국경 시대의 경쟁과 두뇌의 경쟁 시대로 특징지어지는 21세기의 국제 교육의 주요한 과제는 국민 생존과 관련된다.[1] 따라서 자국화된 3인, 즉 주체성 있는 인간, 자국화된 인력, 주체성 있는 인재의 배양이 주요한 과제이다.

국제화에 있어서 우리가 고려해야 할 점은 물질적 측면과 정신적 측면의 괴리현상이다. 지금껏 경제적 측면에서의 국제화는 확대되어 왔지만 정신적 측면의 국제화는 미흡하다는 점이다. 특히 문화 전통의 약화로 자아정체성이 상실되고 국제사회에서는 당당하게 경쟁하고 협력하는 데 어려움이 있다는 점이다. 이 점에

---

[1] Thuorow, C. Lester(1993). Head to Head: The Coming Economic Battle Among Japan, Europe, and America(New York: Warner Books)

서 자국화 교육은 더욱 중요한 국제 교육의 과제가 되어야 한다.

• 다문화 교육과 국제화

21세기는 국제적 교류와 지역적 블록화가 보편화 될 전망이며 이러한 변화는 경제적인 측면에서 뿐만 아니라 정치·사회적 측면과 교육적인 관점에서 볼 때에도 동일하다. 이러한 예측과 변화의 추세를 감안해 본다면 타문화에 대한 이해가 중요하다. 타문화에 대한 이해를 한다는 것은 특정 문화에 대한 무조건적인 문화적 동화나 문화쇄국주의적인 문화적 편견 등이 모두 바람직하지 않다는 관점이다. 그리고 다인종, 다문화 사회에서 이중 언어인 제 2 언어 사용과 함께 다양한 다른 문화를 익혀야 한다. 다문화교육의 내용은 의식주에 관한 기본적이고 전통적인 사항, 대표적인 문화예술에 관한 이해, 전통문화, 제도, 풍습, 민속에 관한 지식, 언어 예절과 관련된 표현기법, 대표적인 속담과 유행어의 습득 등이다.

특히 일부이긴 하지만 서구 편향적 사고나 서구 의존적 문화를 탈피하지 못하고 있는 우리나라의 현실을 감안한다면 적어도 다문화 교육의 강화와 함께 이중문화 교육(Bicultural education)을 통한 건전한 이중문화적 성격(Bicultural personality)의 배양이 주요한 과제가 되어야 한다. 이 점에서 다원주의적 교육(Pluralist education)이 요청된다. 그러므로 국제화된 사회에서

문화적, 사회적으로 예견되는 갈등을 배제할 수 있고 국제적 동질성을 유지할 수 있다.

- 개방체제와 국제화

국제화는 과학기술의 발전에 따라 교통과 통신의 급격한 발전에 힘입은 바가 크다. 이러한 국제화는 곧 개방화를 의미하며 종래의 국가 단위에서 지역 단위, 세계 단위로 확대되는 과정을 의미한다. 따라서 모든 사회체제와 체계가 세계적인 성격을 띠게 될 것임을 의미한다. 그러므로 국제 교육과 관련된 사회체제의 개방체제로의 전환과정이 요청된다. 이러한 개방체제화는 세계적 사고와 국제적 사고에 기초한 국세화와 개방체제를 의미한다. 문화적으로나 정치·경제적인 측면에서 단순한 국가주의를 탈피해야 하고 제도나 정치·경제적인 측면에서 단순한 국가주의를 탈피해야 한다. 또한 제도나 법제적인 개선과 함께 국민적 가치 또한 개방의식화 될 때 개방체제가 확립되었다고 할 수 있다.

개방체제는 국제화의 유인체제임과 동시에 수렴체제라는 점에서 국제 교육을 지원하고 주도하며 발전시킬 수 있도록 고려되어야 한다. 특히 대학과 교육부의 변화도 필요하며 이러한 변화는 관료적 사고체제에서 벗어나 국제화의 인식과 국제적 사고를 강조하는 국제적으로 전문화된 사고로 전환되어야 한다.

• 학교 교육과 국제화

흔히 21세기는 지구촌 학교 교육(Global schooling) 시대가 될 것이라고 예측된다. 즉 학교 교육의 커리큘럼, 교수방법, 교육목표 등에 있어서 종래와 같이 내국적 차원에서만 고려되는 것이 아니라 세계적인 관심사라고 할 수 있는 환경, 인구, 평화, 빈곤, 공중위생, 질병, 다문화적 사고, 세계적 고용 문제 등과 관련되어 있다. 따라서 학교 교육도 국제화에 대비해 지금까지와는 달라야 한다. 교육의 사회적 기능인 문화창조 및 전달의 기능, 사회화의 기능, 분배 및 선발의 기능, 진보 및 혁신의 기능 등에 있어서도 국제문화수용과 자국문화 전통 확립의 양대 과제가 요구되며 사회화의 기능에 있어서도 국제인으로서의 사회화가 필요하다. 인력수급의 차원에서도 국제화된 시장개념에서 논의되어야 하고, 국제 경쟁 시대가 지니는 특성상 국가 간 '인력 경쟁 시대'를 감안해야 한다. 특히 기술발전에 의한 '3-less college'라 할 수 있는 '책 없는 대학'(Bookless college) '캠퍼스 없는 대학'(Campusless college) '교수 없는 대학'(Professorless college)의 특성이 두드러질 것이기 때문에 온라인상에서의 교육개방과 국제화를 염두에 두어야 한다.

우리나라 교육의 국제교육적 과제는 첫째, 국제적 경쟁력을 강화해야 한다. 이를 위해 국민 기초교육과 고등교육의 질적 향상이 시급하다. 연구와 교육의 질을 제고함으로써 국내 교육을 보호할 수 있고 국제 경쟁력을 신장시킬 수 있다. 둘째, 교육체제의 개방체제로의 전환과 자율성 신장, 교육과정 운영의 다양화가 고려되어야 한다. 셋째는 외국어 교육방법의 개선이 필요하다. 외국어 교육의 경우 수학 연한이 문제가 되는 것이 아니라 방법이 문제이고 언어가 내포하고 있는 문화성과 사회성을 이해하는 일이 중요하다. 흔히 우리나라 국민은 외국어의 경우 '벙어리 국민'(Tongue-tied people)의 경지를 벗어나지 못하고 있으며 언어는 하되 언어의 국가성은 이해하지 못하는 점을 감안 할 필요가 있다. 넷째, 문화 전통에 대한 교육과 한국인의 국적 있는 교육을 강화해야 한다. 자아정체성 확립 교육이야말로 주체성 있는 국제인을 양성하는 기초가 된다. 다섯째, 조기유학과 어학연수 등에 따른 외국문화와 교육습득에 따른 긍정적 측면과 부정적 측면에 대해서도 철저한 재검토와 함께 대책이 필요하다.

3. 교육개방 시대의 대학교육

UR 협상이 1993년 12월 15일 타결되고 UR 협정 최종의정서가 채택됨으로써 1948년 탄생이후 세계경제 무역질서를 지배해 온 GATT체제를 대체할 WTO(World Trade Organization)가 출범했다. 특히 117개국에 의해 서명된 UR 협정 최종의정서는 1995년 1월 1일부터 발효되었다. 이에 따라 우리나라의 교육도 개방의 예외가 될 수 없기 때문에 우리나라는 1997년부터는 부분 개방, 그리고 1998년까지는 완전 개방의 방침을 세워 교육개방이 이루어졌다. 교육시장의 의미는 교육서비스 시장과 교육기자재 산업시장을 포괄하는 광의의 개념이며 공·사립대학과 사설학원 등의 모든 교육기관이 개방 대상이다. 또한 교육기자재 산업시장은 교육과 관련된 교육기자재, 교재, 교육방송 등을 포함한 모든 교육 매체와 교육 중개(Educational broakering)를 포괄한다. 따라서 교육개방이 가져다 줄 교육의 파장은 내국적 파장과는 달리 세계를 교육의 시장으로 인식하는 '교육의 제 2의 물결' (Educational second wave)이 되고 있다.

일반적으로 교육개방의 영역은 첫째, 우리나라 국민이 국내에서 외국 소재 방송, 통신 교육기관을 이용하도록 허용하는 '국경간 공급의 개방' 영역, 둘째, 내국인의 유학과 외국인의 유학제한이 폐지되는 '소비자 이동의 개방' 영역, 셋째, 외국 교육기관이 국내에 진출하여 교육서비스를 공급하도록 허용되는 '상업적 주재의 개방' 영역, 넷째, 외국인이 국내에 진출하여 교육서비스 행위를 할 수 있도록 허용하는 '노동력 이동의 개방'의 네 영역이다.

고등교육의 교육개방은 앞에서 지적한 네 영역 모두 관련되며 특히 '상업적 주재의 개방' 영역에 커다란 영향을 받게 된다. 교육개방이 불가피한 현실이고, 상업적 주재의 개방을 포함하여 제반 개방 영역에 대한 적극적인 사고가 바람직하다. 대개 외국이 교육개방과 관련해 진출할 형태도 대개는 교육기관을 직접 설립하여 진출하는 형태, 국내의 교육경영자와 합작 또는 계약에 의한 진출 형태, 교육과정, 운영방식 교육방법 등을 제공하여 로열티를 받게 되는 프랜차이즈 형태, 국내 사무소를 설치 및 운영하여 직접 유학생을 선발하는 형태 등으로 다양할 것이다. 특히 방송통신에 의한 '보이지 않는 교육'(Invisible education) 형태의 파장은 예견 이상의 파급효과가 예상되는 진출 형태이다. 개방 영역에 있어서도 정규 학위과정은 물론이고 비학위 과정과 통신교육 과정, 그리고 학부와 대학원 과정을 모두 포괄하고 있다.

이 점에서 교육개방은 한국의 대학교육에 직·간접으로 커다란 영향을 끼치고 있다. 특히 교육개방의 장·단점을 검토해 볼 때 명암의 양면성을 지니고 있다. 따라서 정부 차원에서뿐만 아니라 개별 대학 차원에서도 준비가 필요하며 교육개방화의 속도와 범위에 관한 기준과 개방 의식을 갖출 필요가 있다. 특히 우리나라 대학의 현실은 개방화에 대한 대비가 되어 있는 실정이라고 보기에는 무리가 있다. 왜냐하면 국제경쟁력이 약하고 대학 구성원들의 개방 의식이 정립되어 있지 않으며 교육여건과 교육과정, 교육지도력에 있어서 여러 가지 취약성을 지니고 있기 때문이다. 교육개방에 따른 대학교육 개혁은 우선 대학체제와 대학체계 면에서 대폭적인 혁신이 요구된다.

최근 인천의 외국 교육 특구를 중심으로 외국 대학 진출이 이루어지고 제주도에도 진출이 이루어질 예정이며 스위스, 프랑스, 러시아, 호주, 독일, 캐나다 등도 특수 대학원 등이 진출해 있는 실정이다. 그러나 우리나라 대학들의 해외진출은 법적 제한을 받고 있고 진출한 대학들도 예상보다 많은 실정은 아니다. 다만 사교육 시장에 진출한 경우는 상대적으로 많으며 영어교육 시장에는 유치원부터 진출해 있다.

이러한 현실을 감안할 때 교육개방에 대한 전략적 접근이 필요하다고 볼 수 있다.

첫째, 지금까지는 대학이 학력 인플레이션 현상으로 인해 높은 교육열이 지속될 수 있었고 그 결과, 용이한 성장과 안일한 경영으로도 유지가 가능했다. 그러나 이제는 대학경영에 있어서 국제 경쟁력 경영체제로 돌입할 필요가 있다. 국제 경쟁력 경영체제는 곧 대학경영의 효율화를 의미하며 우선순위에 의한 계획, 경영의 전문화와 행정권한 분산에 의한 효율화, 재정확보를 위한 자구화, 입학과 졸업의 자율화 등의 방법이 도입되는 것을 의미한다. 오늘날의 사회는 흔히 신민족 국가 사회로 전환될 것임을 예견할 수 있다. 신민족 국가 사회는 대학의 역할이 경제, 사회, 문화적으로 동질민족의 통합을 전제로 한다. 결국 기존 대학의 사고체제에서 탈피하여 국제적 사고와 전문화된 사고로 변화가 필요하다.

두 번째로 대학의 선발과 분배의 기능에 대변화가 예고되기 때문에 선발과정과 분배의 역할을 유연성 있게 개혁할 필요가 있다. 지금 현재의 정원 중심 개념에서 탈피하여 계열별, 대학별로 정원을 유연성 있게 관리할 수 있도록 해야 하며 대학 평생교육 체제의 확충을 통해 재수생과 재교육 대상자들을 대폭 수용할 수 있는 체제로 전환해야 한다. 한 마디로 대학의 학사운영체제는 대학생들을 소비자로 인식하는 소비자 학사운영체제(Client-centered management)로 전환할 필요가 있다.

세 번째로는 커리큘럼의 다양화와 교수방법의 개발이 필요하다. 커리큘럼이 경직되어 있는 상태에서는 국제 경쟁력 제고는 있을 수 없고 우수한 외국 대학들의 다양한 커리큘럼과 대결이 불가능하다. 현재의 고정된 커리큘럼에서 탈피할 필요가 있다. 물론 교수방법도 다양하게 개발해야 한다. 특히 교육개방 부분은 현재 인식할 수 있듯 통신매체에 의한 프로그램이 확대될 것임을 감안하여 통신매체, 자기주도적 학습(Self-paced learning)방법, 다중매체방법(Multi-media package) 등의 개발이 필요하다.

네 번째는 대학재정의 확보가 요구된다. 우리나라의 대학재정의 취약성을 감안할 때 자구적 노력이 필요하며 시설설비나 교육보조자료, 그리고 인간자원의 측면에서는 단일 대학 독단으로 확보하려는 노력보다는 '대학 Pool제' 활용의 방향으로 개혁이 필요하다. 특히 지금처럼 반값등록금이 이슈가 되고 등록금 인상도 불가능하며 정부의 재정지원도 한계가 있는 상황에서는 교육 재정의 빈곤을 해소시키지 않고서는 개방이 가져올 충격은 배제할 길이 없다는 점을 깊이 인식할 필요가 있다. 물론 개별 대학의 노력도 필요하지만 지역별, 영역별 협력체제에 의한 자원 Pool제, 교수 Pool제, 실험실습 공동센터 등의 협력방안이 필요하다. 이러한 협력체제를 통해 교육개방 대책을 강구할 수 있고 공동으로 재정의 어려움을 극복할 수 있다. 다만 경직된 정부의 간섭이나 정치권의 간섭 등에서 벗어나 자율성을 확보하지 않고는 현실적으로 어려운 점이 많다는 점이 문제이다.

다섯째는 대학 구성원들이 개방의식을 갖추어야 한다. 개방의식은 단순한 구호로 되는 것이 아니라 대학 구성원 모두의 공동 노력에 의해서 가능하다. 교육개방을 무조건 배타적으로 인식할 것이 아니라 적극적으로 개방을 대비할 때 충격을 최대한 완화시킬 수 있다. 개방은 하되 주체성 있는 개방을 해야 하고 개방을 준비하되 효율적인 대비가 필요하다는 뜻이다. 교육개방과 관련하여 가장 문제가 되는 점은 바로 교수들의 전공 이기주의, 세속화된 전문주의, 그리고 무국적의 특성을 배제하지 못한 이론추구 등이며 교육개방은 단순한 학술교류나 학위과정이 아니라 국민의 사회화와 엘리트 집단의 국제사회화와 관련된다는 점을 유의할 필요가 있다.

여섯째는 대학체제를 개방화 체제로 전환해야 한다. 대학은 교육개방을 전달할 부서와 위원회 등을 확대 설치하여 현재의 국제협력 관계를 재진단하고 필요에 따라서는 장기 대책을 수립해야 한다. 물론 이러한 장기 대책은 교육을 개방할 때 단일 대학의 위상과 각국 간의 협력프로그램, 그리고 협력 유형 및 과정 등에 대한 종합적 관점이 제시되어야 한다.

일곱째, 대학교육의 개혁 못지않게 정부나 사회 차원에서의 교육개방에 대한 실태파악과 장·단기적 준비도 필요하다. 우선 정부의 과제로는 산업구조를 조정함과 동시에 교육구조의 조정도 필요하다. 교육구조의 조정은 각 단계별 교육 간의 수평적 통합과 시기별, 위계별 수직적 통합의 관점에서 논의되어야 한다. 또한 교육 개방에 대비한 정부규제의 완화와 동시에 필요에 따라서 필요한 부분을 재점검하고 정책을 재조정 및 강화해서 제도를 정비할 필요가 있다. 예컨대 강화의 측면은 공정거래제도 등을 들 수 있으며 교육개방에 따른 협상체제를 강화할 필요가 있다. 특히 대학개혁을 위한 교육개방 대비 전문가 Pool제를 운영하는 등의 방안을 통해 교육 개방에 따른 보완대책이 필요하다. 예컨대 대학별 교육산업 현황 분석 및 개방 관련 대책을 수립할 필요가 있다. 특히 향후 활발해질 고등교육개방은 대학만의 일이 아니므로 전 국가적인 관심과 사회구성원들의 개방의식, 국제화 의식 강구도 필요하다.

여덟째, 대학의 과제는 효율성 제고를 통한 경쟁력을 강화해야 하고, 적극적으로 기회를 창출해야 한다는 전제하에서 대학 체제를 개방체제화 시켜야 한다. 또한 교육과정을 유연성 있게 해야 하며 대학 구성원들을 개방 의식으로 전환시키는 노력이 필요하다. 특히 지금껏 지속되어 온 소극적, 방어적 국제 경쟁력의 테두리를 탈피하여 적극적이고 긍정적인 국제 경쟁체제로 전환하는 것은 바람직하다. 특히 지나치게 배타적인 방법을 탈피하여 전국의 모든 대학들이 '교육개방 Pool제'로 전환하여 상호 격려하고 조정할 필요가 있다. 이렇게 되어야만 후발 대학의 어려움을 해소시킬 수 있고 영역별 연대나 지역별 개방연대가 가능해질 것이다.

아홉째, 교육 소비자의 입장에 있는 학생과 학부모의 경우도 개방 수혜자로서의 소비자라는 점을 인식할 필요가 있으며 무조건적이고 맹신적인 외국 선호와 비합리적 소비 형태를 지양할 필요가 있다. 특히 사회전체가 교육개방을 내실화 있게 정착할 수 있도록 교육 소비자 활동을 강화할 필요가 있고 정부나 대학협의체 차원에서 외국 대학에 대한 질 관리 점검 등 개방에 따른 교육 소비자 감시체제를 정착시킬 필요가 있다. 특히 교육 소비자의 올바른 인식이 전제되어야 한다. 또한 서구화된 교육이 반드시 근대화된 교육이라는 관념에서 탈피해야 한다. 그리고 학부모든 학생이든 교육개방에 대한 가치관과 태도, 성숙된 자세를 가질 수 있는 '교육개방형 학부모'와 '교육개방형 학생'으로의 전환이 필요하다.

마지막으로 이제 교육한류(Korean education wave)를 세계에 확산시킬 때가 되었다. 이를 위해 우리나라 대학 경쟁력을 세계적 수준으로 향상시키는 노력이 최우선 과제가 되어야 한다.

4. 개방 시대의 대학 전략

개방의 시대에 우리 대학 구성원들은 몇 가지 관점에서 개방에 필요한 개방 전략이 필요하다고 생각할 것이다. 개방 전략의 구체적인 내용은 개별 대학이 처한 입장과 발전목표, 그리고 구성원들의 구체적인 내용은 개별 대학이 처한 입장과 발전목표, 구성원들의 특성에 따라 달라질 수 있을 것이나, 특히 개방에 있어서 다음 몇 가지 개방 철학의 관점이 고려되어야 할 것이다.

첫째는 국익과 개별 교육기관의 발전을 감안해서 주체성있는 한국적 개방 의식이 필요하다.

둘째는 적극적 문화수용과 적극적인 교육기회의 확충이 필요하다.

셋째는 교육개방에 따른 선별적 확산 전략이 필요하다.

넷째는 대학의 전공 분포와 수업 연한, 학제 등을 감안한 수평적·수직적 다양화가 필요하다.

다섯째는 매스커뮤니케이션의 질적 통제와 더불어 문화자율성(Cultural autonomy)을 확립하는 작업이 필요하다.

여섯째, 대학들은 체제와 체계 면에서 한국적 특성과 다양화, 그리고 개방적인 측면이 조화를 이루어야 한다.

일곱째, 대학은 적극적인 개방관(開放觀)을 지녀야 한다.

여덟째, 대학은 커리큘럼의 내국화와 외국화의 조화를 이루는 과제를 가지고 있다.

아홉째, 대학은 우수한 교수와 우수한 학생을 유치하려는 '고객유치체제'를 구축해야 한다.

열 번째, 교육개방에 대비하기 위해서는 국가 전략적 개방전략을 수립하기 위한 중앙집권화(Centeralized)와 개별대학 차원의 국제화 전략을 위한 분권화(Decenteralized)가 동시에 필요하다.

열한 번째, 교육개방에 대비하기 위한 대학의 지도력, 계획 수립 능력, 커리큘럼의 국제화, 국제형 캠퍼스로의 전환 등을 고려해야 한다.

열두 번째, 대학들은 적극적인 교육한류 정책을 추구하여 컨소시엄 형태나 개별 대학 형태로 세계를 한국 대학 시장화하여 한국 대학교육의 영토를 넓히는 역할을 수행하기 위한 노력을 경주해야 한다.

소규모 대학 특성화 시대

1. 특성화 소규모 대학

대학은 체제적 특성으로 볼 때 사회체제(Social system)로 지칭되는 사회조직[2]이며 기능적 측면의 분류에 의하면 이러한 사회체제가 가지고 있는 여러 가지 규범적 부분들을 통합하기 위한 사회화 기관이라고 볼 수 있다. 이 점에서 형태유지 조직(Maintenance organization)에 속한다.[3]

또한 대학은 사회에서 부여된 교육, 연구, 봉사 등의 기능적 측면 이외에도 여러 전공영역의 전문가 집단이 모여 구성된 조직적 특성과 함께 내부적으로 대학 구성원들 간에 상호 영향력을 행

---

[2] Talcott Parsons, Structure and Process in Modern Scocieties(Glencoe, Ⅲ : Free Press, 1960), pp.48-58

[3] D.Katz & R.L. Kahn, The social Psychology of organization(N.Y. : Wiley and Sons Co. 1990), pp. 112-118

사하고 있는 복합적 조직체로서의 특성을 지닌다.

특히 대학의 규모와는 상관없이 대학에 부여된 기본 기능은 동일하기 때문에 대개 교육, 연구, 봉사 등의 사회적 기능을 수행한다. 일반적으로 대학은 그 기본 기능이라 할 수 있는 교육, 연구, 봉사 등의 활동과 직접적으로 관여되어 있는 기능 체제(Functional system)와 이러한 교육활동을 지원하는 교육여건과 관련된 지원 체제(Support system)의 이원적 속성을 지닌다. 그러므로 대학의 규모와 역사, 개별 대학이 지니고 있는 조직 풍토 여하에 따라서 대학 운영의 특성과 교육의 질 관리에 영향을 받게 된다. 따라서 비록 교육, 연구, 봉사의 기본 기능을 수행하는 데는 차이가 없었지만 대학 규모의 대소의 차이에서 비롯된 대규모 대학과 소규모 대학 간의 체제적 특성은 대학 발전을 위한 전략수립의 측면에서나 교육과정, 학과의 설치, 교수와 학생의 특성 등의 제반 요소들에서 차별화가 불가피하다.

더구나 근자에 대두되기 시작한 대학경영혁신, 예컨대 총체적 질 관리경영(Total quality management) 등과 대학 간 무차별, 무한경쟁체제 측면에서의 대학의 엔터프라이징(Enterprising college)을 볼 때 학생 수 감소와 특성화 추세에 부응하고 소규모 대학들의 생존을 위한 자구 노력과 미래에 대비한 발전 전략 수립은 극히 중요한 과제가 되고 있다. 앞서 언급한 기능체제, 지원체제와 관련된 특성변화는 물론이고 과정적 측면에서도 소규모 대학다운 운영이 필요한 실정이다. 이 장에서는 주로 미국과 유럽을 중심으로 선진 외국의 소규모 사립대학 운영 실태를 살펴봄으로써 우리나라 소규모 대학의 발전 전략에 시사를 얻고자 한다.

2. 소규모 사립대학 경영실태

소규모 대학의 운영 실태를 살펴보기 위해서는 무엇보다 먼저 소규모 대학의 개념화가 선행되어야 하며 소규모 대학의 발전 전략과 관련된 '질 관리'(Quality), '체제의 확충'(Expansion of system), '경제적 운영'(Low unit costs), '고등교육'(Higher education) 간의 역학관계를 이해할 필요가 있다.[4] 이러한 네 요소의 우선순위를 어떻게 부여하느냐에 따라서 운영의 형태가 설정되기 때문이다.

미국과 유럽의 대학들의 경우는 비록 소규모 대학이라고 할지라도 〈그림 3〉에서 볼 수 있는 것처럼 네 가지 변인에 따라 운영 형태와 특성이 달라지고 있다.

한편 소규모 대학 운영을 볼 때, 체제의 확충이 적절하고 경제적 운영이 이루어지며 고등교육의 기본 기능을 제대로 수행하게 되면 질 관리가 가능하다는 것이다. 즉 지나치게 체제의 확충이 이루어지면 질 저하가 이루어지고, 지나치게 전통적인 고등교육

---

4) Ronald Barnett, Improving Higher Education, (Buckingham: Open University Press), 1992, pp 2-8

〈그림 3〉 고등교육운영 : 질적 차이

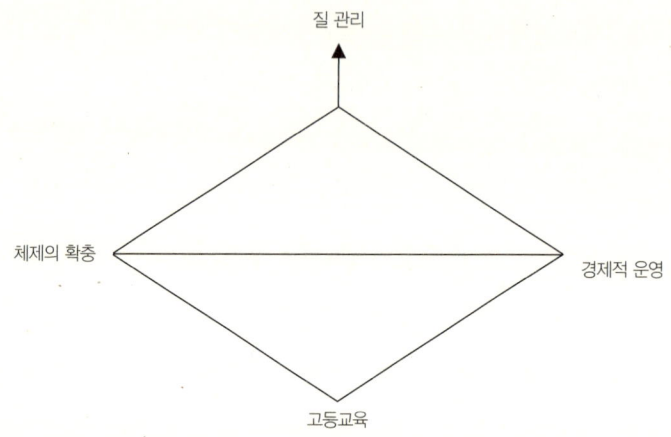

의 기능을 강화하거나 경제적 운영만을 고집할 때 질 저하가 이루어진다는 논리이다.

소규모 대학의 개념과 관련지어 볼 때 어떤 규모를 소규모 대학으로 개념화하느냐에 대해서는 합의된 견해가 없는 실정이다. 그러나 대개, 미국이나 유럽의 4년제 대학의 경우 전체 학생수가 2,000명 미만인 경우를 의미하기 때문에 우리나라의 경우와는 차이가 있다고 볼 수 있다.[5] 이외에도 소규모 대학으로 분류 하는데 주요한 변인은 대학 자체의 규모, 설치 학과의 규모, 도서관의 규모 등이다.

특히 소규모 대학의 운영 실태는 미국의 경우, 인문과학 중심

---

[5] Constance C.Schmits(1993), "Assessing the Validity of Higher Education Indicators" Journal of Higher Education, Vol. 64, No. 5, pp 503-521

의 소규모 단과대학인 문과대학(Liberal are college), 대학원 중심의 전문단과대학원(Professional graduate school), 전문인 양성 성격의 대학(Professional college), 신학 대학(Bible college & seminary), 특수목적의 대학에 따라 다양한 모습을 지니고 있는 형편이다.

더구나 문과대학의 경우는 전국의 학생을 대상으로 하는 경우와 지역중심의 대학 여하에 따라 달라진다. 유럽의 경우도 각 나라에 따라 차이가 있기 마련이지만 인력배양 중심의 소규모 대학, 연구 중심의 소규모 대학, 교사양성의 소규모 대학, 재교육 중심의 소규모 대학 여부에 따라 운영의 방향을 달리하고 있다.

- 미국의 소규모 대학 운영실태

미국의 소규모 대학 운영실태를 살펴보면 대개의 경우 대규모 대학들과의 차별화 전략에 치중하고 있으며 가장 두드러진 특징 중 하나는 일부 대학들에서 볼 수 있는 입학정책을 제외하고서는 개방 정책(Open policy)을 쓰고 있다는 점이다. 이 개방 정책은 교수들을 대학운영의 자원인사로 활용하면서 재정 확보에 일조를 하게 한다든지, 학생들에게 시간제 등록을 허용하거나 다양한 형태의 커리큘럼을 운영하는 등 지역사회를 대학운영과 직간접으로 연계시키는 자원 지역사회(Resource community)로 활용하는 정책이다.

또한 운영의 측면에서도 대규모 대학과는 달리 학과 중심이나 계열 혹은 영역 중심의 운영방식보다는 대학 본부 중심의 중앙집권적이고 총체적인 운영(Total management) 방식을 활용하고 있다.

그러나 미국의 소규모 사립대학들 중에서도 전국을 교육활동 범위로 설정하고 있는 대학들은 재정확보, 교육과정 운영, 교육목표 설정, 교수의 구성, 연구활동 등에 있어서 전공과 계열 등의 영역에 따라 운영하는 영역별 중심의 단위 중심 운영(Unit-based management)을 선호하고 있다.

→ 소규모 문과대학

소규모 문과대학은 미국 소규모 대학의 대부분을 점유하고 있는 데 그 특성상 사립대학 위주로 운영되고 있다. 소규모 문과대학은 설립목적에서부터 커리큘럼 설정에 이르기까지 인문사회 중심의 교육활동에 중점을 두고 있다. 대개의 경우, 소규모 문과대학들은 기초학문에 속하는 영역이 철학, 사회학, 심리학 등을 중심으로 상아탑적인 대학 커리큘럼을 설정하고 있는 데 그 운영의 측면도 실험, 실습 설비나 직업 위주의 운영이라기보다는 이론 지향적인 측면이 강하다.

우선 학생 선발의 경우, 일반적인 대규모 대학과 유사한 방법을 활용하고 있으나 전통 있는 소규모 대학들의 경우는 기여 입학제도나 기여 장학금 수혜자 중심의 특별전형 방법을 혼용하고 있다. 커리큘럼도 핵심 전공 영역별로 중핵적 커리큘럼을 설정하고 전공 분야 내의 선택과목 위주보다는 전공 관련 대학 전체를 대상으로 하는 공개 선택 과목제(Open curriculum system)로 운영되고 있다. 이러한 커리큘럼 설정의 특성 때문에 교수의 구성도 전공영역별 교수 Pool제로 운영되고 있으며 정규 교수요원과 함께 초빙교수제나 대우교수제, 협약교수제의 활용이 보편화되어 있다. 그리고 재정확보와 관련해서는 전국에 산재되어 있는 인문사회 관련 기관과의 유대를 통해 재정확보에 협조를 받는 것은 물론 대학에 따라서는 매우 높은 수업료를 받아 운영되고 있다.

소규모 문과대학은 학생 수의 측면에서는 적은 경우 1,000여 명 내외, 많은 경우도 3,000명 정도 내외의 규모가 일반적이며 그 위치 또한 지방 캠퍼스이거나 내도시 외곽에 위치하는 경우가 많다.

소규모 문과대학의 운영 측면에서 두드러지고 있는 점은 첫째, 재정확보는 공납금과 기여금으로 구성되어 있는 데 공납금 의존율이 매우 높은 편에 속한다. 둘째, 학생의 특성을 볼 때 SAT 점수나 ACT, 고교졸업성적 등의 측면에서 볼 때 대규모 대학에 결코 뒤떨어지지 않는 학생들이 재학하고 있으며 대학 문화와 운영의 측면 또한 전통적 대학의 면모를 유지하고 있다. 셋째, 대학행정체제의 특성 면에서 볼 때에는 다분히 중앙집권적 운영체제를 유지하고 있다. 재정의 배분, 연구비의 수탁관리체제, 학사운영, 자원배분 등의 모든 측면에서 볼 때 교수들에게 학문의 자유를 최대한 존중해주면서 대학운영과 관련한 행정체제는 대학본부 중심 체제를 견지하고 있다. 넷째, 소규모 문과대학들은 대외협력 활동에 치중하고 있는 데 이러한 대외협력의 대표적인 대상은 동창회, 지역 사회의 기관, 지역 사회 내의 학교 등이다. 다섯째, 소규모 문과대학의 재정자립도는 일반적으로 소규모 국립문과대학과 별 차이가 없을 정도로 높기 때문에 운영에 차질을 초래하지 않고 있다. 그러나 1980년 중반 이후부터는 재정자립도가 낮아 운영에 어려움을 겪고 있는 대학들이 등장하기 시작했다. 재정적 어려움을 겪고 있는 대학들의 경우에는 지출에 각별한 신경을 쓰고 있는 형편인데 대표적인 대처방안은 교수인원의 감축, 기자재의 공동 활용, 보직교수의 겸직, 수익사업의 확대 등이다.[6] 여섯째, 소규모 문과대학은 대규모 대학들이 대외적인 확충 프로그램, 예컨대 대학 확충 프로그램이나 대외적 Out-reach 프로그램을 확대시키고 있는데 반해서, 소규모 문과대학들은 오히려 캠퍼스 위주의 전통적인 교육 모습을 유지하고 있다. 특히 근래 새로운 접근방법으로 이해되고 있는 '학교 중심 교육'(School-bound education)에 중점을 두고 있다.[7]

---

6) Robert and Jon Solomon, Up the University(New York: Addison-Wesley publishing), 1993.pp. 27-40
7) The chronicle of Higher Education, 1995. 7.17

→ 소규모 전문대학원

　미국의 경우에 대학이 소규모임에도 불구하고 학문의 질 측면에서나 운영 면에서 내실을 기하고 있는 대학의 대표적인 예가 전문인 양성을 위한 소규모 대학원 체제이다. 소규모 대학원은 경영학 분야, 의학 분야, 공학 분야, 약학 및 영양학 분야, 그리고 사회서비스와 관련된 분야 등으로 다양한 편이다. 특히 운영의 측면에서는 내실을 기하고 있지만 단독적 운영체제라기보다는 협력기관과의 밀접한 협조체제라고 할 수 있다.

　전문대학원 중심의 소규모 대학은 체제 면에서는 단과대학과 유사한 측면을 지니고 있으나 운영 면에서 보면 3원 체제적 특성을 지니고 있다. 즉 교육과 관련된 영역, 연구와 관련된 영역, 재교육 또는 산학협동과 관련된 영역으로 운영되고 있다. 단과대학 형식을 갖추고 있으면서도 종합대학의 기능을 축소해 놓은 운영체제라고 할 수 있다. 이러한 운영 측면에서의 특성 때문에 교육, 연구, 봉사가 효율적으로 연계되어 있는 운영을 하고 있다. 전문대학원 중심의 소규모 대학은 재정확보의 자원을 산업체에 의존하는 경우가 많고 기자재의 활용 또한 산업체의 시설설비를 활용하고 있는 실정이다. 특히 교수요원도 대우교수제나 협약교수제를 활성화시키고 있다. 이러한 형태의 소규모 대학 운영의 특성은 협력체계 모형에 속하며 다분히 융합적인 커리큘럼(Blended curriculum)과 함께 개방 체제적 모습을 갖추고 있다는 점이다.

　소규모 전문대학원 중심의 운영 실태를 살펴보면 첫째, 교육-

연구-산학협동의 연계체제를 통해 산업체와 외부기관의 실습과 기자재를 활용하고 있으며 이러한 협력체계를 통해 재정자립도를 높이고 있다. 둘째, 교수요원의 충원 또한 컨소시엄 형태의 교수 Pool제를 활성화 시키고 있음은 물론이려니와 동일 지역 내의 관련분야 교수를 최대로 활용하고 있다. 또한 학사운영의 경우도 인근 대학들과의 학점교류와 수강허용을 통해 지역사회의 교육자원을 최대한 활용하고 있다. 학사운영의 경우도 인근 대학들과의 학점교류와 수강허용을 통해 지역사회의 교육자원을 최대한 활용하고 있다. 이러한 운영실태는 '학위 컨소시엄' '실험실습 컨소시엄' '교수 컨소시엄' 등의 형태로서 제한된 대학의 규모 내에서 교육과 연구효과를 극대화시키려는 운영전략이라고 볼 수 있다. 셋째, 이공계 중심의 소규모 대학원 운영체제에는 전적으로 R&D 접근방법을 활용하고 있는데, R&D 접근은 연구개발 그 자체가 대학과 산업체의 협력에 의해 추진되고 있다는 점이다. 이러한 형태는 흔히 문제 중심 학습(Problem-based learning) 방법이나 컴퓨터 중심 학습(Computer-based learning) 등의 방법을 활용함으로써 시간적·공간적인 손실을 배제하려 한다.

→ 소규모 전문인 양성 대학

소규모 전문인 양성 대학은 단일학과나 단일학부 중심의 소규모 대학으로서 대개의 경우는 특수 분야의 전문인 양성을 위한 4년제 단과대학 형태이다. 대개는 독립적인 대학으로 운영되고 있으나 경우에 따라서는 4년제 종합 대학과 연계된 단과 대학 운영체제를 갖춘 경우도 있다. 이런 형태의 소규모 대학은 실업계통이나 사회서비스 영역, 예컨대 영양학, 호텔경영, 의료지원서비스, 해부학, 조리과학 등이 많고 4년제 종합 대학에 부설된 형태의 경우는 운영은 독립적이면서도 보다 복합적인 커리큘럼 체제를 유지하고 있다. 이러한 대표적인 예는 기술개발 대학(School of technical careers) 혹은 기술 대학(School of technology) 같은 명칭을 유지하고 있다.

소규모 4년제 또는 3년제 전문인 양성 대학은 그 특성 면에서 볼 때 직장을 가진 시간제 학생이 많기 때문에 커리큘럼 운영에 있어서 실제적인 인턴십 과정이나 내학 내의 실습시설 중심의 현장교육체제가 운영되고 있다. 이러한 특성 때문에 교육적 측면이 강하며 대학 내의 실습위주 교육은 '대학 중심 실습 교육'(College-based enterprise)으로 지칭된다.[8]

소규모 대학 중에서도 인문사회계 중심 소규모 대학 보다는 재정의 측면에서나 학생수요의 측면에서 월등히 순조로운 입장에 있는 이공기술계의 소규모 대학은 다양한 학사운영, 입학조건의 다양성, 산학협동 프로그램의 활성화 등을 통해 소규모 대학의 발전방안을 모색하고 있다. 이공기술계 전문인력 양성체제로서

---

8) Lee, Hyun Chong & Larry Winecoff, 'School-based enterprise' Columbia, S.C : USC, unpublished maerial, 1988

의 소규모 대학들은 교수요원을 활용함에 있어서 현장중심의 접근방법으로 운영함으로써 교육적 측면에서는 교육의 질을 향상시킬 수 있고 교수채용의 측면에서는 예산 절감효과를 노리고 있다. 이와 함께 산업현장의 기자재를 활용하고 현장에서 협력교수로부터 지도를 받도록 함으로써 졸업 후 취업기회를 창출하기도 한다.

→ 신학계 소규모 대학

신학계 소규모 대학은 앞서 언급된 인문계 소규모 대학과 더불어 미국 소규모 대학에서 차지하고 있는 위치가 크다. 소규모 대학들은 그 운영 및 실태 면에서 볼 때 소속 교단과 밀접한 관계를 맺어 운영되고 있다. 미국의 신학 대학들은 몇몇 대학 예컨대, Fuller, Princeton, Westminster 등의 주요 신학 대학 등을 제외하고 그 규모면에서 대부분 소규모 사립대학의 형태이다. 물론 신학 대학의 경우는 교파와 교리의 다양성에 따라 체제와 운영에 차이점을 발견할 수 있는 데 학위과정은 학부 중심이라기 보다는 대학원 중심인 경우가 많다. 교파별로 볼 때에도 침례교 계통, 감리교 계통, 장로계 계통, 초교파 신학교 등으로 다양한데, 대부분의 경우 교파와 교리 중심의 목회자 양성기관으로서의 특성을 띄고 있다. 신학 대학의 주요 커리큘럼 실태는 학위과정과 통신 교육과정, 신학 연장 교육과정 등으로 대별되어 운영되고 있고 다분히 재교육기관의 성격을 내포하고 있다.

따라서 재원은 대부분 소속 교파나 관련기관에서 찾고 있으며 그 운영에 있어서도 교파의 교회나 관련단체와 밀접한 연관 속에서 운영되고 있다. 신학계통의 운영 특성 중 중요한 하나는 통신강좌가 활발하다는 점이며 재교육 프로그램이 보편화되어 있다는 점이다. 최근에는 단순히 목회자 양성 중심 체제에서 탈피하여 기독교 지도자, 가정 목회 활동, 사회 선교 등의 영역이 활발하다는 점이다. 이러한 신학계 소규모 대학 커리큘럼과 학생 분포의 변화는 그 운영 면에서도 변화가 불가피하다는 점을 알 수 있다.

동일지역에 산재해 있는 신학 대학 간의 협력체계가 활성화되고 있으며 이러한 개방체제적 특성이 중요한 운영실태의 한 측면이라 볼 수 있다. 예컨대 캘리포니아의 경우, 인근 신학 대학과 소속교파의 교회, 종교 관련 단체, 비신학 계통의 대학과의 컨소시엄 형태를 통해 광역 커리큘럼(Extended curriculum)이 운영되고 있으며 도서관 공동활용, 학점교류, 교수교류, 공동 연구 추진, 공동 학위 수여 프로그램, 교수 Pool제 등의 다양한 운영체계를 갖고 있다.

신학계 소규모 대학운영의 특징 중 하나는 소규모 경영관리체제 또는 단위경영관리체제(Unit management system) 위에 외부협력체제와 외부연계체제(Extrinsic link system)를 혼용하고 있다는 점이다. 단위경영관리체제의 특성은 소규모 절약모델에 입각해서 운영된다는 점으로 시설설비 투자나 프로그램의 확대보다는 교육활동 자체에만 운영전략이 집중되고 있다는 점이다. 이와 함께 신학관련 외부자원을 극대화하여 교육활동의 내실을 기하려는 운영전략을 도입하고 있다. 물론 앞서 논의된 바 있는 다른 유형의 소규모 대학에서도 대학 이외의 자원을 최대한 활용하려는 운영전략을 쓰고 있지만 신학계 소규모 대학들의 경우는 교리와 교과 중심의 단위 경영 관리체제에 의한 지역사회 내의 자원연계라는 점이 차이점이라고 할 수 있다.

→ 소규모 대학의 공통적 특성

미국의 소규모 사립대학의 운영 실태는 지금껏 논의된 것처럼 대학의 설립목적과 특성에 따라 다양한 편이지만 공통적인 특징은 집중적 운영관리를 위해 적은 규모에 부합되는 효율적 경영체제를 정립하고 있다는 점이다. 커리큘럼의 운영은 단과대학이나 전공영역에 맞도록 집중 관리하고 있는 반면 도서 시설과 실험 실습 설비 교수요원 등은 대학 외부와의 협력체계를 활용하고 있다.

재정확보는 크게 공납금, 기여금, 연구기금 혹은 산학협동기금 등 세 부분으로 구성되어 있으며 소규모 사립대학의 설립 목적 여하에 따라서 공납금 의존도에 큰 차이를 나타내주고 있다.

이 사회의 구성 또한 신학 계통이든 단과대학형의 문과대학이든 간에 대개의 경우는 오랜 전통을 지니고 있기 때문에 지역사회 지원인사, 동창회, 설립자와 관련된 인사, 교수 대표나 직원대표 등의 다양한 조합에 의해 운영되고 있다.

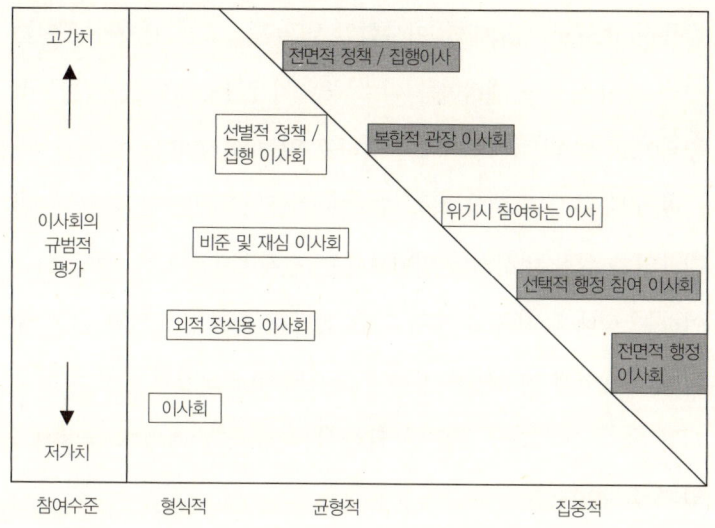

〈그림 4〉 소규모 사립대 이사회 기능 모형

근래의 주목할 만한 변화 중의 하나는 이들 소규모 사립대학 운영실태가 양극화 현상으로 변화가 이루어지고 있는 점이다. 즉 재정이 튼튼한 경우는 독창성 있는 커리큘럼 운영이 이루어지고 대학교육의 질적인 측면에서도 경쟁력을 갖추고 있는 반면, 재정이 빈약한 경우에는 존폐의 위기에 직면하고 있다는 점이다.

대개의 경우 이러한 소규모 사립대학의 위기의식에서 비롯된 소규모 대학 간 협력체제의 정립이 주요한 과제로 대두되고 있다. 소규모 사립대학의 발전 노력의 일환으로 이루어지고 있는 인접 주 간의 협력체계(Neighbor state cooperative program), 3개 주 간의 협력프로그램 및 평가 인정프로그램(Tri-state recognition program), 재정지원과 학생확보를 위한 동창연계체계(Alumni network) 등이 좋은 예라고 하겠다.[9]

특히 소규모 사립대학 이사회의 역할은 〈그림 4〉에서 보이는 것과 같이 중요한 결정이든 다소 중요치 않은 결정이든 간에 집중적이고 전면적 참여 형태를 취하고 있는 실정이다.

따라서 사선 부분의 기능 수행에 치중되고 있으며 위기 시 위기관리를 위한 이사회의 역할보다는 전체적으로 대학 업무에 관여하는 형태를 취하고 있다. 다만 신학계 소규모 대학과 고전 중심 커리큘럼에 치중되어 있는 인문과학이나 교양형 중심의 인문대학 등을 제외하고 교수의 학문적 자유는 전적으로 보장되고 있는 실정이다.[10]

소규모 사립대학들이 직면하고 있는 당면과제들은 재정난, 학생 감소 현상, 합리적 경영 전략 수립 문제, 우수한 교수 확보, 사회의 요구에 부응하는 커리큘럼 개혁, 교육의 질 확보와 관련된 문제 등이다. 이러한 당면과제들은 소규모 사립대학들의 운영혁신의 관건이 되고 있다.

· 유럽의 소규모 대학 실태

유럽의 소규모 대학들은 미국의 관점들과는 차이가 있는데 우

---

9) Patricia Cross, "Strategic Planning Model for Community Colleges & Small independent Colleges" Unpublished Material, Center for studies in Higher education, UC Berkeley, 1992.
10) Clark Kerr & Marine Gade(1989), The Guardians, (Washington D.C,: American Governance Boards of University and Colleges), pp 123-127.

선 독일과 프랑스 등의 경우는 대학교육이 정부지원에 의해 이루어진다는 점에서 논의의 대상이 되지 않고 영국의 경우만 매우 적지만 사립 소규모 대학의 전통을 지니고 있다. 영국의 사립 소규모 대학들의 경우는 미국과는 달리 비교적 오랜 경험을 축적해 온 까닭에 운영 면에서 정착이 되어 있는 편이다. 그러나 미국의 경우와 마찬가지로 재정난과 학생 감소현상은 공통적으로 경험하고 있는 문제이다. 영국의 소규모 사립대학들의 운영은 일반적으로 대규모 대학들과 커다란 차이를 발견할 수 없으나 대표적인 특징은 양적인 접근보다는 정예주의적 질적 접근(Qualitative approach)에 치중되어 있다는 점이다.[11] 특히 미국의 소규모 사립대학들이 자원이나 교수 확보 재정 등에 있어서 외적 접근을 하고 있디면 영국의 경우는 오히려 정예주의적 내석 접근을 운영의 철학으로 정립하고 있다는 점이다.

대규모 대학들의 운영철학이 외적 접근과 부분·총체적 양적접근, 투입과 산출모형 접근이라고 본다면 소규모 사립대학들은 내적 접근과 총체적 접근 방법을 활용하고 투입과 산출모형 중 산출위주의 경영방법을 선호하고 있다. 이와 함께 커리큘럼, 교수·학습, 성취수준 등의 과정을 중시하는 질 관리 운영체제를 강조하고 있다. 따라서 영국의 소규모 대학의 운영은 다분히 학사경영 위주로 운영되고 있다고 볼 수 있다.

---

11) Ronald Barnett, Improving Higher Education, (Buckingham: Open Iniversity Press) 1992. pp52-58.

〈표 4〉 소규모 대학 운영 접근모형

소규모 대학 일반		소규모 대학 특별 운영체제	
일반적이고 내부적	A	특수목적적이고 내부적	C
일반적이고 외부적	B	특수목적적이고 외부적	D

우선 재정적 측면에서는 대규모 재정확보를 통해 대학을 양적으로 신장하기 보다는 소규모다운 재정관리 전략을 도입하고 있어서 어떻게 보면 현상유지 운영에 치중하고 있다고 볼 수도 있다. 특히 설립목적과 기능에 부합하는 설립이념의 구현 그 자체에 중점을 두고 있으며 〈표 4〉에서 보는 바와 같이 C형의 운영전략을 선호하고 있다. 소규모 사립대학의 경우에는 설립 목적과 그 규모 자체가 특별한 실정이기 때문에 지나치게 외부지향적인 접근을 할 경우 내부의 안정이 저해된다는 이유에서이다.

이 점에서 영국의 소규모 대학들의 운영 방침은 C형에 해당되는 특수목적적이고 내적인 접근방법을 통해 새로운 학과 프로그램, 기구의 확충과 대학 규모의 신장보다는 본래의 모습을 유지하면서 내실을 기하는 질 확보에 치중하고 있다.

영국의 소규모 대학 운영 실태와 관련지어 볼 때 또 하나 관심을 두어야 할 부분은 내적으로 도서 시설을 내실화하고 교수, 직원 개발을 중요시하고 있는 점이다. 이와 함께 학생 개발(Student development)이 운영의 핵심이 되고 있다.

이러한 운영 실태는 코스에 대한 자체 평가체제의 강화, 교수 개발, 교양교육 목표설정의 재확립, 탁월한 교수의 보상체제, 학생

간 학습 협력체제 구축 등의 제반 노력들과 함께 아카데미 지원체제에 많은 지원을 하고 있다. 이러한 운영체제는 대개의 경우 교수의 질 관리 → 시험 과정의 질 관리 → 코스의 질 관리 → 직원의 질 관리 → 학생 개발의 수순을 갖고 있다.

영국의 소규모 사립대학들은 내적 접근에 치중하고 있기 때문에 재정확충 계획을 무리하게 시도하거나 특별한 외부의 기금에 의존하기보다는 공납금에 의존하는 경향이 있다. 인문사회, 과학 중심의 대학과 자연과학이나 이공계 계통의 재정자립 수준에 차이가 있는 이유도 이러한 경향과 무관하지는 않다.

소규모 사립대학의 재정확보의 주요 원천이 되고 있는 수업료의 배정에서도 로빈슨 위원회(The Robbins Committee) 이후 정부지원의 감소현상 때문에 전공과 영역별로 수업료를 차등화하고 있다.[12] 그리고 1980년 전까지의 20% 미만에 이르던 공납금 의존율이 상승해온 결과 2015년 현재는 공납금 의존율이 매우 높은 실정이다.

이와 함께 영국의 소규모 대학들의 재정확보 노력은 대학 차원 보다는 구성원 개개인의 개별적 차원에서 이루어지는 경우가 많은데 이러한 이유는 지방정부에서의 재정지원이 기관적 차원 못지않게 특수한 연구나 교육과 관련되어 지원되고 있기 때문이다. 이러한 경향은 대학에 대한 연구기금 형식보다는 학생에 대

---

12) C. Finn, Scholars(1978), Dollars and Bureaucrats: The Brookings Institution, Washington, p. 48.

한 학비지원 형식으로 재정지원이 이루어지고 있기 때문이다.

정부의 재정지원 경향에 따라서 소규모 대학들의 운영실태가 다음과 같이 변화하고 되고 있다. 대학의 자율성 확충, 학생들의 선택 폭의 증대, 보다 효율적인 경영관리, 대학의 기능과 역할의 특수성 개발 등의 변화는 소규모 대학들의 운영방침에 의거하고 있다.

따라서 결국 간접적인 학생지원 방안에 의해 재정이 확보되기 때문에 학생들의 공납금 의존율이 높아지고 이러한 의존도의 상승은 소규모 사립대학 운영에 직간접적으로 영향을 초래하고 있다.

3. 소규모 특성화 대학 전략

미국과 영국의 소규모 대학의 운영 실태는 엄격한 의미에서 우리나라와 유사한 측면도 없지 않다. 그러나 재정확보라든지 프로그램의 운영, 지역사회의 자원 활용, 정부의 역할 측면에서는 엄격한 차이를 발견할 수 있다. 우선 그 규모면에서 우리나라의 일부 신학 대학을 제외하고는 비교할 수 없는 소규모의 학생 수를 확보하고 있으며 단일 커리큘럼, 고전적인 커리큘럼을 활용하는 케이스까지 다양성을 유지하고 있다는 점이다.

기본적으로 선진국의 소규모 대학의 운영 실태를 살펴볼 때 몇 가지 주목할 만한 사실이 있다. 그 중 하나가 질 관리 계획을 수립·운영하고 있는가 하는 점이다. 이러한 질 관리 계획은 대개의 경우 '대학 개발'(College development) 개념에 의해 수립되고 있다.[13]

이 장에서는 미국과 영국의 소규모 사립대학에 국한하여 일반적인 운영 실태를 다루고 있으나 선진국의 소규모 사립대학들의 운영과 관련하여 그 특징을 7가지로 정리할 수 있다. 첫째, 소규모 대학으로서 위상과 설립목적에 부합하도록 특성화와 다양화를 꾀하고 있다는 점이다. 둘째, 소규모 사립대학들은 질적 향상을 위한 외부자원을 최대로 활용하면서 내부적으로는 커리큘럼과 운영과정의 독자성을 유지하려하고 있다는 점이다. 셋째, 입학체제의 경우, 개방체제의 특성을 견지하면서 기술과 이공계, 혹은 경영계통의 소규모 대학들은 장기과정(Long-cycle-course)과 단기과정을 통합·운영하는 계속교육체제를 운영의 근간으로 삼고 있다는 점이다. 넷째, 미국이나 영국의 소규모 사립대학들은 재정의 어려움을 겪고 있으며 재정확보원은 공납금, 외부지원금(정부지원 포함), 산학협동기금 등으로 대별되고 있다. 특히 학생들의 공납금 의존도가 높아지고 있어 이러한 변화에 부응하는 운영전략을 수립하고 있다. 다섯째, 이공계나 기술계통의 소규모 사립대학들은 지역 간 영역 간 협력체계로 운영되고 있는 실정인데 특히 개별 대학의 제한된 자원 때문에 상호보완적 목적에서 '외

---

13) Rudolph H. Weingartner(1994), "Between Cup and Lip: Reconceptualizing Education as Students Learning" Educational Record, vol. 75. 1, pp. 13-19

적지원체제'(Extrinsic support system)에 의존하고 있다.[14] 여섯째, 소규모 사립대학들은 내부적으로는 실험, 실습보다는 이론개발과 교육에 치중하고 있는 반면 실험, 실습의 경우에는 산업체 현장을 활용하고 있어 일종의 실습연계제(Training-link)로 운영되고 있다. 따라서 엄격한 의미에서는 대학생 아닌 젊은이(Non-college-bound youth)들은 대학으로 흡인하여 재교육시키고 대학생들은 산업체에서 실습을 받도록 하는 이중체계로 운영되고 있다. 일곱째, 소규모 사립대학들은 연구의 중요성에 대해서도 인식을 갖고 있는 데 이러한 연구 활동은 주로 연구단지(Research park) 활용이나 산학연대 체계로 운영되고 있다.

소규모 사립대학들은 대규모 대학과는 다른 운영체계가 필요한 것은 부인할 길이 없다. 그러나 시설 설비, 규모, 운영과정, 대학구성원들의 측면에서 볼 때 극히 제한된 대학 환경 또한 고려하지 않을 수 없다. 이 점에서 소규모 사립대학의 발전 전략은 무엇보다 먼저 특성화와 개별화, 외부자원 활용 등 3대 운영전략이 필요한 실정이다. 이밖에도 연구기금이 충분히 효과를 발휘했으며 자원이 적정배분 되었는지, 그리고 학생들이 충분히 잠재능력을 발휘했는지 뿐만 아니라 대학의 사회적 책무성이 구현되었는지를 점검할 필요가 있다.[15]

---

14) Dorothy S. Zinberg(1991), The Changing University, (London : Kluwer Acadimic Publishers), pp. 137-138

15) Richard Bird, "Reflections on the British Government and Higher Education" Higher Education Guartely, vol. 48, No. 2, 1994, pp.73-85

소위 하버드 대학 교육대학원의 가드너(Howard Gardner)가 주장하듯이 '동서양의 조화와 함께 대학 스스로의 창의적 노력'에 의해서만 소규모 대학의 성장이 가능할 것이다.[16]

---

16) Howard Gardner, To Open Minds: Chinese Clues to the Dilemma of Contemporary Education, (New Yo가: Basic Books, 1989)

교육이동과 세계 대학평가 시대

1. 고등교육 국제화와 대학평가

세계화 시대에 이제 고등교육 시장의 개방은 회피할 수 없는 상황이 되었으며, 고등교육 분야에서 인적·물적 자원의 국제 교류의 활성화에 따라 고등교육 학위인정 협약은 대학교육 수요자의 요구와 학문발전, 국가경쟁력 제고에 필수적인 사항이 되었다. 이러한 추세에 따라 아·태 지역 국가들의 대학평가 체제, 운영, 활동도 UR, WTO, Doha Round 등에 따라 고등교육 시장이 중요한 개방의 한 영역이 되었다. 따라서 대학평가체제는 교육이동 시대에 걸맞게 대학 간 상호학점 교류 및 학위인정을 위한 대학평가기구 간의 협력체제가 합리적인 절차와 과정을 거쳐 형성되어야 한다.

세계적 질 관리 관점에서 고등교육 학위 인정 협약이 고등교육의 주 무대인 유럽과 미국에서는 이미 보편화되어 가고 있으며, 아·태 지역 국가들도 동참하지 않을 수 없게 되었다. 고등교육 학위에 대한 상호 인정 및 교류를 위해서는 각 국가들의 고등교육기관에 대한 상호 인정이 기본 전제가 된다. 따라서 개별 국가에서 고등교육평가 기구, 예컨대 미국의 CHEA(Council for Higher Education Accreditation)를 중심으로 한 평가기구들, 호주의 AQUA, 뉴질랜드의 NZUAAU, 일본의 JUAA, NIAD-UE, 중국의 교육부, 홍콩의 HKCAA, 한국의 대학교육협의회 등은 대학 프로그램이나 운영에 대해 질적 수월성을 인정한 고등교육기관에 대해서는 국가 간에 상호 인정할 필요가 있다.

학교경영의 질 관리는 물론 대학 간 교육 프로그램 및 학위 등에 대한 상호 인정이 가능하기 위해서는 우선적으로 아·태 지역 국가들의 고등교육 평가 기구 간에 상호 인정, 협약이 추진되어야 한다.

이러한 고등교육평가 인정기구간의 상호협력체제가 구축되기 위해서는 대학교류 및 평가 협력 체제인 유럽지역(ENQA), 그리고 세계 전 지역(INQAAHE) 등에서 협력 방법을 찾을 수 있다.

2. 국제 대학평가 협력 기구 확산

교육이동 시대의 대학평가와 관련한 국가 간 고등교육의 교류 및 평가협력기구로는 ENQA와 INQAAHE 등을 들 수 있다. 여기에서는 이들 기구의 설립 배경, 설립 목적, 그리고 추진 성과를 정리해 보고자하며, 이들 기구를 이해하는 데 기본이 되는 정관을 제시하고자 한다.

- 유럽 고등교육의 교류를 위한 ENQA

→ 설립 배경
- Bologna 선언의 주요 목적을 달성하기 위한 후속조치로 설립
- 전 유럽의 고등교육 질 관리를 위한 평가인정 체제 구축을 목적으로 설립
- ENQA의 창설은 고등교육 질 인증에 있어서의 경험을 공유하고 이를 발전시킬 목적으로 추진된 소위 European Pilot Project(1994~1995)에서 비롯됨
- 설립년도 : 2003. 3. 29
- 본부 위치 : 벨기에의 Brussels
- 지원: ENQA는 EU지역 내의 국가 간 학술 교류계획인 SOCRATES 프로그램을 운영하는 유럽 위원회의 지원을 받고 있음

Bologna 선언 주요 내용

1. 동등한 자격을 지닌 학위제도의 채택
2. 학부와 대학원의 2개 cycle에 기초한 교육체제 : 졸업 후 유럽 노동시장에 연계될 수 있는 적절한 자격을 갖춘 학사학위와 석사, 박사를 연계하는 대학원(2nd cycle)제도의 구축
3. 학점 교환 체제의 구축(Establishment of a system of credits)
4. 교류촉진 활성화(Promotion of mobility)
5. 질 인증에 관한 유럽 내 상호 협력 추진
6. 유럽 차원의 고등교육 체제 추진

→ 설립 목적
- 질 인증(평가)에 관한 정보와 경험의 교류 촉진
- 회원 국가 평가 딤딩 전문가와 주판기구의 요구사항을 이행함
- 초국가적 차원(Transnational basic)에서 질 인증(평가)에 상호협력
- 평가 전문가들의 국제적 교류 촉진

→ 주요 사업 추진 실적
- EU 국가들의 34개 평가기구들의 질 인증 사례들에 대한 조사 실시
- 유럽위원회 지원 아래 초국가적 평가 프로젝트(TEEP, Transnational European Evaluation Project, 2002) 추진

※ 역사학, 물리학 및 수의학 등의 3개 프로그램에 대한 초국가적 질 평가와 관련하여 운영 기관의 시사점을 알아보기 위한 시험적 프로젝트

→ ENQA 추진 주요 사업성과
- ENQA는 유럽 각국의 대학에 대하여 정기적으로 평가(기관 또는 학문 영역)를 받도록 함
- 평가기구의 핵심 기능 정립 : 평가(Evaluation), 평가종합(Review), 감사(Audit), 사정(Assessment) 또는 평가인증(Accreditation) 등
- 유럽연합 각국의 고등교육기관과 평가기구와의 독립관계 유지
- 유럽연합 각국의 정부와 평가기구와의 독립성 유지

ENQA의 운영관련 규정(2003년 9월 승인)

1. 전문(서문)
 1998. 9. 24 고등교육 평가인정에 있어서 상호 협력에 관한 EC(European Commission) 권고안에 기초하여 ENQA가 출범됨. 이 운영규정은 ENQA의 목적, 조직과 재정지원에 관하여 기술하고 있음.

2. ENQA의 목적
 2.1 ENQA는 질 인증과정에 관여하고 있는 모든 관계자들 간의 협력을 촉진하고자 설립되었음.
 2.2 ENQA의 포괄적 목적으로는

① 특히, 방법(절차) 개발과 우수사례에 대한 정보와 경험의 교류를 촉진하고 발전시킴.
② 회원 국가들의 평가담당 기구로부터 조언과 전문가들의 요구를 충족.
③ EFTA/EFA 국가와 관련 국가들의 담당기구와 전문가들의 요구를 충족.
④ 초국가적 차원에서 질 인증 분야의 협력을 희망하는 고등교육기관들의 지원.
⑤ 국제적인 전문가들의 상호 교류를 지원.

2.3 상기 목적들을 달성하기 위하여
① 외부평가를 담당하고 있는 기구들의 작업을 지원하고 발전, 개선시키고자 함.
② 유럽권의 평가인증에 있어서 국가 간의 협력 촉진.
③ 다른 관련기관들과의 경험을 공유하고, 교류를 촉진.
④ 평가인증이 필요한 기관이나 관계당국에 대한 지원활동.
⑤ 평가인증과 고등교육정책 간의 관계설정에 대한 논의활동 지원 등.

3. 회원가입 관련 규정

3.1 회원 자격은 3.2항에서 규정한 바에 따라 EU회원국, EEA협정을 따르는 EFTA국가 등에 개방되어 있음.

3.2 회원국은 다음의 자격기준을 충족시키도록 하여야 함.
① 정기적인 차원에서 외부평가(기관 또는 학문 영역)를 수행하여야 함. 이러한 평가활동은평가(evaluation), 평가검토(review), 감사(audit), 사정(assessment) 또는 평가인증(accreditation)이 포함되는 것으로 이것들이 평가기구의 핵심 기능이 되어야 함.
② 평가기구는 적어도 1개 전공교과 또는 특정 분야에 있어서 외부 평가가 포함되어야 함.
③ 개별 고등교육기관과는 독립된 관계를 유지.
④ 공적인 권위를 인정받는 국가 차원의 또는 지역단위의 질 인증 기구에만 그 자격을 인정.
⑤ 정회원 자격을 취득하기까지 2년의 유예기간을 두고, 그때까지 후보의 자격을 유지하도록함.
⑥ 영리추구 조직의 구성을 금지.
⑦ 정부로부터 적절한 독립성을 지녀야 함.
⑧ 기구 나름대로 자체의 질 인증기제(internal quality assurance mechanism)를 설정하여야 함.
⑨ 평가의 질에 관한 사료 등을 제공할 수 있어야 함.

4. 조직(총회, 운영위원회, 의장과 사무국장)
  4.1 총회
    4.1.1 주요 정책과 의사결정의 권한은 총회에 있음.
    4.1.2 총회의 회의는 의장이 주관함.
    4.1.3 총회는 년 1회 이상 개최되어야 함. 사무국은 최소 40일 전에 회의 소집 공고를 하여야 함.
    4.1.4 총회의 기능과 역할은
      ① 운영위원회 위원 선출.
      ② 3개년 간의 사업계획 승인.
      ③ 연간 예산 승인.
      ④ 연간 재정운영에 대한 검토와 승인.
      ⑤ 운영위원회의 권고에 따라 회원 가입과 탈퇴 승인.
  4.2 운영위원회
    4.2. 기구운영을 위한 운영위원회를 구성하되, 의장국과 사무국장 소속 국가를 포함하여 10개국으로 함.
      ① 5개국(서로 다른 5개 평가기구)은 EU를 대표함.
      ② 1개국은 고등교육연합체를 대표함.
      ③ 1개국은 EFTA/EEA를 대표함.
      ④ 1개국은 EU관련국을 대표함.
      ⑤ 1개국은 EC(European Commission)을 대표함.
      ⑥ 1개국은 유럽학생연합(ESIB)을 대표함(옵저버 자격).
    4.2.2 운영위원회 위원(3년 임기)은 총회에서 선출. 운영위원은 연속하여 두 번을 연임할 수 없고, 3년마다 최소 2개국의 회원이 교체되어야 함.
    4.2.7 운영위원회의 임무와 역할은
      ① 총회에서 검토, 승인받게 되는 3개년의 사업계획을 준비.
      ② 1년 단위의 사업집행계획을 작성.
      ③ 사업계획에 포함된 워크샵과 기타 사업활동 수립.
      ④ 총회에서 위임된 사항 확정.
      ⑤ 총회에서 승인받게 되는 연차보고서 작성.
      ⑥ 동 기구와 관련된 기타 활동계획 심의.
  4.3 의장
      운영위원회의 의장은 동 기구의 대표로서
      ① 운영위원회의 회의를 주관.
      ② 총회의 회의를 주관.
      ③ 대외적으로 동 기구를 대표함.
      ④ 운영위원, 총회 등에서 위임된 사항들을 결정.
      ⑤ 필요 시 운영위원회에서 캐스팅 보트를 행사함.

⑥ 규정에 명시되지 않은 사항들 중 운영위원회에서 필요한 기타활동 등을 결정.
4.4 사무국/사무국장
4.4.1 사무국과 사무국장은 동 기구의 경영과 행정을 책임지며
① 서류파일과 회의록 작성.
② 자료(data bases) 축적.
③ 연차보고서와 출판물 발간.
④ 회의 소집, 준비, 운영.
⑤ 운영위원회의 회의 소집, 준비, 진행.
4.4.2 사무국과 사무국장은 동 기구의 재정을 책임.

5. 재정
5.1 총회는 매년 연수입과 예산을 승인하고, 회원국이 부담할 연회비액을 확인시켜 주어야 함.

6. 기타사항
6.1 규정의 개정사항은 총회에서 채택, 승인되어야 함.
6.2 규정의 유권해석에 대한 논의는 총회를 통하여 이루어져야 함.

- 대학평가관련 국제학술기구 : INQAAHE

→ 설립 배경

- INQAAHE(International Network for Quality Assurance Agencies in Higher Education)는 1991년 홍콩 학술평심국 (HKCAA, Hong Kong Council for Academic Accreditation) 에서 주관한 국제 세미나(Quality Assurance in Higher Education)에서 동 기구의 창설이 제안된 것이 그 계기가 되어 출범

- 이 기구는 대학평가를 실시하고 있는 세계 각국의 평가기구들의 연합 네트워크 성격을 갖고 있음
- ENQA가 회원국들에 대하여 자격기준과 활동에 있어서 규정상의 제약과 구속성을 띠고 있는데 비하여 동 기구는 상호 정보교류와 세미나를 통하여 국가별 평가사례와 경험을 함께 공유하고, 우수한 사례를 확산시키고자 하는 학술적 성격을 많이 지니고 있는 점이 그 특성이라고 할 수 있음
- INQAAHE는 격년으로 연차 학술회의를 개최하여 다양한 국가별 사례를 소개하고, 그 경험들을 축적시켜 나가고 있음

→ 설립 목적
- INQAAHE의 주목적은 고등교육의 질과 관련하여 최근의 이론, 그리고 평가, 질 개선과 유지에 관한 상호 정보교류와 보급에 있음

→ 주요 사업
- 고등교육에 있어서의 질의 개선과 유지에 관한 우수 사례 소개
- 고등교육에 있어서의 질 관리와 효과성에 대한 연구 추진
- 새로 창설되는 평가인증기구의 발전을 지원하고 조언해 줌
- 국가 간 평가기구의 연계(상호교류) 촉진

- 국가 간에 적용될 수 있는 평가기준 결정을 지원
- 국제적인 학력인정의 허용
- 국가 간 학점 인정 및 학생교류 지원
- 부실한 평가 인증 사례 또는 조직 운영에 대한 경고 등
- QA, 1년 2회 뉴스레터 발간
- Quality in Higher Education, 1년 3회 발간

INQAAHE의 운영관련 규정

1. 명칭
   1.1 이 연합회의 명칭은 INQAAHE로 함.(이하 네트워크로 통칭함)
   1.2 동 네트워크는 비영리 조직임.

2. 목적
   2.1 주요 목적은 고등교육의 질과 관련하여 최근의 이론, 평가인정, 질 개선과 유지에 관한 정보수집과 보급, 확산에 있음.
   2.2 이러한 정보공유를 통하여 동 네트워크가 지향하는 바는 다음과 같음.
      ① 고등교육에 있어서의 질의 개선과 유지에 관한 우수 사례 소개.
      ② 고등교육에 있어서의 질 관리와 효과성에 대한 연구 추진.
      ③ 새로 창설되는 평가인증기구의 발전을 지원하고 조언해 줌.
      ④ 국가 간 평가기구의 연계(상호교류) 촉진.
      ⑤ 국가 간에 적용될 수 있는 평가기준 결정을 지원.
      ⑥ 국제적인 학력인정의 허용.
      ⑦ 국가 간 학점 인정 및 학생교류 지원.
      ⑧ 부실한 평가 인증 사례 또는 조직 운영에 대한 경고 등이 가능함.

3. 정보의 보급, 확산
   3.1 정보를 보급, 확산하기 위한 경로는 다음과 같음.
      ① 격년으로 개최되는 연차회의를 포함한 세미나, 워크샵, 회의 등.
      ② 뉴스레터와 자료, 저널과 책(발간 보고서 및 전자 출판 등).
      ③ 회원국가 평가인정 기구들의 데이터베이스 활용.

④ 기타 총회에서 결정된 적절한 방법을 활용.

4. 재정
4.1 동 네트워크는 출판물 및 정보교류, 세미나 워크샵과 관련하여 회비를 부과할 수 있음.
4.2 회비는 총회에서 결정함.
4.3 동 네트워크는 기부금을 허용함.

5. 회원 자격
5.1 회원 자격의 구분은 정회원과 준회원으로 함.
5.1.1 정회원(Full Members)은 고등교육기관이나 프로그램을 평가·인정하는 책임을 맡고 있는 조직.
5.1.2 준회원(Associate Members)은 상기 자격을 갖고 있지는 않으나, 고등교육평가(인정)에 관심을 갖고 있는 비영리 조직.

6. 운영기구
6.1 운영기구는 총회와 이사회로 함.

7. 총회
7.1 회장과 이사를 선출함.
7.2 회비 수준을 결정.
7.3 회장과 사무국의 보고서를 심의, 결정.
7.4 재정의 심의, 승인.
7.5 필요한 경우, 회칙(규정)을 수정.

8. 이사회
8.1 이사회는 동 네트워크의 전반적인 사안을 관리
8.2 이사회는 회장을 포함하여, 정회원국과 준회원국을 대표하는 총 6명의 이사로 구성

9. 사무국
9.1 회장은 동 네트워크를 대표하는 공식적인 대표로서,
    ① 총회와 이사회를 주관.
    ② 총회와 이사회에서 제기되는 안건의 해결과 결정.
    ③ 필요한 경우 캐스팅 보트 행사.
9.2 사무총장은 동 네트워크의 운영과 관리를 책임지고,
    ① 필요한 경우 회장을 대리함.

② 네트워크의 데이터베이스 유지, 관리.
③ 회의와 이사회를 기획, 주관.
④ 규정에서 명시되지 않은 사안이나 이사회에서 승인된 건에 대한 업무 수행.
9.3 재무실장은 동 네트워크의 재정을 책임지며,
① 회비와 자료 구독료 징수.
② 이사회와 총회에 재정상태에 대한 보고와 의견 개진.
9.4 모든 이사들은 동 네트워크를 대표하여,
① 유사기관과의 관계 유지.
② 동 네트워크의 업무 추진.
③ 총회와 이사회의 위임사항에 대한 업무 수행.

10. 동 기구의 해산
10.1 동 네트워크는 총회에서 3분의 2 이상의 찬성이 있을 경우 해산될 수 있음.

11. 분쟁관련사항
11.1 규정의 유권 해석에 관한 분쟁은 총회 40일 전에 회원국에 사전 제안된 안건에 대하여 다수의 투표결과에 따라 해결하는 것으로 함.

3. 고등교육이동 시대의 국제적 협력평가

국가 간 고등교육의 상호교류에 있어서 가장 선도적 역할을 해 왔던 유럽 지역의 경우, 지난 1987년 ERASMUS 프로그램이 출범한 이래 10만 명이 넘는 학생들이 교류 프로그램에 참여하는 성과를 거두고 있다. 이는 유럽이라는 지역적 특성과 여건이 이와 같은 교류를 용이하게 한 점도 있겠으나, 보다 확실한 것은 교육도 다른 경제 부문과 마찬가지로 국가 간의 경계가 희박해지고,

나아가 국경을 초월한 교육체제로 급속하게 전환되어 가고 있음을 보여주고 있는 것이다.

ENQA의 창설은 고등교육 질 인증에 있어서 경험을 공유하고 이를 발전시킬 목적으로 추진된 소위 European Pilot Project에서 비롯되었다. 나아가 고등교육에 있어서 질 인증에 관한 협력을 촉구한 유럽 정상회담의 권고가 그 결정적 계기가 되었다. 특히, 1998년 이후 세계적 관점에서의 고등교육의 질 인증은 확산되어 왔으며, 평가인정과 벤치마킹 부문에서 그 영역이 확대되어 왔고, 새로운 평가기구들이 신설되었다. 질 보증은 프로그램의 평가 인정, 프로그램 평가, 기관 감사(Institutional audit)등의 유형으로 나타났으며, 평가기구에 따라서 이들 유형의 일부 또는 전부를 정기적으로 실시하고 있다. 이와 같은 ENQA의 고등교육 질 인증에 대한 확산은 유럽 고등교육의 질 향상을 가져오는 데 기여하고 있다.

ENQA와 더불어 INQAAHE는 대학평가를 실시하고 있는 세계 각국 평가기구들의 연합 네트워크 성격을 갖고 있는 바, ENQA가 회원국들에 대하여 자격기준과 활동에 있어서 규정상의 제약과 구속성을 띠고 있는데 비하여, 이 기구는 상호 정보교류와 세미나를 통하여 국가별 평가사례와 경험을 함께 공유하고 우수한 사례를 확산시키고자 하는 학술적 성격을 많이 지니고 있어 각국의 평가기구의 협력방법 모색에 귀중한 경험을 제공해 줄 것이다.

향후 실질적인 한국 대학교육의 세계화를 이룩하기 위해서는 국제적으로 인정을 받을 수 있는 대학평가가 이루어져야 하고, 이를 위해서는 지금까지의 최소 요구 기준 대학평가에서 벗어나 국제적 기준의 대학평가를 실시해야 한다. 그리고 대학평가에 대한 국제적 정보를 공유하기 위해서는 대학평가의 국제교류를 위해 정부와 대학이 공동으로 노력해야 할 것이다. 현실적으로 고등교육의 학점 및 학위 인정을 위해서는 UMAP, 아·태 지역 국제교육협회, UNESCO 학위 인정 협약의 지침을 수용해야 할 것이다. 이를 위해 개별 고등교육기관은 최소한 교육의 질적 수준을 유지하도록 해야한다. 이를 위하여 전체적인 평가 항목구성은 이를 토대로 각 국가의 정치, 경제적인 여건, 문화, 대학 역사, 규모, 재정, 그리고 대학발전 과정 등을 충분히 반영하여 조정·설정해야 할 것이다.

대학평가는 INQAAHE의 우수 사례 지침 및 미국평가인정기구인 CHEA의 International Principle의 적용을 적극 고려해야 한다. CHEA는 교육개방화에 따른 고등교육 분야에서의 국제적인 질 인증을 중요한 문제로 인식하고 있으며, 대학교육에 대한 질 인증 시 각 국가의 제반 환경(문화, 경제, 교육에 대한 이해)을 고려해야 한다는 점을 강조하고 있다. 따라서 INQAAHE, CHEA, UNESCO 등과 협력·연계를 위하여 국내 대학 및 학회의 적극적인 참여를 유도하기 위한 세미나, 공동연구, 공청회를 개최하여 다른 국가의 평가기관과 파트너십을 형성해야 한다.

우리나라도 미국을 포함한 아·태 지역 평가기구들과의 협력 및 평가결과 상호인정을 위한 협약체결을 체계적으로 준비하고 진행해야 한다. 이를 위해서는 특히, 국내의 평가기관이 미국의 CHEA의 승인과 더불어 미국의 다양한 평가인증기구들과 상호 인정을 위한 협약을 체결해야 할 것이다. 이것이 선결되면 아·태 지역 국가들의 평가 기구와 상호 인정을 위한 협약도 용이하게 될 것이다.

OECD, UNESCO
세계 고등교육 질 관리

1. 고등교육 질 보장 지침의 배경

　OECD, UNESCO의 고등교육에 대한 가이드라인은 전 세계의 국가 간 고등교육 질 관리 지침 마련에 대한 협력과 이해를 증진하고자 하는 데 그 목적을 두고 있다. 다시 말하면 인류의 사회적·경제적·문화적 요구를 충족시킬 수 있도록 국가 간 고등교육에 대한 질을 높이는 동시에 그 질이 보장되지 않는 대학 졸업장으로부터 학생들과 그 관련자들을 보호하고자 하는 것이 그 목적이다.

　1980년대 이후 해외 캠퍼스 설립, 원격고등교육과 같은 새로운 형태의 고등교육이 등장하고 2000년에 들어 대폭 확산되고 있는 추세에 따라 학생, 교수, 대학교육 프로그램 등에서 국가 간 고등교육 교류는 매우 증대되었다. 국가 간 고등교육 교류를 위해서는 그 질을 보증할 수 있어야 한다. 일부 국가에서는 고등교육의 질 보장과 인증체제를 갖추고 있다.

그러나 많은 국가들은 아직 고등교육의 질 보장과 인증체제가 구축되어 있지 않은 실정이다. 더욱이 국제적인 수준에서 다양한 제안을 조정해 줄 수 있는 종합적인 지침이 정립되어 있지 않다. 동시에 국가적 수준의 고등교육의 질 보장과 인증시스템은 국가에 따라 다양하며 서로 다르다. 따라서 각국의 고등교육 질 평가 결과를 국가 간 고등교육의 교류에 활용하는 데는 문제가 있다. 고등교육의 국제교류를 위해서는 고등교육에 대한 외부 질 평가 인증이 필요하다. 이러한 외부의 고등교육 질 보장과 인증평가를 통하여 고등교육의 국제교류 확대 과정에서 질이 낮은 고등교육과 부적절한 고등교육 질 인증평가로부터 학생들과 기타 고등교육 수요자들을 보호할 수 있다. 오늘날 질 평가 인증체제의 당면 과제는 고등교육 국제화의 장점을 살리고 문제점을 최소화하기 위하여 외국의 대학과 국내 대학을 동시에 보호할 수 있는 적절한 평가절차와 시스템을 마련하는 일이다. 동시에 국제적 협약에서도 학생, 교직원, 교수, 연구자들의 국가 간 교류가 활발해짐에 따라 고도의 학문적 전문성의 질이 중요 문제로 취급되고 있다.

따라서 고등교육의 질 관리에 대한 국제적 협력과 네트워킹이 갖게 되는 이슈는 질 평가인증 절차와 시스템에 대한 보다 투명한 정보를 제공함으로써 그 품질을 보증하도록 하자는 것이다. UNESCO와 OECD가 고등교육 질 보장 가이드라인의 제정에 대한 긴밀한 협력을 하는 이유는 WTO와 GATS가 추진해 온 고등교육 개방의 실질적 이행이라는 환경 변화와 시간과 공간을 초월하는 정보통신 혁명에 기인하는 고등교육의 국제적 교류의 활성화를 들 수 있다.

OECD, UNESCO 가이드라인의 내용을 구체화하기 위한 제1차 회의는 2004년 4월 5~6일 이틀간 파리에서 각국 대표들의 참여하에 개최되었고, 가이드라인의 6개 영역(정부, 고등교육기관, 학생단체, 질 보장과 인증기관, 학위·자격인정기관 및 전문단체를 위한 가이드라인)에 포함될 내용들이 논의되었다.

제1차 회의 결과를 토대로 제2차 회의는 2004년 10월 14~15일 이틀간 일본 동경에서 개최되었고, 이 때 가이드라인을 위한 실질적인 초안이 마련되었다. 제3차 회의는 2005년 1월 17~18일 파리에서 각국 대표 및 전문가들의 참여 하에 개최되었고, 가이드라인의 최종안이 논의되었다. 동 회의에서 합의된 내용들은 전문가 그룹에 의한 자구 수정과 회원국들의 의견 수렴을 거친 후 2005년 하반기에 개최된 제33차 UNESCO 총회에서 확정되었다. 그리고 2005년 10월에 개최된 OECD 교육위원회와 12월에 개최된 OECD 이사회를 거쳐 최종 확정 되었다.

2. 고등교육 서비스 관련 기관과 단체에 대한 가이드라인

OECD, UNESCO의 고등교육에 대한 가이드라인은 국가 간 고등교육 서비스 공급과 관련된 기관과 단체를 정부, 고등교육기관, 학생단체, 질 보장과 인증기관, 학위·자격인증기관 및 단체로 분류하고, 기관 및 단체별 권고안을 제시하고 있다.

- 정부에 대한 가이드라인

→ 자국 내에서 고등교육 서비스를 제공하고자 하는 외국 공급업자들을 위해 포괄적이고, 공정하며, 투명한 인허가 시스템을 갖추어야 한다.
→ 국경을 넘는 고등교육 서비스에 관한 질 보장과 평가인증은 교육서비스 수입국과 수출국 모두가 관련되어 있다는 점을 고려하여 이러한 교육서비스의 질 보장과 평가인증을 신뢰할 수 있도록 하기 위한 포괄적인 체제를 갖추어야 한다.
→ 국내·외 질 보장, 평가인증기구들을 조정한다.
→ 국경을 넘는 고등교육에 대한 인허가, 질 보장, 평가인증, 학생, 프로그램, 기관에 대한 재정지원 결과에 대한 준거와 기준에 대한 정확하고, 신뢰할 수 있는 정보를 쉽게 얻을 수 있도록 한다.
→ UNESCO 자격인증에 관한 지역협약의 발전에 기여하고,

그 협약에서 명시된 바와 같은 국립정보센터를 설립한다.
→ 상호 협약에 포함된 절차와 준거에 기초하여 각국의 자격 인증을 활성화할 수 있는 쌍방 또는 다자간 인증협약을 체결한다.
→ 고등교육 기관이나 서비스 제공자의 인증 여부에 대한 정확하고 포괄적인 정보에 대한 접근성을 개선하는 노력을 기울인다.

• 고등교육기관, 교육서비스 공급자에 대한 가이드라인

→ 국내와 국경을 넘어 제공되는 프로그램이 질적 수준에서 큰 차이가 없어야 하며, 교육 수입국의 문화적·언어적 차이를 고려할 수 있도록 해야 한다. 또한 이러한 노력들을 대외적으로 공개해야 한다.
→ 질적으로 우수한 교육과 연구는 우수한 교수진과 독립적이고 비판적인 탐구를 가능하게 하는 업무환경을 통해서 가능하다는 점을 인정해야 한다. 이러한 점에서 모든 고등교육기관과 서비스 공급자들은 UNESCO가 제안한 고등교육 교원의 지위에 관한 제안 등을 고려하여 좋은 업무환경과 근로조건, 동료주의적 의사결정 구조와 학문의 자유를 제공해야 한다.
→ 현재 대학에서 운영되고 있는 질 관리 체제를 점검해서 대

학 구성원들의 능력을 최대한 활용할 수 있도록 하고, 수여하는 학위가 국내·외적으로 일정한 수준에 이를 수 있도록 책임을 다해야 한다. 더 나아가 에이전시를 통해 교육 프로그램을 학생들에게 홍보하는 경우에도, 에이전시에 의해서 제공되는 정보와 안내가 정확하고 신뢰할 수 있으며, 쉽게 얻을 수 있도록 대학이 책임을 져야 한다.

→ 우수한 질 보장 및 평가인증기구에게 자문을 구하고, 원격교육 등을 통해서 고등교육 서비스를 해외에 제공하는 경우 교육 수입국의 질 보장 및 평가인증체계를 존중한다.

→ 국내·외 네트워크에 참여하여 우수 사례를 공유한다.

→ 네트워크와 파트너십을 강화하여 상호 자격인증 과정을 활성화 한다.

→ 교육서비스의 제공방식과 자격인증 기준 및 절차를 가능하면 UNESCO와 유럽위원회의 권고에 따른다.

→ 외부와 내부의 질 보장 및 학위인증 기준과 절차에 관해 정확하고 신뢰할 수 있는 정보를 쉽게 얻을 수 있도록 한다. 프로그램과 학위에 대해 충분히 기술하고, 가능하면 학생이 획득하게 될 지식, 이해 및 기술에 대해서도 기술한다. 고등교육기관 또는 교육서비스 제공자는 질 보장 및 평가인증 기구 및 학생 단체와 협력하여 이러한 정보를 알리는 데 주력해야 한다.

→ 고등교육기관의 재정 상태의 투명성을 확보한다.

- 학생에 대한 가이드라인

→ 국경 없는 교육의 질적 수준 유지, 모니터링 및 개발에 있어서 대학, 국가, 국제적 수준에서 적극적으로 관여하며, 이러한 목적을 달성하기 위해서 필요한 수단을 강구한다.
→ 교육에 참여하는 학생들이 잠재적으로 안게 될 위험을 알려서 질적으로 우수한 교육을 제공하도록 하는 데 적극적으로 참여한다.
→ 국경 없는 교육 프로그램에 등록할 경우 대학, 질 보증 기구 등과 협력하여 미리 확인해야 하는 사항들을 체크한다. 확인사항에는 다음과 같은 내용이 포함될 수 있다. 해당 기간이 신뢰할 수 있는 기구로부터 인증을 받았는지의 여부, 해외 기관에서 수여한 학위가 학생의 모국에서 인정을 받는지의 여부 등이다.

- 질 보장 및 평가인증기구에 대한 가이드라인

→ 질 보장 체계의 국경 없는 교육서비스도 포함되어야 한다. 즉 평가기준과 절차가 투명하고 일관성이 있으며 고등교육 체제에 적합해야 한다. 또한 국경 없는 교육의 발전과 더불어 변화에 적응할 수 있도록 평가 가이드라인에 관심을 두어야 한다.

→ 기존의 지역 및 국제 네트워크를 강화하고 해당 지역에 지역 네트워크가 없는 경우 이를 만들도록 한다. 이러한 네트워크는 정보나 우수 사례의 교환, 지식 전파, 국제동향 및 도전 과제들에 대한 이해를 높이고, 스태프들과 평가자의 전문성을 신장하기 위해 기반이 되는 기구의 역할을 할 수 있다. 또한 이러한 네트워크는 부정한 교육서비스 제공자나 평가기구들을 알리거나 이러한 기구들을 모니터하는 데 활용될 수 있다.

→ 교육 수출국과 수입국의 협력을 강화하고 상대국의 질 보장 및 평가인증 시스템에 대한 상호 이해를 높일 수 있는 연계를 확립한다. 이러한 연계활동은 교육 수출국의 질 보장 및 평가인증 시스템을 존중하고, 해외에서 제공되는 교육서비스의 질을 보장하는 과정을 활성화할 수 있다.

→ 평가기준 및 절차, 질 보장 메커니즘이 학생, 기관, 프로그램에 대한 재정지원에 미치는 영향, 평가결과에 관한 정확한 정보를 쉽게 접근할 수 있도록 한다. 질 보장 및 평가인증기구들은 고등교육기관, 교직원, 학생단체, 학문분야 인증기구 등과 이러한 정보의 전파를 활성화할 수 있도록 적극적으로 협력해야 한다.

→ UNESCO와 유럽위원회에서 발간하는 행동강령에 관한 원칙들을 적용한다.

→ 상호인증협약을 체결하고 내부 질 보장 시스템을 개발하며,

정기적으로 외부평가를 한다. 국제평가를 시범적으로 운용한다.

→ 해외 전문가로 동료평가 패널을 구성 및 평가기준, 절차 등에 관한 국제적 벤치마킹 절차를 수립하고, 평가활동의 비교 가능성을 제고하기 위해서 평가 프로젝트를 운용한다.

• 학문 분야 평가기구에 대한 가이드라인

→ 지역 및 국제 네트워크를 만들어서 정보나 우수 사례 교환, 지식전파, 스태프들의 전문성 향상 및 국제적 동향이나 도전과제들에 대한 이해를 높이도록 한다.

→ 질 보장 및 평가인증기구와의 협력을 강화하여 학위가 기본적인 질적 수준을 충족하고 있는지를 결정하는 프로세스를 활성화한다. 또한 질 보장 및 평가인증 분야에서 국제협력과 네트워킹 활동에 참여한다. 이러한 협력활동이 지역이나 국제적 수준에서 추구되어야 한다.

→ 모든 주체들과 긴밀한 관계를 유지하여 정보를 공유하고 학문 분야 및 전문 분야 학위인증 평가방식 간의 연계를 강화시킨다.

→ 노동시장에서의 전문 학위 인증을 다루고 전문 분야 인증에 관한 필요한 정보를 외국뿐만 아니라 고용자에게도 제공한다. 국제노동시장의 확대와 전문 인력의 국제이동을 고

려해 볼 때 전문 분야 협의회와 협력이 필요하다.
→ 인증과정에 대한 신뢰도를 높이기 위해서 국제적인 행동강령에 관한 권고를 따른다.
→ 학위평가 준거 등에 대한 명확한 자료에 쉽게 접근할 수 있도록 한다.

- 전문기구에 대한 가이드라인

→ 취득학위의 전문적 인증을 얻는 데 도움을 주기 위해서 국내·외 학위취득자나 고용주들이 접근 가능한 정보채널을 구축한다. 이러한 정보는 현재 또는 향후 학생들이 쉽게 접할 수 있도록 해야 한다.
→ 교육 수출국과 수입국의 전문협회, 고등교육기관 질 보장 및 평가인증기구, 학문 분야 인증기구 등과 긴밀히 연계하여 학위평가 방법을 개선하도록 한다.
→ 학위인증을 활성화할 수 있도록 프로그램이나 학위의 비교가 가능한 평가준거 및 절차를 확립한다. 또한, 투입 및 과정요건에 대해서 문화적으로 적합한 학습 산출물, 역량을 다룰 수 있는 평가준거 및 절차도 확립한다.
→ 전문직의 상호인증 협약에 관한 최신의 정확한 정보를 국제적으로 접근 가능하도록 하며, 새로운 협약을 체결하도록 장려한다.

3. OECD, UNESCO 고등교육 질 보장 지침의 의미와 전망

　세계무역기구(WTO)가 교육 분야를 서비스교육 분야 무역협상 대상으로 포함한 가운데 2002년부터 OECD와 UNESCO가 국가 간 교육교류의 원칙과 규범을 제정하려는 시도를 했다. 교육 분야에서의 다자간 교육 개방 협정이 진행되고 있는 상황 속에서 세계 선진국의 모임체인 OECD와 선진국과 후진국 모두를 회원으로 포함하고 있는 UNESCO의 이러한 움직임은 세계교육의 틀을 바꿀 수 있다는 점에서도 그렇고 우리나라 대학의 현실을 볼 때에도 매우 중요한 의미를 갖는다.

　이러한 경향은 1998년 파리의 UNESCO 총회와 그 이후의 태국, 일본, 미국, 홍콩, 인도 그리고 유럽 국가 등에서 개최된 일련의 회의와 OECD 국가 중심으로 고등교육 질 관리에 관한 수차례의 협의 끝에 나온 결과이다. 소위 '국가 간 고등교육 교류에서 상호인정과 교류를 위한 질 관리 지침'으로 지칭되는 OECD와 UNESCO의 가이드라인은 UN 국제인권선언 26조에 제시된 '개인의 능력에 따라 누구든 평등하게 고등교육의 기회를 부여해야 한다.'는 기본 정신에 입각해서 1998년 파리에서 개최된 세계 고등교육 컨퍼런스에서 채택된 '21세기 고등교육 선언'의 취지를 담고 있다.

　공동 지침은 그간 아·태지역 고등교육 자격과 학력·학점인정위원회 등 세계 6개 대륙에 설치, 운영되고 있는 고등교육자격

인정기구에서 논의된 내용을 더욱 발전시키고 있다. OECD와 UNESCO의 이 지침은 고등교육과 세계화의 틀 속에서 각 국가와 개인의 바람직한 성장을 도모하기 위해 지식 사회에서 요구하는 질 높은 고등교육과 고등교육 기회의 균등을 보장하기 위한 목적을 담고 있다.

21세기는 고등교육 시스템의 혁신과 증진에 따라 다양한 형태의 고등교육 기회가 증가되고 있고 이에 따라 학습자와 학생들이 국경을 초월해서 교육받을 기회를 갖고 있다. 이 지침에서는 이러한 교육이동의 세기(Century of learning mobility)적 특성에 걸맞게 국제협력을 통한 각 국가 간의 사회 경제적 번영과 지식 활성화를 중요한 과제로 인식하고 있다.

OECD와 UNESCO 지침이 담고 있는 주요 내용은 이러한 시대적 환경변화에 부흥할 수 있는 다국 간 고등교육 질 관리와 이러한 질 관리를 위한 각 정부 간 상호 정보교류를 중요 사항으로 담고 있다.

특히, 각 국가의 형편에 따라 다양한 형태의 평가기구와 평가 주체가 있기 때문에 정부기관이든 민간기구이든 이러한 고등교육 질 관리와 인정기구에 대한 국가 간 상호 인정도 주요 내용을 담고 있다. 그리고 각 국가들이 상호 질 관리와 질 관리 기구의 인정을 위한 다자간 협약을 권고하고 있다. OECD와 UNESCO가 공동으로 지침을 마련하고 있기 때문에 OECD회원국은 물론 OECD 회원 국가가 아닌 UNESCO 회원국가 모두에게 이 권고가 적용될 것이다.

이 지침은 2008년 봄 UNESCO 175차 집행위원회에 보고한 후 채택되어 적용되고 있다. 이번 OECD, UNESCO 공동지침서는 상대적으로 고등교육의 질이 낮은 국가들에게 일정 수준의 질을 제고할 수 있도록 적절한 조치를 요구하고 있기 때문에 고등교육의 질이 낮은 국가는 큰 부담이 될 전망이다. 각 국가 내에서도 질적으로 다양한 고등교육기관이 있다는 점도 감안하여 보다 적극적인 질 관리의 필요성을 제기하고 있다. 질 낮은 교육으로 비판을 받아온 소위 학위수여공장(Degree mills) 역할을 하는 대학에서의 질 낮은 학위취득이나 신뢰성이 부족한 평가로 인증을 남발하는 인증부여공장(Accreditation mills) 역할을 하는 평가인정기구 등은 억제되어야 한다는 것이나. 또한 각 국가 간의 국제교류를 통한 학위 취득 등과 과정에서 이러한 바람직하지 못한 교육경험을 감안하지 않는 것은 바람직하지 않다는 것이다. 이러한 취지에서 OECD, UNESCO 지침은 각 국가의 질 관리 체제 기반을 국제적 관점에서 국가 간 상호인정을 할 수 있는 체제로 발전시키도록 권고하고 있다.

이번의 다국 간 상호 인증 가이드라인을 통해 학생들에게 정확한 정보를 제공하여 유학과 학위취득, 그리고 연구교류 등의 의사결정을 하는 데 도움을 주도록 하고 있고, 각 국가의 평가 신뢰성을 구축하도록 하는 내용을 담고 있다.

특히, 평가자의 자질향상과 평가인정절차의 신뢰성 강화, 평가

지표의 객관성을 제고할 수 있도록 노력해야 한다는 지침을 제시하고 있다. 이와 함께 질 관리 기구와 인정기구 간의 국제협력 증진이 활성화되도록 상호 노력할 것을 권장하고 있다. 이를 위해서 각국은 필요한 조치를 취해야 하고, 각 대학을 포함한 국가기관, 그리고 질 관리 기구와 전문 학회 등에게 OECD, UNESCO 공동 지침에 관한 정보를 제공하도록 하고 있다.

OECD, UNESCO의 공동 지침서의 주요 내용은 권고의 범위, 각국 정부에 대한 권고, 고등교육기관에 대한 권고, 학생회에 대한 권고, 평가기관에 대한 권고 등을 지침으로 포함시키고 있다. 그러나 이러한 지침 내용은 앞에서 설명한 대로 질 관리와 평가 기구 상호 간의 협력, 국제기준의 질 관리 설정, 그리고 고등교육 질의 향상을 위한 이해당사자들에 대한 행동지침을 담고 있다.

참고로 고등교육기관에 권고하고 있는 지침은 고등교육의 질 관리에 적극 참여해야 하고 자국은 물론 국제적 기준에 부합하는 질 높은 고등교육을 제공하도록 노력해야 한다는 것을 내용으로 하고 있다. 이와 함께 원격교육을 포함해서 질 관리와 평가 인정기구의 자문이나 평가활동을 적극 존중해야 한다. 물론 국내·외의 평가 네트워크와 질 관리 체제에 적극 참여하며 세계적 기준의 질 관리를 적극적으로 수행해야 한다는 것이다.

OECD, UNESCO 세계 대학 교육의 질 관리에 관한 공동 지침은 점차 우리나라 고등교육 전반뿐만 아니라 전 세계 모든 나라의 고등교육 체제와 교과과정 운영, 그리고 교육의 질 관리 등에 큰 영향을 미쳐가고 있는 실정이다.

이러한 세계적인 경향은 1990년 말부터 국제기구를 중심으로 적극 논의되어 온 것이지만 우리나라 대학 구성원들은 상대적으로 생소할 것으로 생각된다. 그러나 세계의 흐름은 국제적 기준을 가진 상호인정과 국제적 기준에 의한 질 관리, 취업 등을 궁극의 목표로 삼고 있다. 따라서 우리나라 대학들도 학사운영, 교육의 질 관리, 그리고 학제 등에 있어서 이러한 세계적 경향을 신중히 고려할 필요가 있다. 더구나 중복된 대학의 평가에 따라 대학 구성원들의 평가피로증후군이 확산되고 있는 점을 감안할 때, 국내의 평가기구 간의 네트워크는 물론 국제적 질 관리 기구와의 네트워크도 적극 활성화할 때이다. 이렇게 함으로써 중복평가를 최소화하며 국제적 틀 속에서의 질 관리도 가능하며 이 결과의 활용을 통한 교육이동의 상호인정, 그리고 학점교류와 학위인정이 보다 원활해질 것이기 때문이다.

특히 주목해야 할 부분은 최근들어 OECD를 중심으로 고등교육 질 관리 체제가 큰 변화를 겪고 있는 추세라는 점이다. 종래의 여건 중심, 투입 중심의 양적 대학평가의 틀에서 과정 중심 질 관리 중심의 틀로 패러다임 전환이 이루어지고 있다. 대표적 예의 하나가 OECD의 IMHE(Institute of Higher Eucation Management)의 AHELO(Assessment for Higher Education Learning Outcome) 형태의 평가가 중요시되고 있다. 이 평가형태는 과정과 학습능력향상, 학생들의 학업성취수준 중심의 대학평가로서 유럽 국가를 중심으로 확산되고 있으며 우리나라도 포함되어 있다. 2007년부터 시범연구(PILOT study)가 시행되어서 실제 고등교육 질 관리 체제로 자리를 잡아가고 있다.

OECD 중심의 질 관리 체제는 학업성취수준 중심의 평가로서 투입이나 과정도 중요시 여기지만 무엇보다도 학습능력향상과 학습자의 성취수준에 맞추는 성과의 틀을 유지하는데 초점이 맞춰져 있다. 향후 고등교육 질 관리 틀은 선진국 중심의 AHELO형의 평가가 확산됨과 동시에 교육개발도상국은 전통적인 평가 인증제가 지속될 전망이다.

이렇게 UNESCO와 OECD 그리고 각 대륙 간, 지역 간 질 관리 협의체들의 활발한 움직임은 우리나라의 평가에도 영향을 미칠 전망이다. 특히 국제기구 간의 질 관리 협약이나 질 관리 체제 변화는 초국적 교육(Transnational Education)의 확산과도 무관하지 않다. 초국적 교육은 국가 간, 학위, 학점, 상호인정, 교육교류 등의 호환성에 초점이 맞춰져 있다는 점에서 시사하는 바가 크다. 이와 함께 고등교육 학습의 대전환과 고등교육 틀의 변화에 따라서 가상 대학과 온라인 중심의 학습형태가 중요시 된다. 또한 가상 대학과 사이버 대학에 대한 학위관리 시스템과 질 관리 평가도 중요한 이슈로 등장하고 있다. 물론 언론사 중심의 순위평가나 언론사 중심의 여건평가 등은 또 다른 사회적 고등교육 질 관리 체제의 하나로 여겨지고 있다.

PART 2

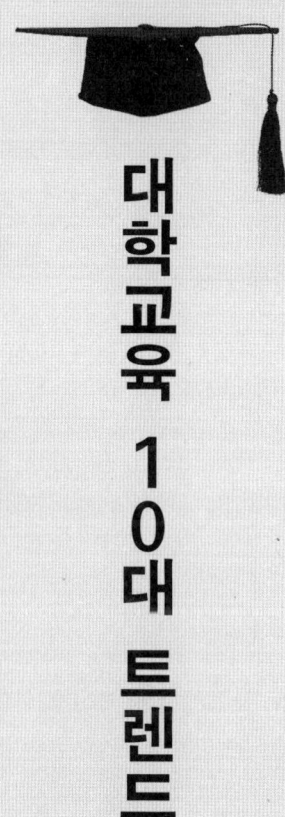

대학교육 10대 트렌드

캠퍼스 없는 대학 (Campusless College) | 교육이동(Mobility) 세기의 대학 | 대학 네트워크(Network) 시대의 대학
학습패키지 시대(Content-oriented Colleges : C.C.C) | 단위중심대학 시대(Unit-Based Colleges)
협력 교육 리더십 시대(age of co-leadership) | 초국적 교육 시대(Transnational education)
특성화, 심화, 광역화(Special, Space, Scope) | 학습 허브와 교수 허브(Learning hub & Teaching hub)
대학의 생존 전략(Survival, sustainable strategy)

캠퍼스 없는 대학
(Campusless College)

21세기는 대학의 대변혁의 시기이다. 학습자의 특성, 교수의 역할, 직원의 역할, 그리고 전반적인 대학의 기능이 대변화를 겪고 있기 때문이다. 대학은 지난 수 세기 동안 변화와 진화를 거듭해 왔다. 21세기 초까지 대학은 양적으로나 질적으로 많은 향상을 거듭해왔다.

그러나 1980년 IT 기술의 도입 이후 급격한 가상 현실 속에 살게 되고 인터넷의 거듭된 진화와 가상 현실의 진화에 따라 대학교육의 큰 혁명이 이루어지고 있다. 한 마디로, 캠퍼스 없는 대학교육이 확산되기 시작했다. 2014년 현재 세계의 1억 명에 가까운 대학생이 정규 캠퍼스 중심 대학교육은 물론 4년 전부터 소개되고 있는 하버드와 MIT의 공동교육 프로그램인 MOOC(Multi Online Open Courses) 등 온라인상의 교육을 받고 있고 기존 전통적 대학의 모습이 크게 변화하고 있다. 한 마디로 대학교육은 캠퍼스가 없고, 강의실에는 교수가 없고, 도서관에는 책이 없는 3無 대학의 모습으로 급격히 변화될 것으로 보인다.

미래의 대학의 모습은 이러한 가상 현실 속의 디지털 혁명이 가속되어 강의 방법, 강의 내용, 교수의 역할, 학습자의 역할 등이 크게 변모할 것이다. 교수는 세계적 명강의를 학생들에게 잘 습득하도록 하는 촉매자의 역할로 변모할 것이고, 학생들의 경우에는 강의실과 강의 시간, 강의 내용에 상관없이 스스로 선택해서 학습하는 프랙학습자(Prac learner)로 변화할 것이다.

따라서 30년 후인 2040년경에는 많은 대학이 문을 닫거나 큰 변화를 경험할 수밖에 없을 것이다. 이러한 변화는 한 마디로 캠퍼스가 없는 대학(Campusless college)의 도래를 의미한다. 캠퍼스 없는 대학은 다학기제, 다학점제, 학점연합제, 전공연계제 등의 다양한 학습포맷으로 형성될 것이며 기존의 단과대학 중심이거나 전공중심 대학의 모습은 사라질 것이다. 캠퍼스가 없는 대학은 전공이 없는 대학으로 변화될 것이고, 전공이 없는 대학은 현장 중심 학습단위(Learning unit system) 시스템으로 바뀔 것이다. 캠퍼스 없는 프랙학습사회(Praclearning society)가 도래할 것이다.

1. 프랙학습사회 (Praclearning society)

캠퍼스 없는 대학의 모습은 학습자가 학습내용, 학습과정, 학습단위, 학습방법 등에 있어 학습자의 주도적인 의사결정에 의해서 이루어지게 된다.

캠퍼스 없는 대학은 여러 형태의 학습유형이 가능한데 대표적인 몇 가지를 예시해 보면 다음과 같다.

- 학습유형의 다양화

학습유형의 다양화는 학습자의 교육욕구, 사회적 기대, 졸업에 정연한 능을 고려해 다양한 형태의 학습을 하는 것을 의미한다. 학습유형의 다양화는 전통적인 흑칠판 중심의 학습방법이라 할 수 있는 BBL(Black Board Learning) 스타일에서부터 완전히 가상 현실에 접목되는 가상 학습(Virtual learning) 스타일에 이르기까지 개인의 선택에 달려있게 된다.

가장 선호하는 형태는 시간의 흐름에 따라 흑칠판형 학습방법에서 완전한 정서 가상 학습(Emotional virtual self learning) 형태로 전환되겠지만 이러한 변화과정에서 융합적 학습(Blended learning)이 주도적인 학습형태가 될 것이다.

학습유형의 다양화 중에서 지금처럼 융합적 학습형태를 취하는 기간은 생각보다 짧아질 수 있다. 융합적 학습형태는 온라인과 오프라인, 캠퍼스 중심 학습과 탈 캠퍼스 학습, 모국어와 외국어의 언어융합 학습, 인문사회와 자연계열 간의 전공영역별 융합학습, 해외체류 학습과 국내 학습의 융합학습형태, 인턴십과 강의실 중심 학습의 융합 등의 형태로 나타날 수 있다. 2010년 이후 급격히 확산되고 있는 국제 교육, 다문화 교육, 세계화 교육 등이 융합 학습의 한 요인이 되고 있다.

학습유형의 다양화는 이수학점, 전공영역, 수학연한, 수업방식 등에 있어서 혁명적 변화를 가져다 줄 것이다. 특히 하루 24시간이 학습시간이 되는 프랙학습형태의 대전환이 일어날 것이다.

- 학습시간의 다양화

프랙학습시대가 도래하면 학습을 주도하는 학생이 전체적인 학사전략과 개인 차원의 학점관리를 비롯한 학사경영을 하게 되는 셈이다. 이러한 점에서 학습시간 또한 다양화가 이루어질 것이다. 학습시간은 지금 현재의 전통적 대학에서 이루어지는 것 같이 8시간 내지 10시간 범위 내에서 이루어지는 학사운영과는 다른 형태가 된다. 학습시간의 다양화는 하루 24시간이 학습자의 특성에 따라 다양하게 운영된다는 의미이다. 아침 6시부터 저녁 12시까지일 수도 있고, 오전, 오후로 나누어 이루어질 수도 있고, 격일제로 할 수도 있고, 방학이나 휴일을 활용해 이루어질 수도 있으며 주말강좌 중심으로 이루어질 수도 있다.

이 때 중요한 것은 학습해야 할 내용을 제대로 학습하는 일이며 학습내용이 질적으로 잘 관리되어야 한다는 점이다. 이러한 점에서 평생학습 이론가들은 자기주도적 학습에서 가장 중요한 것이 질 관리라고 주장한다. 질 관리만 이루어지면 학습시간의 다양화는 경직된 학사운영에 대변화를 가져다줄 것이다.

학습시간의 다양화는 개인의 학습스타일, 학습동기에 따라 개인이 선택하는 일이기 때문에 오히려 학습능률을 올릴 수 있고 학기제나 분기제 등으로 구성되어있는 현재의 학사운영체제에서 제한을 받고 있는 졸업연한이라든지, 전공 선택과 관련된 이수과목선정이라든지 하는 점에서 많은 제한을 풀 수가 있을 것이다. 학습시간 다양화의 예를 들면 블록 학습제, 주말 학습제, 패키지 학습제, 융합연계 학습제, 주제 중심 학습제, 프로젝트 중심 학습제, 이브닝 학습제 등의 형태가 가능할 것이다.

이러한 여러 형태의 학습시간의 다양화는 한 형태의 학습시간을 택할 수도 있고 다른 학습시간제도와 연계하거나 융합해서 활용할 수도 있다.

미국의 경우 현역군인들을 대상으로 하는 '기회의 대학'(Opportunity college)에서 활용하고 있는 이브닝 학습제나, 학습단위를 활용해서 자기주도적 학습제를 활용하는 다양한 학습시간형태 등이 프랙학습시대의 주요한 흐름 중의 하나라고 볼 수 있다.

- 학점이수의 다양화

　기본적으로 학습의 다양화는 학습유형, 학습시간의 다양화뿐만 아니라 학점이수와 학점단위의 다양화로 이어질 수 있다. 이러한 다양화는 실험 중심의 주제의 경우 한 학점인데도 시간 수는 4시간~6시간을 할애해서 기존의 1시간에 1학점을 인정하는 도식적 체제와는 다른 형태를 취할 수 있다. 예를 들어 실험 중심의 과목일 경우 작은 학점이수단위를 주면서도 실제 시간 수는 많이 배정하는 경우도 있고, 이론 중심의 과목일 경우 작은 시수에 많은 학점을 줄 수도 있다. 그리고 자기주도적 학습이라는 점에서 내실을 꾀할 수 있는 다양한 보안책을 함께 강구해야 한다. 예를 들어 인문사회 중심의 학점일 경우 자기주도적인 학습의 특성이라는 점에서 과목이 담고 있는 코스워크내용은 단순하지만, 이 코스를 이수하기위해서는 부수적으로 해야 할 다양한 작업을 수반하는 경우이다.

　평화학이라고 하는 과목의 예를 들어보면 실제 교과목에 담고 있는 내용은 평화학의 개념, 평화학의 이론, 평화와 관련된 사회·경제·정치·외교·문화·교육 등의 요인 등을 담을 수 있지만 이러한 내용을 이해하기 위한 많은 사례연구와 독서를 부수적으로 하게 하는 것이다.

　따라서 학점의 다양화는 학습자가 100학점을 이수해서 학사학위를 받기를 원할 경우 학점은 100학점이지만 실제적으로 시수는 300시간 이상이 될 수도 있다. 이러한 점이 일부 평생교육 학자들이 우려하는 자기주도적 학습에서의 질 관리 문제를 자연 해소시켜줄 것이다. 그리고 성취수준을 측정하기 위한 이해 중심 테스트(Competence based test)를 통해 이수여부를 결정할 수도 있다. 이와 함께 학점단위제(Learning unit)를 활용할 수도 있을 것이다. 학점단위제는 통상 평생교육에서 흔히 쓰여 지고 있는 시스템이기도 하다.

2. 정서 다매체(Emotional multi-media) 학습 시대

캠퍼스 없는 학습시대는 다매체 학습시대의 도래를 의미한다. 이미 온라인 학습이라든지 가상 현실이라든지 경험 중심 학습 등은 다매체에 의존하는 학습방법을 활용하고 있다. 특히 근래에 대두되고 있는 MOOC의 확산이라든지 각 대학 간, 각 국가 간 온라인 프로그램에 의한 상호학습이라든지 하는 것들이 다매체 학습의 대표적인 예라고 볼 수 있다. MOOC의 예를 들어 다매체 학습시대의 의미를 살펴보면 MOOC는 세계적으로 급격히 확산되고 있는 온라인 학습이라고 볼 수 있다.

하버드 대학과 MIT 대학이 공동으로 주도하고 있는 MOOC 프로그램은 현재 세계 약 1,000만 명에 가까운 학생들이 수강하고 있다. 또 세계 유수 대학 15개 대학이 공동으로 추진하고 있는 스마트 대학(Smart college), 미국 서부 9개 주 지사들이 공동으로 논의하고 있는 연합 가상 대학(United virtual college), 동남아 아세안 국가 중심으로 논의되고 있는 학점교류 프로그램, 아·태지역 고등교육 협력기구 중심으로 추진되어 온 UCTS 프로그램, 유럽 중심의 CTU 프로그램 등은 다매체 학습시대의 큰 흐름을 주도하고 있다.

- MOOC 프로그램

2011년에 시작된 MOOC 프로그램은 종래의 동영상을 제공하던 오픈코스웨어(OCW)보다 훨씬 발전된 온라인 공개강좌로써 전용플랫폼과 SNS 수업부터 시험과 과제제출까지 운영되는 대표적인 매체교육의 하나이다.

2014년 당시 200개 코스를 제공하고 있고 30개 기관이 참여하고 있다. 그러나 2015년 6월 현재는 1,300개 프로그램이 운영되고 27개 국가가 참여하는 등 급속한 증가 추세에 있다. 특히 세계적으로 급격히 확산되고 있어 기존 캠퍼스 중심 교육을 위협할 정도이다. 어떤 분들은 MOOC와 같은 다중 온라인 코스가 더 확산되면 기존의 캠퍼스 중심 전통대학은 빅뱅을 맞을 것이라는 우려도 하고 있다.

MOOC은 많은 장점에도 불구하고 아직 초기단계라는 점에서 몇 가지 특징을 나타내고 있다. 지금까지 수강한 학생들 중 50만 명을 대상으로 데이터를 분석한 결과 MOOC 프로그램이 보완해야할 점은 다음 몇 가지로 정리되고 있다. (Jonnah Newman, 2014)

→ MOOC 프로그램으로 수료증을 받은 학생이 상대적으로 많지 않다.
→ 많은 수강생들이 이미 대학학위를 가진 사람들이다.
→ 대부분의 MOOC 학생은 남학생이며 특히 컴퓨터 공학 분야는 거의 모두 남학생이다.
→ 많은 학생들이 재료공학과 기타 공과대학의 학위를 가진 학생들이 많고, 많은 학생들은 대학에서 요구하는 선수과목 이수를 위한 목적으로 수강한다.
→ 인문사회 계통은 평균연령이 40세 이상이 많고 모든 영역의 평균연령은 24세 정도이다.
→ 1/3 정도의 참여 학생은 미국과 캐나다 학생들이고 동남아시아 학생들의 경우에는 공학과 컴퓨터 분야를 많이 들으며 아프리카 학생들은 사회과학 분야를 많이 듣는다.
→ 등록학생의 절반은 코스워크에 필요한 자료를 충분히 활용하지 않거나 읽지 않는 것으로 나타났다.
→ 유럽 학생들의 경우에는 학습내용을 상대적으로 충분히 습득하고 있는데 반해서 아시아 학생들의 경우에는 가장 자료를 충분히 준비하지 않는 것으로 나타났다.

→ 대부분의 학생들은 한 코스만을 택하는 경우가 많고 박사학위를 가진 학생들의 경우는 보다 자료에 충실한 것으로 나타나있다.

이렇듯 현재 주목을 받고 있는 다중온라인 프로그램인 MOOC 프로그램조차 실제적으로는 충실한 학생들보다는 그렇지 못한 학생이 많은 것으로 나타났다. 이는 통상 지적되어 온 질 관리 문제나 학습자들의 특성에 맞는 주문형 코스의 필요성을 상기시켜 주고 있다. 특히 어떤 영역에 가장 관심을 많이 가지고 있는지, 어떤 콘텐츠를 선호하는지, 등록학생들의 동기와 목표가 무엇인지에 대한 확실한 욕구진단이 함께 병행되어야 할 필요성이 있다.

다매체 시대의 다매체 학습사회가 도래한 것은 사실이지만 운영의 면이나 질 관리의 면이나 학습자의 욕구에 부합하는 콘텐츠 선택의 문제는 중요한 과제로 등장하고 있다.

교육이동(Mobility) 세기의 대학

21세기는 교육이동의 세기이다. 교육이동이란 대학과 대학 간, 국가와 국가 간, 과정과 과정 간의 상호 이동을 의미한다. 종래의 경우 교육이동이 의미를 학생들의 유학에 국한된 개념으로 받아들였으나 현재는 유학뿐만 아니라 학교의 설립, 학교의 연계, 학교 간의 병합, 공동 프로그램의 활용 등을 포함하는 포괄적 의미로 사용된다.

교육이동은 주로 인적, 물적, 문화적 차원의 이동을 의미하는데 2014년 유네스코 통계에 의하면 세계적으로 유학하는 학생들의 공식 숫자는 284만 명 정도이며 단기 연수과정이나 인턴십 등을 포함한 숫자는 1,300여만 명 이라고 추산하고 있다.

교육이동은 단순한 인적, 물적인 차원의 이동이 아니라 거기에 포함된 교육 내용, 절차, 철학, 문화 등 교육과 연관된 전반적인 변화를 유도할 가능성이 있다. 이 점에서 많은 국가들이 자국 학생들의 해외유학이나 타국 학생들의 자국에 대한 유학을 상대적으로 엄격하게 관리하고 통제하는 경향이다.

21세기는 교육이동의 세기이기 때문에 국가 간 학술교류는 물론 공동학위설강, 학위상호인정, 학점상호인정 및 교류, 교직원의 파견, 공동학사운영 등 다양한 형태의 교육이동 형태를 취하고 있다. 그래서 21세기는 초국적 교육시대이고 다국적 교육시대이며 이러한 점에서 국경없는 교육(Borderless education)의 형태를 취한다.

교육이동의 세기는 이러한 점에서 소위 오다(伍多) 교육 시대로 지칭되는 다언어, 다민족, 다국적, 다문화, 다캠퍼스의 특성을 지니게 된다.

1. 초국적 시대의 대학(Transnational university)

초국적 시대란 교육의 특성상 각 국가의 교육정체성과 관련된 부분을 제외한, 국적을 초월한 대학 모델을 의미한다. 이러한 대학은 언어도 다언어, 학생도 다국적 학생, 교과내용도 특정국가에 얽매이는 교과내용이 아닌 말 그대로 국적을 초월한 교과내용을 설정하고 있다. 초국적 시대의 대학은 향후 확대될 전망으로 보이고 학생들 또한 초국적 대학을 선호하는 경향이 늘어날 것으로 보인다.

초국적 대학의 예는 UN 대학, 초국적 인터내셔널 대학, 네트워킹 형태를 띠고 있는 Holy see 대학, American 대학, 열방 대학 등을 들 수 있다. 예를 든 이들 대학들처럼 국적을 초월한 교과과정과 학사체제, 다국적 언어와 학위과정 트랙을 다양한 형태로 운영하고 있는 것이 초국적 대학의 특징이다.

특히 초국적 대학들은 말 그대로 특정국가의 교육목적이나 교육가치를 초월해서 전세계 인류가 공통관심사로 갖는 분야를 특성화하고 있는 것이 특징이라고 볼 수 있다. 또한 교육목적도 세계평화와 인류의 공영을 위한 전문인 양성에 두는 경우가 많고 때로는 특정 종교에 바탕을 두고 세계적 차원에서의 선교적 목적이나 평화구현을 위한 학사운영을 하고 있다. 예를 들어 환경 문제, 인구 문제, 식량 문제, 평화 문제, 에너지 문제 등 인류가 직면하고 있는 주된 영역들을 주요한 교과내용으로 다루는 경우가 많다.

소위 'P Problem'이라 할 수 있는 환경오염(Pollution), 인구(Population), 평화(Peace), 빈곤(Poverty), 공교육(Public education), 공중 건강(Public health), 공적 커뮤니케이션(Public communication) 등이 인류가 직면하고 있는 중요한 과제들이다. 이러한 과제들을 해결하기 위한 초국적 대학 교과과정이 선호하는 모델로 등장하고 있는 것이다.

UN 대학의 경우 동경에 위치하고 있지만 UN 관련 세계기구와 깊은 연관을 가지고 운영되고 있으며, Holy see 대학의 경우

교황청과 연관되어 운영되고 있다. 가장 활발한 네트워크 형태의 American University의 경우 중동, 아프리카, 아시아, 남미 등의 복합학습 컴플렉스 형태를 띠면서 세계에서 필요한 인력 개발에 치중하고 있는 초국적 형태의 대학이다. 예를 들어 이집트의 카이로에 있는 American University의 경우 학생 수만 15만여 명이 되고 교수 수만 보아도 3천여 명 정도에 이른다. 이들 학생이나 교수는 중동 지역과 유럽, 미국 등에서 온 학생들과 교수들이고, 강의실에서 사용하는 언어 또한 영어를 비롯해 다국적으로 쓰이고 있다.

열방 대학의 경우도 종교적 색채를 띠고 있지만 미국의 하와이 등 여러 나라의 교과과정을 운영하면서 제한된 영역 중심의 초국적 대학의 특성을 지니고 있다.

2. 다국적 대학(Multinational university)

다국적 대학은 교육이동 시대의 가장 두드러진 형태의 대학 모델이다. 일본이 남미나 미국의 대학에 투자하거나 동남아에 투자하는 형태가 대표적인 예가 될 것이고 미국을 비롯한 선진 5개국이 연합으로 추진 중인 Smart College가 이러한 형태에 속한다. 그리고 미국의 왓슨 스쿨이나 미국 뉴욕 디자인 스쿨 등 여러 나라와의 협력체계를 통해 학사운영과 학생모집, 교수충원 등 다양한 형태로 다국적 형태를 띠고 있는 대학들을 다국적 대학 형태로 볼 수 있다.

다국적 형태의 대학은 의미 그대로 2개국 이상이 학교설립이나 학사운영, 프로그램 운영, 학점교류 및 인정 등의 다양한 형태인 대학을 의미한다. 다국적 대학들은 특정 국가에 본교를 두고 여러 나라에 분교를 두는 형태이거나 여러 나라에 유사한 프로그램을 통해 통합운영하거나 하는 형태를 지니고 있다. 다국적 대학들의 학생모집은 프로그램을 운영하는 국가중심으로 이루어지고 학사운영은 통합적으로 본교를 두고 있는 대학에서 관장한다. 교수는 상호교류를 하는 것이 원칙이고 각국의 분산되어있는 프로그램은 상호 인정하는 형태이다.

유럽연합에서 활성화되고 있는 에라스무스, 레오나르도 다빈치, 소크라테스 프로그램 등은 다소 차이가 있지만 다국적 형태를 띠고 있다. 학생들의 이동이나 교수의 이동, 그리고 학점인정 등은 자국에서 이루어지고 타국에서도 이루어지는 형태를 취한다.

3. 메가 유니버시티 (Mega university)

교육이동의 세기에 가장 독특한 형태의 대학은 초거대 대학(Mega University)의 개념이다. 초거대 대학은 일종의 연계 대학 형태를 취하는데 어떤 한 나라에 대학본부를 두고 여러 나라에 초미니 형태의 대학을 운영하는 체제이다.

이러한 메가 유니버시티는 특수한 전공이나 자격증, 대상을 중심으로 특화하는 대학형태를 취하기도 하고 온라인상으로 학점이수와 인턴십 형태를 취하는 특성을 가지고 있다.

메가 유니버시티가 아직 보편화 되고 있지는 않지만 앞으로 고등교육의 커다란 변화를 가져다 줄 것이다. 메가 유니버시티는 세계 공통어나 자국어로 강의가 이루어질 수 있고 학사운영체제 또한 정규학생과 평생학습자를 동시에 대상으로 할 수 있는 특징을 지닌다. 흔히 21세기에 고등교육의 큰 특징 중 하나는 교육이동의 흐름인데, 메가 유니버시티는 앞서 소개한 MOOC가 가지고 있는 단점을 보완할 수 있는 고등교육의 새로운 경향이기도 하다.

메가 유니버시티의 한 형태는 유럽의 소크라테스 프로그램과 유사한 경향이라고 볼 수 있다. 메가 유니버시티의 경우 초미니 단과대학 형태를 띠고, 전공은 융복합 연계전공 형태이며, 학습방법은 교실 학습과 온라인 학습이 병행되는 형태를 취한다. 특히 전공은 여러 전공이 합해진 형태를 띠고 이 때문에 작은 단위의 학과라기보다는 큰 단위의 학부 형태를 갖게 된다. 메가 유니버시티는 각국에 산재해 있는 단위대학 간의 상호인정과 교류가 보장되며 졸업은 학습자가 원하는 대학에서 최종 수학을 할 경우 그곳에서 졸업과 학위취득이 가능하다.

메가 유니버시티는 종래의 멀티버시티(Multiversity)개념과 반대되는 개념이라고 볼 수 있다. 멀티버시티는 유니버시티보다 훨씬 큰 다기능 대학의 형태인데 반해서 메가 유니버시티는 초미니 대학의 연합체 형태를 띠는 특성이 있고, 전통적 오프라인 대학교육과는 다른 온라인 비중이 높은 대학이라고 볼 수 있다. 앞으로 메가 유니버시티는 교육이동의 시대에 중심축 역할을 할 것이라고 예견된다.

대학 네트워크(Network) 시대의 대학

21세기는 개방화와 글로벌화 등을 주축으로 벽이 없는 사회(Wall-less society)의 특징을 지닌다. 이러한 경향은 기존의 캠퍼스 중심 대학의 개념이나 전통대학의 개념을 벗어나 대학과 대학 간, 학문 영역과 학문 영역 간, 국가와 국가 간, 대학과 기업 간, 대학과 정부 간의 벽이 없는 사회로 전환될 것임을 의미한다. 특히 교실 중심의 대학교육은 탈 교실 중심의 대학교육으로 변화되어 국내 대학 간은 물론 국제 대학 간, 대학과 산업체 간의 네트워크 형태가 급속히 확대될 것이다.

대학 네트워크 시대는 대학이 창의적인 연구의 주축이 되고 산업체는 대학과 연계하여 생산의 주축이 되는 형태를 취하는 시대이다. 일본의 게이요 대학의 리서치 컴팩드(Research compact) 개념이나 미국 일부대학의 지식 인큐베이터 개념이 산업체와 대학 간의 네트워크 형태의 본보기라고 할 수 있다. 게이요 대학의 리서치 컴팩트는 산업체에서 첨단연구를 위해 만든 IT 연계창업연구센터를 의미하는데, 리서치 컴팩트 개념은 종래의 거대한 연구단지의 개념과는 다른 형태이다. 연구단지는 대학 내나 대학 근처에 대규모 연구형 건물과 산업체의 연구시설 등이 필요한 반면, 리서치 컴팩트는 컨테이너 정도의 작은 규모로 첨단 창의적 연구를 수행하는 형태를 취한다. 예를 들어 리서치 컴팩트 하나에 어떤 기업이 50만 불이나 2,000만 불을 투자하는 경우도 있고 어떤 경우는 이보다 더 많은 규모의 연구기금을 투자해 온라인상으로 공동연구를 하는 형태를 취한다. 또 지식 인큐베이터의 경우 우리 삶과 직결된 소품연구를 중심으로 첨단화된 연구형태를 취하여 기업과 대학이 네트워크를 하는 형태이다. 지식 인큐베이터의 예로서는 노스캐롤라이나 트라이파크의 리서치 파크의 형태와는 달리 소위 기름이 없고 물이 없는 연구실(Dry lab) 형태를 취하여 생활에 필요한 창의적 연구를 해내는 곳이다.

이렇게 21세기는 대학과 기업 간의 긴밀한 네트워크 시대이기도 하고 국내 대학 간 혹은 국제 대학 간 네트워크 시대이기도 하다.

1. 대학과 기업 간의 네트워크

대학과 기업 간의 네트워크는 여러 나라에서 매우 활성화되어 있고 소위 산학협력 형태를 취하는 경우가 많다. 이러한 전통적인 산학협력 형태는 많은 변화가 예견된다. 예를 들어 산업체에서 인턴십이나 프랙티컴 형태의 수업을 통해 학점을 이수한다든지 경험 중심의 학점 제도를 운영하는 등 기존의 산학협력 형태와는 전혀 다른 형태를 취하게 된다.

동유럽의 실습 중심의 대학도 3년제로서 학점이수가 모두 현장에서 일을 함으로써 얻어지는 형태를 취한다. 일이 곧 수업인 것이다. 이렇듯 산업체와 대학 간의 네트워크 형태는 많은 변화가 예견된다. 대학교육이 현장 적응력이 부족하다는 현실을 감안할 때 대학과 기업 간의 네트워크 형태는 확대될 것이다.

미국의 경우 많은 국제경영대학들이 교과과정의 절반 이상을 세계유수의 기업에서 인턴십을 통해 학점을 취득하게 하고 있는데 이러한 형태는 1+1 형태의 대학과 기업 간의 네트워크라고 할 수 있다. 그리고 기업에서 프로젝트 중심의 학습을 이수하여 대학에서 학점을 인정하는 경우도 있는데 이러한 형태는 대학 네트워크의 중요한 흐름 중 하나이다. 그린빌 대학(Greenville college)의 경우 미국의 3개 주에 접경해 있는데 이 3개 주의 기술인력개발을 위해 인근 산업체들의 공동교과과정을 통해 학습을 하도록 하는 형태를 취하고 있다. 그리고 사우스캐롤라이나 대학의 경우 주에 산재되어 있는 분교와 인근 기업체 간의 연계를 통해 학점이수 시스템을 운영하고 있다. 이러한 형태는 대표적인 대학 네트워크의 흐름이라 볼 수 있다. 이와 같은 형태는 실리

콘밸리가 있는 캘리포니아나 왓슨연구소가 있는 뉴욕 근교에도 많은 예를 발견할 수 있고, 미시간의 자동차 산업단지나 워싱턴 주의 대학들과 인근 산업체 간의 활발한 네트워크 형태가 대표적인 예라고 볼 수 있다.

그러므로 21세기의 주요 경향 중 하나는 대학이 벽 없는 대학이 되는 것이고, 커리큘럼 없는 대학이 되는 것이며, 강의중심 대학이 아니라 현장중심 대학으로 변화될 것이라는 점이다.

2. 대학 간의 네트워크

대학 간의 네트워크는 매우 보편화된 흐름 중의 하나이다. 대학과 대학 간의 협력 체제를 통해 학점교류나 상호인정, 교직원 교류, 교수 간의 공동연구, 공동연구소 운영, 공동프로젝트 시행, 그리고 1+3, 0.5+3.5, 2+2 형태 등 다양한 네트워크 형태를 취하고 있다. 국내 대학의 경우 연세대, 서강대, 이화여대 간의 대학원 교류를 시작으로 국내의 많은 대학이 네트워크를 형성해서 시너지 효과를 내려는 노력을 하고 있다. 그러나 대학 간의 네트워크는 더욱 진보될 전망이고 학생이 직접 이동하여 수강하는 것이 아니고, 자신이 재학하고 있는 대학에서 학점을 이수하고 네트워크되어 있는 대학에서 필요한 학점을 이수하는 형태를 취하게 될 것이다. 예를 들어 재학하고 있는 대학에서 80학점을 이수하고 재학하고 있는 대학에 설강되어 있는 네트워크 대학 강좌나 학점을 30학점을 이수하여 졸업하는 형태를 들 수 있다. 이렇듯 자기 소속 대학에서 4년 간 모든 공부를 하면서도 연계되어 있는 대학의 교수로부터 강좌를 쉽게 이수하게 되고 학점도 인정받게 되는 형태이다. 이런 형태의 대학 간 네트워크는 네트워크 크레딧(Network credit)으로 활용되고 자유롭게 학습자가 원하는 대학의 모든 강좌를 이수할 수 있는 벽 없는 대학의 형태를 취하게 될 것이다. 이러한 예들은 국내 대학에서는 정부의 법적 규제나 지침에 의해 현재는 어려울 수 있으나 가까운 미래에는 세계적 추세를 감안할 때 확산될 전망이다.

한편, 외국 대학 간의 교류나 외국 대학과 국내 대학 간의 네트워크 형태는 더욱 활발하게 전개될 가능성이 높다. 현재처럼 자매결연 형태만 맺고 형식적인 네트워크를 취하는 것이 아니라 실제적으로 내실 있는 네트워크가 가능하게 된다.

외국의 대학이 한국에 진출한다든지, 우리 대학들이 외국에 진출하는 등의 교육이동 형태에서 직접 진출하지 않고 프로그램 네트워크를 통해서 내실 있는 교류를 하는 형태를 취하게 된다. 예를 들어 지금 추진 중인 제주나 인천의 교육특구 형태는 물론이려니와 컨소시엄 형태의 네트워크 형태가 확산될 것으로 보인다. 네트워크 형태의 대학들은 단일 대학 간에 이루어지는 경우보다는 여러 개의 대학들이 컨소시엄 형태로 네트워크를 형성하는 형식을 취할 것으로 예견된다. 이러한 변화는 21세기의 사회,

기술, 금융, 문화 변화 등을 감안할 때 충분히 예견할 수 있는 예이다.

국내 대학 간의 네트워크보다 국내 대학과 외국 대학 간의 컨소시엄형 네트워크가 더욱 확대될 것인데 세계 연구 중심 대학 네트워크, 동남아 대학 간 네트워크, 아시아 대학 간 네트워크, 한·중·일 대학 간 네트워크, 한국·유럽 대학 간 네트워크, 사이버 대학 간 네트워크, 여자 대학 간 네트워크, 기술개발 대학 간 네트워크 등 다양한 형태의 네트워크가 확대될 것이다.

대학 네트워크 시대에 가장 관심을 두어야 할 부분은 몇 가지로 정리할 수 있다. 언어의 문제, 등록금과 학비 문제, 기숙사와 숙소 문제, 비자 등 출입국 문제, 문화 격차에 따른 문제, 학점 이수와 관련된 학사운영 문제 등이다.

그러나 이러한 문제들은 여러 형태의 네트워크 조합을 통해 해소될 수 있는 이슈들이다. 특히 문화격차의 문제를 제외한 다른 문제들은 상대적으로 쉽게 해결될 수 있는 방안이 있을 수 있다.

대학 네트워크 시대의 대학은 몇 가지 특징을 가지고 있는데, 첫째는 단일 대학으로서 학사운영이 컨소시엄 학사운영 형태로 바뀐다는 것이다. 두 번째는 내국인 중심의 학습자들이 다국인 학습자로 바뀐다는 것이다. 세 번째는 교수와 교직원 또한 내국인 뿐 아니라 다국인 형태로 바뀔 가능성이 높다. 네 번째, 졸업 학점과 강의실에서 활용하는 언어는 다국적 언어일 가능성이 높아진다. 다섯 번째, 질 관리 문제가 중요한 이슈로 작용할 가능성이 높다. 여섯 번째, 강의 형태나 강의 시간이 매우 다양화될 것이고 24시간 운영체제로 전환될 가능성이 높다.

3. 대학과 위탁기관 네트워크

향후 대학은 벽 없는 대학의 형태를 취하게 됨으로써 대학과 대학 간, 대학과 기업 간의 네트워크는 물론이려니와 대학과 기업 이외의 각종 위탁기관과의 네트워크가 활성화될 것이다.

대학과 정부, 대학과 NGO, 대학과 사회단체, 대학과 사회기관 등이 네트워크 대상이 된다. 이런 경우 대학은 위탁기관에서 필요한 전공영역이나 전문학과를 개설하여 이를 교육하는 형태를 취하게 된다. 예를 들어 북한문제와 관련된 북한전문대학원, 기후변화와 관련된 기후전문대학원, 유통과 관련된 유통전문대학원, 복지와 관련된 복지관련대학원, 어학과 관련된 특수어학대학원, 시설안전과 관련된 시설안전대학원, 감성공학과 관련된 감성공학대학원, 노년연구와 관련된 노년대학원, 생명연장과 관련된 장수대학원 등 다양한 형태의 위탁교육 네트워크가 활성화될 것이다. 이것은 곧 사회의 모든 기관들이 대학과 연계해 고등교육 학습 네트워크를 형성하는 것을 의미한다.

고등교육 학습 네트워크(HELN : Higher Education Learning Network)는 기존의 대학을 중심으로 산업체, 정부, 민간기관 등과 연계해 분권형, 분산형 고등교육 체계를 구축하는 것을 말한다. 고등교육 학습 네트워크는 전통적 관념에서의 대학중심의 대학교육형태가 아니라 완전히 열린 대학체제의 형태를 띠는 것을 말하는데, 사회 전체가 대학학습의 장이 되는 것을 의미한다. 이러한 형태의 고등교육 학습 네트워크는 시간이나 장소, 교과내용, 교수학습방법 등에 있어서 많은 변화를 예고한다. 고등교육 학습 네트워크는 대학이 위치하고 있는 지역사회뿐만 아니라 인근지역 사회까지 확대가 가능하고 교육시설이나 교육자원을 갖춘 모든 기관들이 고등교육에 참여할 수 있는 장점을 지니고 있다. 고등교육 학습 네트워크의 대표적인 예는 캘리포니아 버클리 대학 근교의 19개 캠퍼스 네트워크를 들 수 있다. 학습자의 거주 지역에서 가까운 학습장을 활용하여 학업을 수행할 수 있다. 이러한 형태의 네트워크는 학습셀(Learning cell)의 개념으로 산재해 있는 고등교육 학습 네트워크를 통해 고등교육 학습자가 자기 주도적으로 학습할 수 있는 장점을 지닌다.

그러므로 고등교육 학습 네트워크는 교수가 중심이 되는 강의와 함께 학습자가 자신의 학습준비도와 학습욕구, 흥미에 따라 학습기간, 학습내용, 학습방법, 학습장소, 학습전공영역 등을 자유롭게 선택하고 관리할 수 있는 자기주도적 학습(Self paced learning)과 자기관리 학습(Self managed learning) 형태를 띠게 된다.

4. 대학과 지역사회 네트워크

대학과 지역사회 간의 네트워크 형태는 미국이나 유럽의 경우 매우 활발한 형태의 대학 네트워크라고 할 수 있다. 우리나라의 경우도 근래에 들어 조금씩 활성화되어가고 있는 경향이지만 선진국에 비하면 아직 초보단계에 불과하다고 볼 수 있다. 대학과 지역사회의 네트워크 형태는 교육실습이나 교육협력 프로그램 형태로 운영되는 경우를 많이 볼 수 있는데, 유아교육, 예체능교육, 종교교육, 부모교육, 지역사회개발교육, 환경교육, 노년교육, 복지교육 영역 등 주로 지역사회의 안전과 가정의 평화, 개인 학습자들의 자기개발과 관련된 영역이 주가 되고 있다.

근래 대표적인 경우는 복지기관과 대학의 연계프로그램을 통한 실습 네트워크, 읽기와 쓰기, 셈하기 등의 기본 3R 교육과 대학 간의 협력프로그램이 대표적인 대학과 지역사회 네트워크라고 할 수 있다. 그리고 지역사회 도서관이나 박물관과 연계된 대학교양프로그램, 지역역사박물관이나 지역상공회의소 등과 관련된 지역사회 이해교육, 지역사회 개발교육 등의 형태가 대학과 지역사회의 네트워크 형태이다. 이러한 형태는 지금 현재 진행되고 있는 지역사회 연계프로그램과는 상당히 많은 차이점을 가져다 줄 것으로 예견된다. 그 차이점은 다음과 같다.

첫째, 지역사회가 예산을 대학에 투자하여 교육프로그램을 개발하는 형태를 취하게 된다는 점이다. 이러한 예는 우리나라의 경우 천안지역의 '천안학'이나 미국지역사회들의 '지역학' 등이 좋은 예이고 지역사회에 위치한 군 위탁교육, 산업체 위탁교육 형태와 병행하는 경우도 있다. 이러한 형태는 소위 트라이 프로그램(Tri program) 형태로 진행된다.

둘째, 대학이 대학 학습자가 아닌 지역사회 유·초·중·고등 학생을 대상으로 소위 아웃리치(Outreach) 프로그램을 운영하는 형태를 취한다. 이러한 네트워크 형태는 대학이 지역사회를 위해서 학습봉사를 하는 취지라고 볼 수 있다. 이러한 지역사회와 대학 간의 학습 네트워크 형태는 지역사회의 교육력과 학습능력을 신장하기 위한 목적에서 이루어진다.

셋째, 지역사회 미해결 과제를 해결하기 위한 대학과 지역사회 간의 네트워크가 확대되고 있는데, 이는 지역사회의 중요한 이슈나 지역사회의 문제해결을 위한 학습대안의 방법이다. 예를 들어 알콜퇴치운동, 마약퇴치운동, 학교폭력추방운동, 불량식품퇴치운동, 학습능력신장운동, 환경정화운동 등 지역사회가 안고 있는 고질적인 문제를 해결하기 위한 지역사회와 대학 간의 학습네트워크 형태이다. 대개는 대학이 주도적인 역할을 하고 지역사회가 자원인사나 기관들을 통해 학습협력을 하는 형태인데 일종의 서비스 학습의 중요한 흐름 중 하나이다.

넷째, 지역사회와 대학의 고등교육 네트워크는 지역사회의 교육경쟁력과 관련되어 있고 교육경쟁력을 제고하기 위한 지역의 교육정책의 일환이기도 하다. 선진국의 경우에서는 지역 교육력

(Community education power)을 향상시키기 위한 갖가지 노력을 하고 있는데 그 대표적인 대상이 지역사회에 있는 대학이다. 사우스캐롤라이나 대학 애쉬빌의 프로그램의 경우 소위 커뮤니티 임팩트(Community impact) 프로그램을 운영하여 지역사회에 전기, 모노레일, 아트센터 등 지역사회 전반의 삶의 질을 향상시키는 노력을 하고 있다. 이러한 지역사회의 결과들은 지역 간의 교육격차를 만드는데 직·간접으로 영향을 미치게 된다. 우리나라의 경우도 일부 지방자치단체에서 어학과 문화, 컴퓨터 등의 영역에 외국 대학과의 연계를 통해 지역의 교육서비스를 제공하고 있는 경우가 있는데 이러한 노력은 대학과 지역사회 교육 네트워크의 시작이라고 볼 수 있다.

이러한 지역사회나 산업체, 대학 간 협력체제는 벽 없는 대학과 네트워크 대학의 커다란 흐름으로 자리매김할 것으로 예견된다.

학습패키지 시대
(Content-oriented Colleges : C.C.C)

　21세기는 학습혁명의 시대이다. 기존의 대학교육이나 학교교육은 교실 내에서 이루어지는 학습활동에 대해서 알 수 없는 시대였다. 그래서 전통적인 학교교육은 '벽 있는 학교'(School of wall)라고 불리기도 했고 교실을 '암흑상자' 혹은 '수수께끼 상자'(Black box)로 불리기도 했다. 이렇게 학습과정이나 교수와 학생 간의 상호작용은 교실 내에서만 이루어졌고 그 교실은 교수자 위주의 전달식 교육이 특징이었다. 그러나 21세기에 급격한 모바일 혁명과 학습방법의 혁명, 학습자와 교수자의 특성변화에 따라 소위 학습패키지 시대로 전환되고 있다.

　학습패키지는 교수자 중심의 교육활동이라기 보다는 학습자 중심의 교육활동이 그 특징이고 종래의 일방적 전달형식의 학습형태에서 자기주도적 상호작용적인 학습형태로 바꾸는 것을 말한다. 학습패키지 시대에는 몇 가지 특징이 있는데, 그 특징은 모두 학습자 위주의 교육방법, 교육내용, 교육절차, 교육결과를 중시한다는 것이다. 학습패키지 시대는 개별 학습자가 개인의 능력에 따라 학습을 해나갈 수 있도록 하는, 말 그대로 '패키지 형태'로 활성화된다는 것이다. 그러므로 학습패키지 형태는 학습자가 교수자의 도움을 받아서 학습준비에서부터 평가에 이르기까지 스스로 해낼 수 있는 일련의 학습모델이다.

학습패키지 시대에는 가상현실 속에서의 가능한 모든 학습방법과 내용과 정보를 가공하여 학습자가 가장 효과적인 방법으로 학습을 할 수 있도록 돕는 형태를 중요시한다. 학습패키지 시대에는 개별방법과 집단방법, 캠퍼스 내에서의 활용방법과 캠퍼스 밖에서의 활용방법, 한 국가 내에서 활용방법과 외국까지의 활용방법 등 다양한 조합이 가능한 형태이다.

학습패키지 시대에는 소위 공교육 기관 이외의 사교육 기관과 공적 영역(Public sector)이외의 사적 영역(Rivate sector)이 모두 학습패키지에 관여하게 되고 공교육과 사교육이 상호협력하는 형태를 취하는 경우도 있다.

1. 교수학습개발센터를 활용한 학습패키지

우리나라의 대학들도 학습방법과 교수학습법 개발을 위한 많은 노력을 해왔고 이러한 노력들은 교수학습개발센터를 설립, 개발, 운영하는 데까지 이르렀다. 그러나 새로운 교수법과 교육의 질 향상을 위한 노력의 일환이기는 했으나 많은 변화를 낳지는 못했다. 특히 영역이 다양한 대학교육에 있어서는 수업 품질에 대한 최상의 교육방법이 무엇인지 강구하기가 쉽지 않은 점이 있어서, 그 주요 흐름은 일방적인 교수자 중심의 전달식 학습방법에서 학습자 중심의 쌍방식 학습방법으로 전환하는 데 역점을 두어 왔다는 특징을 들 수 있다. 근래 교수학습개발센터를 통해서 외국어 강좌, 우수강좌 개발, 다양한 교수법 개발, 교수 클리닉(Teaching clinic), 학습 클리닉(Learning clinic) 등의 학습패키지 개발에 관심을 두고 있다. 특히 교수학습운영 면에서 인쇄매체는 물론 비디오, 오디오, 컴퓨터, 스마트폰 등 소셜미디어(Social media)를 활용한 다양한 교수법 활용이 강조되고 있다. 특히 사이버 환경의 급격한 변화에 따라 학습방법이 변화되고 있는데 특히 소셜미디어를 활용한 소셜미디어형(SNS type) 교수방법과 패키지 개발이 관심을 끌고 있다.

각 대학에 개설되어 있는 교수학습개발센터들은 정기적으로 워크샵이나 세미나, 우수강의 개발 등 많은 활동을 통해 학습패키지의 개발을 독려하고 있다. 현재 우리나라의 스마트폰 활용자가 4,000만 명이라는 것을 감안하면 대학교육에서 교수학습센터의 역할은 비단 캠퍼스 내의 대학생 학습자뿐만 아니라 캠퍼스 밖의 잠재적 학습자까지 서비스를 제공할 수 있다는 점에서 매우 중요한 영역이라고 볼 수 있다.

교수학습개발센터와 연관된 학습패키지들은 소위 대학교육의 기능 중 가장 중요한 기능 중 하나인 양질의 교육을 제공하는 목적을 달성할 수 있다는 점에서 향후 대학교육의 질과 생존 전략에 중요한 관건이 될 것으로 보인다.

2. 학습패키지 모델

학습패키지의 모델들의 예는 국내에서 많이 찾아볼 수 있는데, 5가지 예를 들어보도록 하겠다.

- 유튜브 강의와 QR코드, 카카오톡 활용

2013년부터 우리나라의 대학 교수들은 스마트 시대의 미디어 활용 교육기법을 극대화하여 강의실에서만 제공하는 강단 학습 방법에서 탈피하여 온라인상으로 언제, 어디서나, 시간에 구애받지 않고 24시간 동안 쌍방향 식으로 학습할 수 있는 방법을 활용하고 있다. 쌍방 학습 방법은 일종의 학습패키지 모델이라고 할 수 있는데, 강의실에서 강의와 선행강의가 이루어진 이후 실시간으로 동영상을 녹화해 인코딩 작업을 거쳐 유튜브에 올린 다음 담당 교수의 강의노트에 링크시키게 된다. 그 후에 유튜브에 오른 동영상 URL을 복사해 네이버 QR코드에 동영상을 링크

시킨다. QR코드 제작을 완료한 다음 QR코드를 지도교수의 휴대폰으로 메시지를 보낸 다음 도착한 메시지에 QR코드 URL을 복사해 학생들과의 단체 카카오톡에 올려 스마트폰으로 반복학습을 할 수 있도록 하는 방법이다. (신종우, 2013 참조)

이러한 일종의 학습패키지 형태는 반복 학습과 성취 중심 학습, 쌍방 교수법 학습 등 다양한 형태의 장점이 있고 특히 강의실에서의 학습과 매체중심의 학습을 연계함으로써 일종의 융합 학습(Blended learning) 형태를 취하고 있다는 특징을 갖는다. 또한 상호작용을 통해 학습자와 교수자가 한 학습교수채널이 되어 학습결과를 극대화할 수 있다는 장점이 있다. 특히 반복학습을 통한 이해력을 증진시킬 수 있고 학습내용의 선정과 평가, 피드백에 이르기까지 효율적일 수 있다는 것이다. 다만 교수자의 각별한 관심과 배려, 노력이 필요하다는 점이 중요하다. 시청각 방법과 컴퓨터를 활용한 방법, 교실학습 등이 일련의 학습체인이 되는 학습패키지라고 할 수 있다.

- 2a-think 학습모형

다른 형태의 학습패키지 모형은 미디어와 스마트카드를 활용한 학습모형으로서 그 핵심은 학습자의 자기주도적 학습에 초점을 맞추고 있다는 점이다. 우선 학습자들이 조를 짜게 한 후 미디어에서 학습콘텐츠를 찾게 하고 수업에서 토론을 하게 한 다음 상호 학습자 간의 학습멘토링 역할을 하게 하는 방법의 일환이다. 이런 미디어 활용방법의 패키지는 SNS를 활용하거나 카카오톡 등 새로운 매체활용을 통한 새로운 아이디어와 지식개발에 초점을 맞추는 학습모형이라고 볼 수 있다. 또한 대학생의 기초 직업능력, 문제해결능력, 자원활용, 의사소통 등을 수업에서 배울 수 있게 하고 교과목 중심 키워드를 활용한 SDAL(Self Directed Action Learning)을 통해 학생 스스로 몰입하도록 하는 특징을 가진 학습패키지 모형도 있다. (한국대학신문, 2012.11.18 참조)

SDAL 모형 역시 스마트카드를 활용하는데 개인의 학습능력과 동기, 예습을 통한 키워드 습득, 수업 후 의미부여를 할 수 있는 교육내용의 선정, 수업에서 느낀 점과 질문을 적게 함으로써 스마트카드를 최대한 학습에 참고자료로 활용하는 방법을 택하고 있다.

2a-think 학습모형이나 SDAL 모형은 모두 학습자의 자기주도적 학습을 돕기 위한 학습자의 동기유발과 학습몰입을 유도하기 위한 방안이기도 하지만 교수자의 교수방법을 개선하기 위한 중요한 자료가 되기도 한다.

이렇듯 다양한 형태의 학습패키지 모형은 창의적인 모형의 형태를 띠고 있지만 기존 대학교육에서 이루어지고 있는 학습방법을 기초로 학습자의 학습욕구와 흥미를 제고할 수 있는 보조적 자료로서 스마트폰이나 SNS, 미디어 자료 등을 콘텐츠나 콘텐츠 개발 보조 자료로 활용하고 있는 것이 특징이라고 할 수 있다. 이러한 형태의 학습방법의 혁명은 앞으로 매우 빠르게 확산되고 변화될 것으로 예견된다.

• 다각적 도제모형 패키지

다각적 도제모형 패키지는 기술이나 일정 실습방법을 습득하게 하는 패키지로서 공학 계열과 예체능 계열 등 실습방법을 여러 단계로 나누어 습득하게 하는 학습패키지라고 볼 수 있다. 이 방법은 실습에서 학습자가 성공적인 실습을 이룰 수 있을 때까지 반복하여 습득할 수 있도록 하는 방법으로서 교정이 가능하고, 반복실습이 가능하고, 학과특성에 따라서는 훌륭한 실기교육 효과가 있을 수 있다. 디자인 실습을 위한 다각적 노제모형의 예를 든다고 하면, 사전수업으로 온라인 수업과 동영상을 통해 실습방법을 사전에 익히고, 여러 차례의 평가를 거친 후 카카오톡이나 다매체를 통해서 스스로 재실습을 할 수 있도록 하는 방법이라고 할 수 있다. 이러한 다각적인 실습을 통해 학습 효과가 극대화될 수 있다. MTAMD(Multi-Type Apprenticeship Model for Design)의 경우 여러 디자인 전문가들과 함께 다각적 도제학습이 가능하고 이러한 학습체인 패키지를 통해 상당한 수준의 전문성을 신장 받을 수 있다.

• 무료 온라인 강좌 패키지

근래 세계적인 추세 중의 하나는 무료 온라인 강좌가 확대되고 있는 점이다. MIT의 OCW, 하버드와 MIT의 MOOC, 스탠포드와 프린스턴, 펜실베니아, 미시간 대학이 연합한 코세라(Coursera) 등과 우리나라 일부 대학에서 활용하고 있는 e-learning 공동활용 서비스인 KOCW, 숙명여대의 SNOW, 한양대의 HOWL 등 다양한 형태의 무료 온라인 강좌 패키지가 활성화되고 있다. 이러한 다양한 무료강좌의 경우 그 파급효과도 크고 캠퍼스를 벗어나 열린 대학의 교육이 가능하다는 장점을 가지고 있다. 이와 함께 고려대의 경우는 교수학습프로그램을 활성화하기 위한 모바일 어플리케이션 개발 인력양성을 시도하고 있는데 이것은 학습패키지라기 보다는 대상을 교수개발에 두고 있는 교수개발패키지라고 볼 수 있다. TTT(Teacher to Teacher) 프로그램으로 불리는 이 패키지는 최신기술을 다음 학기 강의에 활용할 수 있도록 하여 학생들의 취업에 도움을 줄 수 있는 내용을 담고 있다. 일종의 교수개발 학습패키지의 콘텐츠라고 볼 수 있다.

• 아시아 교수강좌 네트워크

아시아 국가에 위치하고 있는 80여 개의 대학들이 협력하여 고품격 온라인 강좌를 수강할 수 있는 일종의 학습패키지이다. 아시아 80여 개 대학들이 협력하여 아시아 각국의 문화를 이해하는 문화강좌, 아시아 연구, 국제화를 위한 정보제공 등 온라인 강좌를 통해서 아시아에 대한 연구와 강좌를 동시에 시행하려는 온라인 강의 시스템으로써 아시아 학생 모두에게 학습할 수 있는 학습패키지의 유형이라고 볼 수 있다. 언어는 공용어로 영어를 사용하고, 다중언어 시스템을 자막으로 제공하게 함으로써 언어의 장벽을 극복하고 15주 분량으로 과목당 2학점을 취득할 수 있도록 한 것이다. 이 패키지는 태국, 말레이시아, 일본, 중국, 베트남, 리투아니아 등이 참여하고 2015년부터 시행예정으로 있다. (2014 연합뉴스 참조)

3. 학습패키지 모델의 이슈

학습패키지 모델은 전체적으로는 스마트 캠퍼스 모델로 활용하여 전 대학의 상당수 교과과정에서 학습자 중심의 형태로 전환하는데 유익한 방법일 수 있다. 스마트 캠퍼스, 인터넷 기반의 e-learning, 스마트폰을 활용한 m-learning, 멀티미디어 소프트 학습 등 다양한 형태의 학습패키지 모델을 활용할 수 있다. 그러나 학습패키지 모델은 학습자들의 자발적인 자기주도적 학습이 전제되어야 하고 교수자의 경우도 스마트 캠퍼스에서 필요한 소프트웨어에 대한 철저한 준비와 노력을 전제로 한다.

이러한 점에서 학습패키지 모델은 몇 가지 이슈가 있을 수 있다.

첫째, 교수법 패러다임이 교수강의 위주에서 학습자의 학습패키지 중심으로 전환할 수 있다.

둘째, 뉴미디어의 급격한 기술변화는 안정적인 교수법 패러다임이나 학습패키지가 불가능 할 수 있다.

셋째, 교수개발센터의 역할과 기능이 더욱 확대되고 재정과 인력 측면에서 지속적인 변화와 지원이 필요하다는 점이 중요하다.

넷째, 학습패키지 중심의 학습자 주도적 하급은 학습자의 준비도와 동기, 자기주도적 노력이 전제되지 않으면 학습 효과를 높일 수 없다는 한계가 있다.

다섯째, 교육과정 설계, 교육에 대한 철학, 교육방법개발 등 교수역량 강화를 위한 다양하고 지속적인 교수개발 노력이 전제되어야 한다는 점이다.

여섯째, 국·내외의 온라인 교육이 활성화되고 있다는 점을 감안할 때 다양한 오픈코스웨어 개발을 통한 교수의 신지식 습득 노력이 더욱 확대되어야 한다.

일곱째, 학습패키지 개발과 활용의 확산은 대학교육을 평생대학교육, 열린대학교육, 국제화된 대학교육의 새로운 패러다임으로 전환할 수 있는 계기를 마련할 수 있다.

여덟째, 교수학습개발센터의 주된 역할은 교수방법개발뿐만 아니라 학습패키지 개발, 강의의 질 향상과 학습자의 학습 유형 분석 등 학습 서비스 센터의 역할로 확대되어야 한다.

아홉째, 학문간 융합에 의한 다양한 교과과정 개발과 이에 따른 다양한 학습패키지 개발은 대학에 설치되어 있는 교수학습센터의 중요한 업무가 될 것으로 예견된다.

열 번째, 학습패키지 활용방법은 학습자 중심이긴 하지만 대상에 있어서는 학생뿐만 아니라 교수 또한 대상이 될 수 있어서 대상의 다양성, 학습패키지 활용 내용의 다양성, 운영의 다양성 등 다양성이 확보될 때 학습의 질과 서비스를 제대로 제공할 수 있다.

단위중심대학 시대
(Unit-Based Colleges)

　21세기 대학은 학점의 유연성, 졸업학점의 유연성, 학습 단위의 유연성 등의 유연성 학습 시대라고 볼 수 있다. 이 점에서 21세기의 대학의 중요한 트렌드 중의 하나는 반응적 대학(Responsive university)의 시대라고 볼 수 있다. 한 마디로 사회 변화에 따라 대학교육의 내용, 대학교육의 방법, 절차 등이 바뀔 수밖에 없다는 의미이다. 특히 학제, 학점이수, 교과과정, 교수방법 등 대학교육 전반에 대변혁이 진행되고 있기 때문이다. 학제의 경우 1+1 체제로부터 5+4 체제에 이르기까지 다양화되어 가고 있으며 학제 간의 연합과 이동 또한 원활하고 학제 유예제도(Academic structural moratorium)도 도입될 것으로 예견된다. 이러한 학제나 학점이수나 교과과정, 교수방법 등의 대변혁은 대학교육의 본질과 학위과정의 요구조건이 변화된다는 의미로서 학제의 불안정, 대학본질의 변화, 학위과정의 변화 등으로 연계되기 때문에 핵심적 학습내용은 단위중심학습일 수밖에 없다.

　단위중심학습은 단위중심대학 시대를 열 것이고 학점이수 단위중심으로 학제와 학사운영체제, 교수역할과 기능, 학교경영체제 등이 바뀔 것으로 예견된다. 따라서 단위중심학습은 학점단위가 학생들의 학습과 관련된 중요한 관건이 되고 학습단위가 모아져 졸업학점이 되고 전공이 선택되는 형태를 띠게 되는 것이다.

　단위중심대학 시대는 일종의 대학의 대변화를 가져올 것이고 학습방법의 혁명 못지않게 대학의 장래모습을 크게 변화시킬 핵심적 경향이라고 볼 수 있다. 학습방법의 혁명이 교실 내의 혁명이나 학습, 교수기능에 큰 변화를 초래했다고 본다면 학습단위대학교육은 기존의 대학학사경영체제와 구조전체를 바꾸는 커다란 변혁이라고 볼 수 있다. 예를 들어 학섬단위중심 대학교육체제가 확산되게 되면 지금처럼 학과, 단과대학, 대학원 체제의 변화가 불가피하고 필수와 선택, 교양과 전공 등 칸막이식 대학의 행정체제에 대혁명이 일어날 것이다. 이러한 대학의 빅뱅 형태의 혁명은 캠퍼스 없는 대학의 흐름, 학습자 중심의 대학의 흐름, 국제간의 대학협력의 확산과 관련된 흐름 등과 연관되어 말 그대로 대학구조의 해체현상까지 예견될 수 있다. 따라서 단위중심 대학체제는 강좌만 열거하고 학습자들이 선택하게 함으로써 자연적으로 대학 내부의 구조조정이 이루어짐은 물론 대학 내·외의, 대학 간의 경쟁력과 관련한 구조조정도 함께 이루어질 수 있으리라고 예견된다. 이 점에서 단위중심대학교육은 일종의 대학 스스로의 자기내부혁명 형태의 큰 변화를 의미한다. 대학의 모든 과정은 학습 카페테리아 형태를 띠게 되고 강좌중심 교수체제로 전환되며 연계강좌중심의 선택과 필수과목의 형태를 띠게 될 뿐만 아니라, 강의의 폐강과 설강이 사회변화와 직결되어 유연성을 지니게 될 가능성도 높다.

1. 단위중심대학의 특성

단위중심대학은 학점단위로 운영되는 경우이기 때문에 대학의 여러 측면에서 특징을 가지고 있을 수 있다. 기존의 학과단위나 커리큘럼중심의 단위와는 달리 단일 전공 학점 중심이기 때문에 다음과 같은 특징을 갖는다.

- 단위중심대학의 대표적인 특징은 분권화적 특징이다. 기존의 중앙집권적 특징이나 단과대학별 특징과는 달리 학점단위에 의존하기 때문에 상대적으로 분권화된 특징을 지닌다.
- 단위중심대학은 보직체계에 의한 학사운영이 아니라 개별대학차원의 학사운영이 이루어지게 된다.
- 단위중심대학은 학점단위를 어떻게 설정하느냐에 따라서 광역화된 과 체제나 학점단위 중심 분권형 학사운영이 가능하다.

- 단위중심대학의 특징 중 하나는 학생의 자기주도적 학사운영체계가 가능하다는 점이다.
- 단위중심대학의 재정운영은 학점단위중심 등록금제, 단위중심 행정체계, 단위중심 상담 등으로 유연성을 지닌다.
- 단위중심대학의 졸업은 학점의 누적학점을 통해 가능하기 때문에 단위누적학점의 관리가 중요한 관건이 된다.
- 단위중심대학 학생들의 특징은 정규학생 이외에 비정규학생들로 구성되어 있다.
- 단위중심대학은 기존 대학의 취약점을 보완할 수 있는 대안이 될 수 있다.
- 단위중심대학은 규모 면에서 다양한 형태의 규모를 견지할 수 있다.
- 단위중심대학은 기존의 대학과의 협력을 통해 3+1 제도 등 다양한 학제운영이 가능하다.
- 단위중심대학은 학점단위에 따라 연계전공이 가능하고 무전공과 복수전공도 가능한 유연성을 지닐 수 있다.
- 단위중심대학은 학점운영에 따라 교수 간의 공동강좌나 공동졸업이수학점 등 다양한 형태의 분권적 학사행정체제 운영이 가능하다.
- 단위중심대학의 주된 특징 중 하나는 산학협력형 학점단위 운영이 가능하다는 점이다.
- 단위중심대학의 실습형 학점단위는 이론수업보다 많은 이수

학점을 부여할 수 있는 등 적시성 교육이 더욱 쉬워지는 특성을 지닌다.
- 단위중심대학의 교수방법은 학습자 편의, 주문형, 문제해결 중심학습법, 온라인과 오프라인의 융합형, 완전 실습형 등 다양한 형태의 자기주도적 학습패키지로 활용될 수 있다.

2. 단위중심대학의 사례

단위중심대학의 사례는 유럽의 동구라파 전통을 지닌 동구라파 국가들의 실습형, 취업형 대학에서 쉽게 찾아볼 수 있다.

- 고등전문대학(Higher professional school)

실무중심형 고등전문대학은 교과과정 자체가 학점단위로 운영되며 현장실습형 학제운영이 특징이기 때문에 일종의 단위중심대학이라고 할 수 있다. 이곳의 재학생들은 대부분 정규직 취업자들이고 학점이수는 현장에서 근무하는 일 중심으로 이루어진다. 고등전문대학은 현장에서 근무하면서 학점과 연계된 일을 하면 그것이 곧 학점으로 인정되는 시스템을 갖는다. 다만 직업현장에는 학점과 일의 수행여부를 판단하는 지도교수 역할을 수행하는 조정자가 관리를 하게 된다.

고등전문대학은 동구유럽의 일부 국가에서 활성화되어있는데 향후 복선제 교육제도 하에서는 확대될 것으로 보인다. 복선제란 대학진학자와 대학을 진학하지 않는 학생군을 조기에 선별하여 배치하는 시스템으로 유럽에서는 복선제가 일반화되어 있다. 고등교육전문대학은 전문기술인 양성을 위한 일종의 현장중심 실습학교 형태로서 학점이수와 학점관리, 학습방법 등이 전적으로 현장중심으로 되어있다.

- 학점중심 COPE 프로그램

학점중심 COPE 프로그램은 일종의 현장중심 학점운영체제와 캠퍼스 내의 교육을 병합한 형태로서 현장학습과 실습이 위수가 되지만 캠퍼스 내에서 이론과 실습연계과정, 프로젝트 중심 학습의 일부가 이루어지는 형태이다. 학점중심체제로 운영되는 이 프로그램은 미국 여러 주에 산재되어있는 산학협력회사나 기관들과의 협력프로그램을 통해서 운영되는 특징을 갖는다. COPE 프로그램(Community Occupational Professional Education program)은 주 전체에 위치하고 있는 전공 관련 기업이나 산업체, 공공기관 등을 실습장 형태로 해서 실습중심 학점제를 운영하고 이론부분만 캠퍼스 내에서 이루어지는 형태이다. 특히 첨단 과학 분야나 원자력, 방위산업, 항공산업, 에너지산업, 복지관련 분야 등 다양한 형태의 전공영역을 학점중심 학습체제로 운영하는 특성을 가진다. 이 제도는 현지 지도교수(Field advisor) 중심으로 이루어지는데 전공과 관련된 소속대학의 교수들과 한 팀이 되어 운영되는 특성을 지닌다.

• 3+1 단위중심대학

3+1 단위중심대학의 형태는 전문대학과 4년제 대학 간의 중간 형태를 취하는 대학 모델로 앞으로 21세기의 기술, 과학, 문화 변화 등을 감안할 때 상당히 주목을 받을 수 있는 단위중심대학 모델이라고 볼 수 있다.

3+1 단위중심대학 모델은 3년은 캠퍼스에서 전공학과 중심이 아니라 학점단위 중심으로 학사운영을 하고, 1년은 캠퍼스 밖에서 인턴십으로 학점을 취득하는 형태의 모델이다. 이 형태는 미국의 일부 주에서 시행되고 있는 대학형태로서 어떤 주에서는 경험중심대학(College of experiential learning)으로 불리기도 하고 기술개발대학(School of technical career) 등으로 불리기도 한다.

3+1 단위중심대학의 특징은 2년제 직업교육과정을 기반으로 심화과정을 하고 현장중심과정을 이수하는 3원적 접근을 시도하고 있다는 점이다. 3+1 단위중심대학의 경우에는 일반적으로 기업체에서 환영을 받고 있는 실정인데 단순히 우리나라의 2년제 대학에서 시행하는 심화과정 3년제와는 큰 차이를 보이고 있다. 교수방법, 이수학점, 학제의 유연성, 현장중심, 인턴십 강화 등은

우리의 심화과정과는 근본적으로 다르기 때문이다. 3+1 단위중심대학은 학사운영체제의 기본이 학점단위가 되며 학사운영 또한 전공보다는 학점단위로 관리된다. 특히 인턴십 중심의 현장학점운영은 대단위 학점인 경우도 있고 소단위 학점으로 이수 시수는 많은 경우가 있다. 예컨대 1학점을 주면서 4시간의 인턴십을 요구한다든지, 3학점을 주면서 9시간을 이수토록 한다든지 하는 내실 있는 학사운영이 그 특징이다. 그리고 평가는 현장지도교수의 전적인 재량에 의존하는 경우가 많다. 그리고 캠퍼스 내에서 이루어지는 학점단위운영은 강좌 중심의 교수의 책임에 맡긴다.

- 기회의 대학 (Opportunity college)

기회의 대학은 세계에 산재되어있는 군복무자를 대상으로 운영하는 대학형태로서, 근무하는 국가에서 학점을 이수하며 졸업에 필요한 학점을 취득하면 학위를 수여하는 단위중심대학의 형태이다. 세계에 산재되어있는 3,000여 개 대학과의 컨소시엄을 통해 학점단위로 학사운영을 하며 다른 국가로 근무지를 옮길 경우 이 학점을 자동으로 인정받게 하는 단위대학의 모델이다. 총괄관리체계는 워싱턴에서 이루어지는데 우리나라에도 기회의 대학과 연계된 대학이 있다. 기회의 대학은 단위중심대학의 모델이 그러하듯이 전공이 정해져있는 것이 아니라 학점을 이수하는 자유학점 이수제(Free credit system)가 그 특징이다.

협력 교육 리더십 시대
(Age of Co-leadership)

대학은 수직과 수평적 체제이다. 그러므로 위계적 체제인듯 하면서도 평등적 체제의 특성을 지닌다. 다양한 전공과 전문성을 지닌 구성원과 행정체제 때문이다. 특히 학과의 특성이나 각기 다른 전문성을 지닌 교수집단이라는 점을 감안할 때 상하 위계적 체제보다는 각 구성원들이 동등한 입장에서 학문을 연구하고, 교육을 하며, 학습을 하고, 이를 지원하는 체제적 특성을 갖는다. 일반적으로 대학은 교수, 교직원, 학생 등의 세 집단으로 구성되어있고 각기 역할이 다르며 대학교육의 주요 기능이라고 볼 수 있는 교육, 연구, 봉사의 세 기능을 수행하기 위해 서로 협력하여 노력하는 집단이다. 그러나 이들 세 집단 간의 갈등이 있는 경우도 많고 대학의 특성상 자유를 구가하는 성향의 구성원들과 주어진 규정에 의해서 대학을 운영하려고 하는 구성원들 간의 갈등은 물론 교수와 학생, 교직원과 교수, 교수와 교수, 구성원과 경영진 간에도 갈등의 소지가 있다.

이 점에서 분권화와 자율화, 세계화와 탈 캠퍼스화의 경향은 대학의 새로운 리더십을 요구하고 있다. 이러한 새로운 대학의 리더십은 경영진과 총장, 보직교수들만의 리더십만으로는 한계가 있을 수밖에 없고 구성원들과의 협력교육지도체제의 구축을 통해서만 시너지 효과를 낼 수 있다..

협력교육지도체제는 대학의 모든 구성원이 역할에 따라 지도자적 소양을 발휘해야한다는 관점에서 출발한다. 협력교육지도체제는 기본적으로 섬김과 나눔, 협력과 이해를 전제로 하고 있다. 그러므로 협력교육지도체제는 모두가 주인의식을 가지고 미래지향적 협력을 추구하는 형태의 대학의 문화 속에서만 가능하다고 할 수 있디. 협력교육지도제세는 위원회나 자분단, 자체평가그룹을 구성하는 경우가 많다.

1. 협력 교육 리더십의 특성

협력교육지도체제는 대학 구성원 모두가 지도자적 역할을 수행하는 것을 전제로 하고 있다. 그러므로 역할분담지도체제라고 볼 수 있다. 특히 자기주도적 학습체제로 전환되고 탈 캠퍼스적 고등교육체제로 전환되는 추세에 맞추어 학생들 스스로 리더십을 활용할 수 있는 분권형 리더십 체제가 정착될 것이라는 의미이다. 다만 학사지도교수체제나 대학 내 위치하는 학사지원체제는 존속하지만 상당부분 학습자 중심의 학사관리, 학사경영이 가능해지기 때문에 협력교육지도체제는 더욱 강화될 것으로 보인다. 또한 종래의 전통적인 대학의 모습과는 달리 네트워킹형 대학이나 분산형 대학, 캠퍼스 없는 대학 등의 변화는 리더십의 전적인 변화를 요구하고 있기 때문이다. 협력교육지도체제의 특성을 요약해보면 다음과 같다.

첫째, 학습자가 학사운영 전반에 대한 리더십을 발휘하는 특성이 있다. 둘째, 교수자는 학사운영 촉매자의 역할과 학습 디자이너의 역할을 하려는 특성이 있다. 셋째, 종래의 지도교수제, 학과장제, 학장제도는 통합 학사운영 시스템으로 대체될 가능성이 높다. 넷째, 교수의 역할은 다분히 어드바이저의 역할과 촉매자의 역할이 강조되고, 학습 지도자의 역할보다는 학습자원 인도자, 학사경영 디자이너, 학습방법 조언자의 역할이 강조된다. 이러한 역할은 교수 리더십의 중요한 역할을 수행하게 된다. 다섯째, 총장의 역할은 캠퍼스 내의 학사관리나 전반적인 학교운영에 관심보다는 상징적 의미와 대외적인 역할에 국한될 것으로 예견된다. 이 때 총장은 대외적으로 학교를 대변하는 역할을 수행하는데 큰 비중을 두게 될 것으로 보인다. 여섯째, 캠퍼스 내의 리더십은 네트워킹 리더십, 섬김 리더십, 팀 리더십 형태로 다양화되어 모든 구성원들이 크고 작은 리더십을 발휘하게 되는데 이러한 형태는 일종의 모든 이를 위한 리더십 형태를 취하게 된다. 일곱째,

캠퍼스 리더십은 종래의 소수에 국한된 독점적 리더십 형태에서 대학의 모든 구성원들이 네트워크하고, 효율성을 높이고, 커뮤니케이션을 신장하는 형태의 토탈 리더십(Total leadership) 형태가 확대될 것이다. 여덟째, 리더십의 목표는 창의적 대학교육 패러다임 개발, 자원경영, 효율적인 갈등관리, 내·외부 자원전략, 대학 이미지 제고 등의 목표에 주된 관심을 둘 것이다. 아홉째, 협력리더십은 학생, 교수, 직원들의 이질적인 기능분화보다는 이들 세 그룹 간의 협력 모델이 중요한 추세가 될 것이다. 학생, 교수, 직원들 간의 협력 모델이란 대학 캠퍼스 중심의 교육형태가 바뀌는 데에 따라 네트워킹과 커뮤니케이션 형태의 협력 모델이 강조될 것이므로 이러한 협력 모델을 중심으로 효율적인 네트워킹을 위한 테스크 포스 형태의 리더십이 중요한 경향이 될 것이다. 열 번 째, 협력교육지도자 모델은 극단적으로 구성원들이 각자 자신의 교육목표수행을 위해서 알아서 하는 협력 모델이라고 볼 수 있고, 무정부주의적 대학해체모형이라고는 볼 수 없다.

2. 협력 교육 리더십의 사례

협력교육지도체제의 사례는 흔치 않지만 시험적으로 시행되는 경우가 있다. 예를 들어 총장 순환제, 보직교수 휴년제, 무 학과장 제도, 광역 팀제도, 공동학사 운영제도 등 다양한 형태의 시도들이 일부 이루어지고 있다. 협력교육지도체제의 이러한 사례들은 전통대학의 변화를 그 전제로 하고 있는데 전통대학에서의 수직적이고 위계적인 체제에 익숙한 탓이지만 전통대학의 체제가 비전통대학의 체제로 변화되면서 이러한 변화들이 나타나기 시작하는 것이다.

• 총장 순환제

총장 순환제는 총장 없는 대학의 한 형태로서 일 년 중 일정기간만 총장의 역할을 수행하게 하고 대부분의 시간을 총장 없이 분권형으로 대학경영을 하는 형태를 말한다. 총장 순환제는 총장이 학사운영 전반 등 학내의 경영일선에서 직접 관리, 감독, 지도하는 것이 아니라 학교 밖에서 대학에 관련된 제반 일을 수행하는 것을 말한다. 총장 순환제는 총장은 있되 총장이 전적으로 대학을 경영하는 체제에서 벗어나는 형태를 말한다. 한 마디로 '총장 없는 대학'(Presidentless college)형태를 취하는 것을 말한다.

• 보직교수 휴년제

보직교수 휴년제는 여러 개의 보직 중 일정부분의 보직을 임용하지 않고 보직 없이 운영하는 형태를 말한다. 예컨대 학생처, 교무처, 기획처, 홍보처 등의 예를 든다면 교무처와 학생처만 두고 기획처와 홍보처는 존속을 하되 처장을 두지 않는 것을 말한다. 두 처장이 일 년을, 네 처를 관장하는 형태이고 그 다음해에는 학생처와 교무처장 없이 홍보처와 기획처장이 통합, 관리하는 경우를 말한다. 보직교수 휴년제는 예산절감의 목적에서가 아니라 대학 환경의 급격한 변화와 기존 전통대학의 변화에 따라 발생한 경향이라고 볼 수 있다.

• 무 학과장제도

학과장이 없는 학과시스템은 우리나라 일부에서도 운영되고 있는 제도이지만 서구사회에서는 학과장의 권한이 크게 주어져 있는 경우가 내부분이시만 학과상 없이 학과 교수들의 통합운영을 통해서 운영되는 경우도 많다. 이 점에서 무 학과장제도는 학과장이 없는 학과운영체제라고 볼 수 있다. 특히 2~3개 학과를 통합하여 Division 학과장 형태를 취하는 경우를 한 예라고 볼 수 있다. 이때는 단위중심대학이나 캠퍼스 없는 대학, 온라인 중심의 가상 대학 등의 확산에 따른 경향으로서 향후 확대될 것으로 예견된다.

• 광역 팀제도

협력교육지도시스템의 일환으로서 주목할 만한 시스템의 하나는 광역 팀제도라고 볼 수 있다. 광역 팀제도는 분권화 경향이 확대되는 오늘날의 추세를 감안할 때 이러한 경향과 배치되는 듯한 접근방법이지만 다양한 대학의 체제변화에 따라 기존처럼 행정업무단위로 수직적 위계체제를 유지하는 것에 큰 변화가 불가피하다. 그 변화의 하나가 광역 팀제도인데 광역 팀제도는 대단위 제도를 의미하는 것으로 학생들의 학사관리와 교수방법관리 등 학습자 중심 체제의 행정체제를 광역 팀제로 운영한다는 뜻이다. 그러므로 여러 단위를 통합하여 한 팀을 운영하는 것으로 모두 팀원이면서 여러 부서에서 관장하는 업무를 통합적으로 관장하는 형태를 의미한다. 대개 대학의 큰 변화는 캠퍼스 중심에서 탈캠퍼스 중심으로의 변화이기 때문에 종래의 캠퍼스 중심 체제에서 갖추었던 분권화된 부서들보다는 통합운영하는 광역 팀제도가 효율적이기 때문이다. 광역 팀제도는 주로 학사관리에 국한될 가능성이 높으며 탈 캠퍼스 체제 하에서는 온라인상으로 관리가 가능하기 때문이다.

- 공동학사 운영제도

공동학사 운영제도는 무 지도자적 학사행정과 캠퍼스운영체제의 특성을 감안할 때 한 대학이 모든 행정체세를 유지하면서 관리하는 것은 한계가 있을 수밖에 없다. 이러한 점에서 여러 대학들 간에 공동으로 학사운영을 하는 체제를 갖추는 것은 당연한 일이다. 공동학사 운영제도는 여러 대학들이 서로 협력하여 학사 운영을 하는 제도로서 각 대학이 각 부서에 장을 두거나 지도자로 세우기보다는 여러 대학의 컨소시엄 형태로의 학사운영체제를 유지하면서 무 지도자적인 접근을 할 수 있는 이점이 있다. 예를 들어 컨소시엄 단위 간에 역할을 분담하여 분권형 학사운영 컨소시엄을 만드는 형태이다. 교양교육의 경우 참여 캠퍼스를 총괄하는 한 운영체제의 형태를 띨 수 있고 학점단위의 경우에는 기존의 단과대학 형태를 탈피해서 네트워킹 형태의 분권형 학사운영제도를 운영하는 경우를 들 수 있다. 뿐만 아니라 공동학사 운영제도는 교수의 개별 학사운영체제 형태의 혁명적, 무정부적 형태의 교수책임체제(Faculty initiated academic management system)의 도입도 가능할 수 있다.

3. 기능별 리더십(Functional leadership)

기능별 리더십은 협동리더십의 전형적인 한 형태가 될 수 있는데 대학 구성원들 중 학습을 주도하는 학생, 가르침을 주도하는 교수, 이러한 가르침과 학습을 지원하는 교직원들의 기능이 다르다는 점에서 기능별 리더십을 통해 협동 리더십을 창출해낼 수 있다. 학습과 관련된 학사운영이나 학습방법과 평가, 새로운 교과과정의 설강 등에 관한 것은 학습자들의 전적인 교육욕구에 부합하는 형태로 운영되며 가르치고 연구하는 교수들의 경우 또한 연구경영, 교수경영, 교수방법개발 등에 관한 것을 전적으로 교수 집단에게 위임하는 형태의 리더십이다. 기존의 대학에서도 일부 교수들의 교수법이나 교과과정설정, 교육평가 등에 관해서는 일부 위임하는 경우도 있지만 그렇지 못한 경우 위원회를 통해서 이러한 기능을 수행하게 하는 경우가 많았다. 그러나 기능별 리더십에서는 가르치고 연구하고 평가하는 모든 기능을 교수들에게 분권형으로 위임하는 경우를 말한다. 교직원들의 경우도 교수학습개발센터, 교수자원센터, 학습지원센터, 사이버 교육 등 교육자원과 관련된 모든 부분에 대해서는 전적으로 기능을 부여하는 리더십을 말한다. 기능별 리더십은 대학의 3대 구성요인인 교수, 학생, 직원들의 기능별 협동 리더십을 통해 구성원 간의 갈등을 최소화하고 예측가능하면서도 효율적인 장·단기적 교육효과를 높일 수 있다는 장점을 갖는다. 따라서 보직위계체계로 구성되어 있는 기존의 대학 시스템이 완전 분권형 기능분화 형태로 바뀐다는 의미를 갖는다.

4. 총장 역할의 변화

협력교육지도체제의 등장은 총장 역할에 대한 변화도 가져오고 있다. 총장 역할은 엘리트 중심 대학교육 시대에는 권위주의적 총장상이 지배적이었지만 대중고등교육화가 된 이후에는 총장의 역할이 많은 변화를 경험하게 되었다. 특히 총장은 기금확보, 대외협력강화, 학사관리에서부터 인사에 이르기까지 다양한 형태의 리더십을 요구받게 되었다. 따라서 대중 고등교육시대의 총장상은 초능력 총장상(Super presidentship)을 요구받게 되었다. 따라서 다방면의 능력을 요구받게 되고 대학경영 관련 모든 영역에서 리더십을 발휘해야 되는 역할을 담당하게 되었다.

그러나 협력 교육 리더십 시대에는 이러한 초능력 총장상이 변화를 받게 되고 분권형 리더십과 협력 리더십, 섬김 리더십 등을 요구받게 되는 시대가 되었다. 협력 교육 리더십 시대의 총장상은 기능형 총장상(Functional presidentship)으로 바뀌게 되었다. 기능형 총장은 대학 구성원들이 모두 참여하는 리더십군의 한 부분으로서 총장에게 부여된 기능영역만 리더십을 발휘하는 것을 의미한다. 어떻게 보면 한 대학에 한 총장만 있는 것이 아니라 한 대학에 기능별로 분화된 몇몇 총장이 존재할 가능성도 있다. 예를 들어 부총장제를 없애고 학사담당총장, 재무담당총장, 국제담당총장, 산학협력총장, 경영담당총장 등 여러 형태의 기능별 총장군이 가능하고, 교육이동 시대인 점을 감안하여 대학 네트워크가 이루어지고 다국적화되며 다캠퍼스시대와 메가 캠퍼스 시대가 이루어지는 점을 감안한다면 기능별 총장의 시대가 도래할 가능성이 있다. 그렇게 될 경우 기능별 총장을 중심으로 학생, 교수, 직원이 기능별 리더십군이 되는 셈이다. 그리고 사립대학의 경우 재단에서 이들 간의 조율과 전략조정을 하는 형태가 되는 것이다.

5. 다국적 총장 시대

　21세기에 대학여건의 큰 변화를 감안한다면 우리나라처럼 우리나라 국적의 총장이 절대적인 역할을 담당하는 시대에 변화가 올 것으로 예견된다. 총장의 경우 타국의 총장 영입이 확대될 것이고 외국의 경우도 타국의 총장을 영입해서 성공한 예가 많기 때문에 이러한 경향은 우리나라 대학의 중요한 변화 중 하나로 주목된다.
　물론 카이스트에서 노벨상 수상자인 러플린을 총장으로 영입해서 성공을 거두지 못했지만 이러한 경향은 세계적인 고등교육 변화추세를 볼 때 확대될 가능성이 높다. 다국적 시대의 대학에 다국적 총장은 당연한 추세이기 때문이다. 특히 총장의 역할변화를 감안할 때, 충분히 예견될 수 있는 일이고 오히려 기능적 총장상을 염두에 둔다면 대학발전에 득이 될 수 있는 해법이라고 볼 수 있다. 아랍 국가들의 대학에서 외국총장을 영입하는 것이나, 한 때 홍콩과 싱가포르, 인도네시아 등에서 외국 총장을 영입하는 경우도 이러한 전략의 일환이라고 볼 수 있다.
　국내 대학의 내국인 총장의 대학경영 지혜와 외국인 총장의 외국 대학 경험과 지혜를 융합하는 일종의 융합 리더십(Blended leadership)이 중요한 추세가 될 것으로 보인다.

초국적 교육 시대
(Transnational education)

초국적 교육이란 국적을 초월한 교육이라는 의미로서 교육의 장이 세계이고, 교육대상이 세계 각국에 산재되어 있는 국적을 초월한 대학생들이며, 교육방법 또한 국경을 초월한 교육형태를 의미한다. 따라서 국적을 초월한 교육(Borderless education), 다국적 교육(Multinational education), 세계 교육(Global education), 다문화 교육(Multicultural education), 국제 교육(International education)을 다 포괄하는 의미의 교육 패러다임이라고 볼 수 있다.

21세기는 한 마디로 초국적 교육 시대이다. 그러므로 커리큘럼이나 교육대상, 교육방법, 교육평가 등에 있어서 한 국가만을 대상으로 하는 교육에 머물 수는 없다. 특히 교육방법의 혁명적인 변화에 따라 시공을 초월한 교육이 일반적인 대세이기 때문에 대학교육 또한 초국적 교육으로의 대전환이 불가피하다. 현재처럼 일부 온라인상의 교육적인 방법이나 언어를 영어로 사용하는 방법이나 외국인 교수를 일부 채용하는 소극적인 방법으로는 세계적인 변화에 발맞출 수 없다. 그러므로 대학 패러다임은 완전히 초국적 교육 패러다임으로 전환될 필요가 있다. 예를 들어 초국적 교과과정, 초국적 교수방법, 초국적 평가방법 등이 초국적 교육시대의 변화의 대상이라고 볼 수 있다.

대학들이 향후 10년을 내다볼 때 이러한 변화는 필수적이라고 볼 수 있다. 적극적인 초국적 교육의 패러다임은 여러 나라의 여러 대학들이 컨소시엄 형태로 공동교과과정을 운영하고 이러한 교과과정을 통해 소프트웨어는 물론이고 하드웨어에 이르기까지 체제를 갖추는 것을 들 수 있다. 학점공동취득, 언어를 초월한 학점이수, 국가를 초월한 학위인정, 국가를 초월한 학습자원센터 활용, 국적을 초월한 교수활용 등을 들 수 있다.

초국적 교육 시대에는 가장 중요한 요소로 지적되는 것이 언어가 다르고, 문화가 다르고, 국가가 다른 세계 각국에 흩어져 있는 학습자들을 그들의 학습욕구에 맞게 공통분모를 찾아내는 일이다. 한 마디로 세계 각 나라의 학습자들의 학습욕구에 부응하는 교과과정 설정과 교수방법의 선택이라고 볼 수 있다.

1. 초국적 교과과정

초국적 교과과정의 예는 주로 MBA 과정이나 자격증 과정 등에서 찾아볼 수 있는데, MBA 과정의 교과과정은 많은 경우 세계적 공통교과 과정형태를 띠고 있는 경우가 많기 때문이고 자격증 과정 역시 세계 질 관리 기관에서 설정한 공통교과과정이 많기 때문이다. 이렇게 초국적 교육과정은 자격증을 필요로 하는 법학, 경영학, 간호학, 식품영양학, 복지학, 교육학, 심리학, 그리고 공과대학의 엔지니어 교과과정 등에서 찾아볼 수 있다. 국가에 따라 다소 그 국가에서 필요로 하는 교과과정을 운영하기도 하지만 공과대학의 경우 공과대학 인증제, 경영학과의 경우 경영대학 인증제, 전문성을 요구하는 기타 과정의 경우에도 많은 교과과정의 내용이 초국적 교과과정이라고 볼 수 있다. 초국적 교과과정은 각 국가 간의 호환성이 있어서 자격증의 상호 인정이나 학점이수의 유연성, 자격 과정의 필수 과목 등의 면에서 편리하기 때문이다.

우리나라의 경우도 MBA 과정, 법학전문대학원 과정, 간호학과 과정, 약학이나 심리상담 과정 등은 거의 세계적 표준교과에 근접해 있다. 뿐만 아니라 교양과정 역시 미국을 비롯한 일부 국가들에서 강조되고 있는 창의성 개발, 커뮤니케이션 기법, 조직 풍토 적응 능력, 문제해결능력, 직업소양과 직업의식개발 등에 있어서는 거의 유사한 내용들이라고 볼 수 있다. 향후 대학 교과과정의 큰 변화는 초국적 교과과정일 것이고 이 교과과정은 우리나라 교수들에 의해서만 강의되는 것이 아니고 세계적 교수들의 강의가 주된 강의가 될 가능성이 높다.

- 문제중심 교과과정

　문제중심 교과과정은 문제해결 능력을 개발하기 위한 교과과정의 일환으로서 문제 아이템을 통해 문제해결 능력을 개발하는 교과과정으로, 이를 리더십 과정에 활용한다. 이러한 문제중심 교과과정은 단순한 교수방법으로서의 문제중심 교육(Problem based learning)이 아니라 문제 아이템을 통한 문제해결 능력 교육이라고 볼 수 있다. 이 교과과정은 일종의 학습포맷 형태로서 리더십개발과정, 갈등관리과정, 집단역동에 관한 학습에서 활용되는 방법들이다. 일종의 학습포맷이고, 학습매뉴얼 형태라고 볼 수 있어서 초국적 교육의 교과과정에서 쓰이는 예라 볼 수 있다.

- 학습능력 중심 교과과정

　학습능력 중심 교과과정은 주로 언어습득과 관련된 초국적 교과과정의 형태를 띤다. 특히 영어, 중국어, 스페인어 등 주요 외국어의 습득에 의해서 상대적으로 표준화된 학습방법과 평가방법이 이에 속한다. 예를 들어 토플 매뉴얼, 토익 매뉴얼, GRE 매뉴얼, 중국어 자격 시험 매뉴얼 등 다양한 형태의 표준화된 교과과정을 활용하고 이를 평가하고 자격을 부여하는 일련의 교과과정 포맷이라고 볼 수 있다.

• 국제자격증 관련 교과과정

　국제자격증 관련 교과과정은 국제회계사, 국제변호사, 국제변리사, 국제엔지니어, 국제심판, 국제조종사, 국제부동산중개 다국적 교사 등 세계적으로 통용되는 채용과 관련되고 자격증과 관련되어 있는 영역에의 표준화된 교과과정을 말한다. 이 교과과정은 곧 자격증 과정과 연관되어 있고 자격증을 취득하면 국적을 초월한 취업이 가능한 영역이라고 볼 수 있다.

• 컨소시엄형 초국적 교과과정

　컨소시엄형 초국적 교과과정은 국제기구나 국제연합체에서 공동으로 설강하는 초국적 교육과정의 하나이다. 대개의 경우 인권교육, 인구 교육, 환경 교육, 평화 교육 등으로서 UN 산하의 기구들이 주관하거나 OECD중심으로 주관하거나 대륙공동체 등에서 컨소시엄형으로 초국적 교과과정을 설정하는 경우를 말한다. 대개의 경우는 말 그대로 국가를 초월하고 인류가 직면하고 있는 문제들을 해결하기 위한 교과과정이라고 볼 수 있다.
　대륙 공동체의 경우에는 대륙이 직면하고 있는 주요 문제들을 다루는 교과내용을 설강하고 대륙 내에 속한 국가들이 공동으로 학습에 참여하는 경우를 말한다. 아프리카의 경우 농업기술이나 식수해결능력을 배양하는 교육 관련 교과과정을 들 수 있고, 아시아의 경우에는 아시아 문화나 아시아의 역사와 관련된 교과과 정을 들 수 있다. 그리고 유럽의 경우에는 이미 대학학점인정교류 체제를 통해 여러 가지 형태의 초국적 교과과정을 운영하는 대표 적인 대륙에 속한다. 남미나 북미의 경우는 아직 컨소시엄형 초 국적 교과과정은 설강하지 않고 대륙에 속한 대학들의 주도 하 에 대학 컨소시엄 형태로 초국적 교과과정을 운영하고 있다. 예 를 들어 비만 연구와 관련된 교과과정, 노화 연구와 관련된 교과 과정, 해양 연구와 두뇌 연구와 관련된 교과과정 등이 대표적인 예라고 볼 수 있다.

- 초국적 온라인 교과과정

초국적 온라인 교과과정은 가장 활성화된 영역 중의 하나로서 범위와 교과과정의 숫자 면에서 다른 형태의 초국적 교과과정과 는 비교가 되지 않는다. 초국적 온라인 교과과정은 21세기가 일 종의 교육산업시대라는 특징이 있듯, 교육산업 측면에서 상업화 의 특징마저 띠고 있다. 소프트웨어 콘텐츠에서부터 실제적인 학 습에 이르기까지 다양한 형태의 교과과정 콘텐츠와 교과과정 상 품화 경향이 뚜렷한 특징을 지니고 있다. 특히 초국적 온라인 교 과과정은 세계적인 IT 기업이라고 볼 수 있는 애플, 구글 등이 초 국적 온라인 교과과정에 뛰어들고 있어서 향후 초국적 교육에 지 대한 영향을 줄 것으로 예견된다. 이미 출시된 콘텐츠 이외에도 대상별, 국가별, 전공별로 콘텐츠 개발이 활발히 이루어지고 있다. 우리나라의 경우에도 교육 콘텐츠 산업 영역을 중심으로 초국적 온라인 교과과정 설정에 뛰어들고 있다. 초국적 온라인 교과과정은 단순히 콘텐츠 차원의 소프트웨어 수준에 머무는 것이 아니라 이 소프트웨어를 실제 교육장면에서 활용할 수 있는 스마트 클래스 패키지 프로그램과 연관되어 교육시장의 규모나 활용 영역에 있어서 앞으로 큰 변화가 예상된다.

2. 초국적 교육자원

초국적 교육자원 활용은 교과과정이나 교수방법 뿐만 아니라 교수자원에 이르기까지 다양한 형태의 세계 교육시장의 향배에 큰 영향을 줄 것으로 보인다. 초국적 교육자원은 학습지원자료, 교수자원자료, 평가자료 등 학습과정 전반에 관여된 내용들이며 말 그대로 세계 모든 학습자와 교수자가 활용할 수 있는 학습보조자료 내지 학습자원이라고 볼 수 있다.

그 중에서도 가장 중요한 것은 교수자원 확보이다. 교수자원은 초국적 학습과 학습자들을 대상으로 한다는 점에서 언어의 장벽을 뛰어넘는 대상이 되어야 하고 세계의 학생들이 관심을 가질 수 있는 지명도와 능력을 갖춘 자원이어야 한다. 일부 세계 국가 간 연합체 중심으로 교수자원 툴을 활용하고 있는 예도 있지만 아직은 확대된 초국적 교육자원으로서의 교수자원확보는 한계가 있다고 볼 수 있다. 예를 들어 UNESCO 중심으로 한 UNESCO Chair 프로그램을 들 수 있고, 기부금 중심으로 한 국제 기부금 교수제 등을 들 수 있다. 이외에도 정년퇴임교수들을 중심으로 한 제 3국의 교수자원 활용이라든지 교육컨설팅 프로그램, 그리고 국가자문 등 자문교수집단(Senior faculty advisory group) 형태의 초국적 교수자원활용을 들 수 있다. 그리고 하버드 대학을 비롯한 선진국의 일부 일류대학 중심의 초국적 교육 지원단 형태도 이러한 예라고 볼 수 있다. 이러한 초국적 교육 지원단은 초국적 교육 교과과정 설정, 학사운영, 실질적인 교육참여 등에 이르기까지 일종의 제 3국이나 교육 저개발국을 위한 초국적 교육지원 형태리고 볼 수 있고, 한 마니로 통합석 교육서비스 군단(Total educational service corps)이라고 볼 수 있다.

- 통합적 교육서비스 군단

통합적 교육서비스 군단은 두 형태를 띠고 있다. 하나는 단일 대학이나 몇 개의 대학이 제 3국의 초국적 교육을 위해 구성한 형태의 교수중심의 교육지원단이고 다른 한 형태는 국제기구를 중심으로 전체적인 교육에서부터 단일 대학의 교육개혁에 이르기까지 자문과 실제적인 학습참여를 하는 형태이다. 통합적 교육서비스 형태는 초국적 교육을 위한 목적에서 출발하는데 단일 대학의 경우는 미국의 여러 대학, 예컨대 콜롬비아 대학, 하버드 대학, MIT 대학, 피츠버그 대학, 남일리노이 대학, 듀크 대학, 퍼듀 대학 등이 대표적인 대학들이라고 볼 수 있다. 이 대학들은 교육 저개발국이나 대륙을 대상으로 통합적 교육서비스를 제공하는 초국적 교육서비스 군단이라고 볼 수 있다. 한편 국제기구를 중심으로 한 교육서비스 군단은 주로 국가 단위의 교육체계를 변화시키고 실제 적용하는 일련의 총체적 지원체제라고 볼 수 있다. 이는 주로 유네스코 중심으로 제 3세계인 남아메리카, 아프리카, 동남아시아, 중앙아시아 등에 치중되어 있다. 그런 반면, 단일 대학이나 몇 개의 대학의 컨소시엄 형태는 대학 대 대학의 접근방법을 활용하거나 아랍권의 대학들에 대한 세계적 대학 패러다임 도입 형태로 관여하고 있다. 그리고 극히 가난한 국가인 네팔, 방글라데시 등 교육수준이 상대적으로 낮고 지역이 광범위하면서도 교육인프라 구축이 어려운 자연환경을 가진 나라를 대상으로 초국적 교육을 위한 교육지원단을 운영하고 있다.

- 교육 패러다임 이전

교육 패러다임 이전은 한 국가의 교육체계를 총체적으로 바꾸는 형태의 교육 이전 방식이다. 특히 교육방법, 학습운영, 학습평가, 교수개발 등에 이르기까지 총체적으로 틀을 바꾸는 형태를 말한다. 국가가 필요로 하는 교육요구과 교육수준에 따라 가장 적합한 대안을 제시하고 일정 기간 동안 초국적 교육의 틀을 정립해주는 역할을 한다. 제 3국의 경우에는 1차 산업이나 농·어업 등 분야에 초점을 맞추어서 교육 패러다임 이전을 지원하고 교육 중진국의 경우에는 대학 평가체제나 대학 운영전략, 교수학습 개발 등의 시대에 맞는 적응 능력을 갖추도록 돕는 형태이다. 교육 패러다임 이전은 향후 중요한 교육수출과 교육수입의 대상이 될 것이고 국가와 국가 간, 대학과 대학 간, 대륙과 대륙 간의 중요한 협력전략이 될 것으로 보인다. 교육 패러다임 이전은 재정적으로 큰 규모의 재정소요가 필요하므로 향후 대학교육에서의 커다란 변화의 동인이 될 것으로 보인다.

교육 패러다임 이전의 대표적인 예는 싱가포르의 경우를 들 수 있고, 현재 진행되고 있는 아랍 국가들의 석유달러에 의존한 대규모 국제수준의 대학으로의 전환을 들 수 있다. 또 중국의 일부 대학들과 중국 정부의 서구 여러 나라들과의 교육 패러다임 이전 협약이 대표적인 예가 될 것이다. 초국적 교육은 통합적 교육서비스 군단의 인적 자원과 시스템을 고치는 하드웨어적 패러다임과 콘텐츠 중심의 소프트웨어적 패러다임의 전반적인 지원체제가 될 것으로 예견된다.

- 세계교육인증체제 등장

세계교육인증체제의 등장은 새로운 교육시대를 맞고 있다는 증거이다. 종래의 경우 개별 국가가 자국의 대학들을 평가하는 체제가 일반적이었지만 2000년을 기점으로 세계국제기구 중심으로 세계교육인증체제가 등장하기 시작했고, 전문자격증과 관련된 학회나 협회 중심으로 세계교육인증체제가 등장했다. 특히 온라인 교육의 활성화와 국제 간 교육협력이 확대됨에 따라 세계적 틀 속에서의 평가인증에 대한 관심은 점점 높아져왔고 이러한 결과로 OECD와 UNESCO 중심으로 세계교육인증체제의 방향을 설정하게 되었다.

이러한 기본적인 인증체제의 방향을 중심으로 각 전문 학회나 협회 중심으로 자체 내의 평가인증체제를 구축해 나아가고 있다. 미국처럼 70년의 역사를 지닌 나라들을 비롯해서, 아시아에서는 가장 오랜 연조를 가진 우리나라의 평가를 비롯해서 지역별로 교육인증체제가 등장하게 된다. 이러한 교육인증체제를 통해 국가 간 자격증과 학위인정, 학위나 자격증에 준하는 과정에 대한 인증이나 평가를 실시하여 졸업과 자격증 부여에 활용하고 있다. 대표적인 예로서는 유럽의 UTS(University Transfer Scheme)나 아시아 태평양 지역의 UCTS(Credit Transfer Scheme) 등을 들 수 있고 캠퍼스 아시아의 한·중·일 간 학점이수인정협약 같은 예를 들 수 있다. 이 외에도 아세안 국가들을 중심으로 한 학점인정협약, 아프리카 일부 국가들의 학점협약 등의 예가 있다.

이러한 세계교육인증체제는 더욱 활성화될 전망이고 온라인 교육이 확대됨에 따라 온라인 교육에서 얻어지는 학점에 대한 질 관리나 학점인정에 대한 관심이 점점 높아지고 있다. 이러한 경향은 향후 어느 국가, 어느 대학에서 취득한 학점이든 간에 세계적인 인정을 받지 않을 경우 학점으로 인정받기가 어렵게 될 수 있다는 점을 시사한다.

3. 메가 캠퍼스 체제

메가 캠퍼스(Mega-campus) 체제는 하드웨어적인 인프라 중심의 캠퍼스 체제를 의미하는 것이 아니라 사이버 공간 상에서 프로그램 중심의 캠퍼스를 의미한다. 메가 캠퍼스는 지식 네트워크, 지식 인큐베이디, 지식 미디어 시대의 교육기능의 특성상 국적을 초월하고 언어를 초월한 형태의 대학 캠퍼스 체제이다. 이 캠퍼스 체제는 소규모 캠퍼스 체제로 여러 장소에서 다양한 교육을 할 수 있는 학습네트워크 형태를 취한다. 일부 국가에서 특정 전공영역에 한해서 외국에 진출하는 사례에서 이러한 경우를 발견할 수 있다.

구글은 2015년 서울에 캠퍼스 서울을 설립한다고 발표한 바 있는데, 창업지원프로그램인 벤처 인큐베이터나 모바일 분야의 선도적인 기술, 인터넷 분야의 혁신 등과 관련된 프로그램을 운영하고 이미 설립한 영국 런던과 이스라엘의 텔아비브와 연계 교환 프로그램을 운영한다고 발표했었다. 이러한 형태의 프로그램 중심이나 전문영역 중심의 접근방법은 일종의 메가 캠퍼스 체제로서 여러 나라와 상호 교류 프로그램을 운영하고 교수, 교과과정, 평가, 자격증, 취업에 이르기까지 일종의 메가 캠퍼스 패키지(Mega-campus package) 형태의 교육프로그램이라고 볼 수 있다.

카이스트의 경우도 중국 칭화대, 일본 동경공대 등과 공동연구 교육 컨소시엄을 구성하고 교수자원과 학생의 상호 공동 참여와 융·복합 강의 등을 통한 아시아형 에라스무스 프로그램을 진행하여 세 대학 간 복수학위 프로그램을 설립하고 운영한다.

이처럼 메가 캠퍼스 체제는 더욱 확대될 전망이고 미국의 American University나 New York University, LA College 등은 메가 캠퍼스를 더욱 확대해 나가고 있는 실정이다. 이와 함께 Holy See 대학들도 이러한 메가 캠퍼스 형태를 취하고 있는데, 가톨릭 재단의 이 대학들은 전통적 캠퍼스 중심의 메가 캠퍼스를 운영하는 형태를 취하고 있다.

특성화, 심화, 광역화
(Special, Space, Scope)

21세기 대학은 몇 가지 중요한 경향을 띤다. 우선 빠른 변화의 속도와 기존 직업구조의 붕괴, 학문의 융·복합 현상의 급속한 확대, 학생과 교수의 변화, 세세 여러 국가 간의 연합과 협동의 확산, 캠퍼스 중심 대학의 급격한 변화, 교육내용과 방법에서의 대변화 등 대학 빅뱅의 시대가 예견되고 있다. 이러한 시대적 특성은 대학의 중요한 경영 전략 아젠다가 되어야 하고, 경영 전략에 실패한 대학은 문을 닫거나 급격히 위축되는 위기를 맞게 된다. 이 점에서 대학은 일종의 교육산업지대의 역할을 할 것이고 대학가에서는 환영하지 않을 수도 있고 쟁점이 될 수도 있지만 교육시장 원리가 도입될 수밖에 없다. 이 점에서 대학은 학습고객서비스, 교육서비스, 연구서비스, 지역사회서비스 등 '서비스 엔터프라이즈'(Service enterprise)로서의 기능과 역할을 수행할 수밖에 없다. 따라서 양질의 서비스와 학습고객유치를 위한 고객유치전략,

양질의 교과내용과 교수법을 통한 학습자 만족 시스템으로 전환할 수밖에 없다.

이 점에서 향후 대학은 특성화, 심화, 광역화의 소위 3S전략을 기반으로 하는 '3S Management'틀로 자리매김할 것으로 예견된다. 특성화, 심화, 광역화는 대학의 하드웨어뿐만 아니라 소프트웨어에 이르기까지 총체적인 대학경영 변화의 흐름이 될 것으로 보인다.

1. 국제협약 특성화

국제협약 특성화의 형태는 근래 우리나라에서도 시작된 특성화 전략 중 하나이지만 가장 좋은 예는 홍콩과 싱가포르, 일본을 들 수 있다. 홍콩과 싱가포르, 일본 등은 각기 다른 모습의 국제협약 특성화이지만 1980년 중·후반부에 일찍이 국제협약 전략을 통해 대학의 국제경쟁력을 높이려는 노력을 해왔다.

홍콩은 교수자원과 총장, 교과과정에 이르기까지 국제적 안목에서 과감한 개방을 시도했고 교수들의 충원에 있어서도 세계를 대상으로 우수 교수를 확보하려는 노력을 했다. 뿐만 아니라 교과과정 역시 국제적으로 통용될 수 있는 질 관리에 중점을 두어 세계 대학에서 인정받을 수 있는 표준화된 교과과정을 활용했다. 또한 경영 마인드를 도입하여 대학총장과 학장, 부총장 등도 세계적 안목에서 홍콩에 거주하는 사람뿐만 아니라 외국인을 과감히 채용했다. 홍콩의 3대 대학은 세계적인 대학으로 인정받고 있고, 그 교육의 질에 있어서도 세계적 수준으로 평가받고 있다.

일본의 경우는 일부 사립대학을 중심으로 특성화 프로그램을 과감히 도입했고 이를 통해 개별 대학의 세계화를 시도했다. 특히 연구분야에 있어서는 대규모 연구비를 미국이나 유럽의 유수 대학에 과감히 투자하여 일본 연구원들과 교수들을 파견하는 방식을 통해 최신연구결과물을 공유하는 '아웃소싱형 연구'(Outsourcing research) 전략을 도입했다. 그 후 자생력이 생기자 외국 대학들과의 1:1 연구 파트너십을 수립하여 외국의 연구자들이나 교수들을 일본으로 초청하는 형식을 취했다. 이러한 국제협력을 통해 일본의 대학들을 국제화시키면서 동시에 국제적인 수준의 교육여건과 교육과정을 설정하는 데 성공한 케이스이다. 큐수 대학이나 게이요 대학, 리스메이칸 대학, 동경에 산재해 있는 특성화 대학, 예를 들어 동경공대, 동경농업대, 동경치의과대 등이 이러한 국제협력을 통해 세계 수준의 대학으로 발전한 케이스이다. 따라서 일본은 국제협력형 대학전략을 통해 특성화와 국제화에 성공한 사례라고 볼 수 있다.

싱가포르의 경우에는 대표적인 성공 케이스로 주목을 받고 있는데 1980년 후반부터 미국 MIT 대학, 영국 캠브리지와 옥스퍼드 대학, 펜실베니아 대학 등 세계적인 대학들과의 연계프로그램을 통해 성공한 케이스이다. 싱가포르의 경우 공동학위 프로그램을 통해 교수, 교과과정, 연구 등을 공동으로 하는 특성화 전략을 구사했다. 예를 들어 2000년에는 유럽 최고의 경영대학원인 프랑스 INSEAD 대학을 유치하여 공동으로 세계적인 경영대학원을 만들었고, 예일 대학과의 협약을 통해 인문사회분야의 국제화 전략을 수립하여 공동학위 과정을 운영하고 있다. 또한 의과대학의 경우 샌프란시스코 의과대학, 하버드 등과의 협약을 통해 세계적인 수준의 대학으로 급부상해왔다. 싱가포르에 있는 대학들의 경우에는 모두 성공한 케이스로 세계 100대 대학 내에 늘 진입하는 우수한 고등교육을 자랑하고 있다. 이와 함께 싱가포르는 세계 유수대학 21개 대학의 분교나 공동학위 프로그램을 운영하고 있다.

중국의 경우 1990년 말부터 국제협력대학 모델에 적극 참여하면서 호주와 홍콩, 유럽 대학들과의 협약 프로그램을 통해 국제적 수준의 대학들로 전환하기 위한 노력을 하고 있다. 특히 특성화된 대학이라고 볼 수 있는 985공정 프로그램을 통해 개별 특성화 대학들과 외국 대학들의 특성화 모델과의 협력을 통해 중국 전역의 지역 특성화 대학 모델을 정착시키려고 노력하고 있다. 특히 외국어 특성화 대학, 디자인 특성화 대학, IT 특성화 대학, 식품과 요리 특성화 대학 등 특성화된 대학들을 중심으로 과감한 투자를 통해 국제연계형 대학 특성화를 모색하고 있다. 실습형 실습중심 특성화 대학의 모델은 북유럽과 동구유럽의 대학들과 벤치마킹하고 있으며, 호주와는 소형강좌형 모델(Tutorial model)을 도입하고 있다. 이러한 국제협력노력을 통해 중국 특성화 대학을 세계적인 수준으로 끌어올리려고 하고 있다. 연구와 관련해서는 칭화 대학, 북경 대학, 복단 대학, 상해교통 대학, 길림 대학 등을 대상으로 대규모 투자를 통해 세계적인 연구대학들로 부상하기 위해 정부차원의 적극적인 지원이 이루어지고 있다. 특히 칭화 대학, 북경 대학 등은 세계 30~50대 대학에 진입하고 있다.

2. 지속가능한 발전 프로그램
(Sustainable development program)

대학들의 특성화와 심화 프로그램 중 하나는 지속가능한 발전 프로그램을 운영하여 세계적인 대학 프로그램으로 활성화시키는 전략이다. 지속가능한 발전은 인류가 안고 있는 여러 가지 과제들인 빈곤과 식량 문제, 에너지 문제, 불평등 문제, 소비형태, 기후변화, 환경보호 등의 영역을 교과과정으로 설정하고 지속가능한 발전 프로그램을 통해 세계화와 세계적 수준의 교과과정으로 정립하는 특성화의 일환이다.

지속가능한 발전이라는 과제는 산업사회 이후에 줄곧 대두되어온 화두로서 선진국은 물론이고 제 3국을 포함한 저개발국가 역시 중요한 과제이기도 하다. 지속가능한 발전을 이루기 위한 과제는 UN을 중심으로 지속적으로 논의되어 온 사안이고 많은 대학들과의 협력을 통해 인류가 안고 있는 문제들을 해결하고 이 문제들의 해결을 기반으로 지속가능한 발전을 하겠다는 의미이다. UN을 중심으로 'Post-2015 Agenda'를 설정해서 17가지 과제를 정하고 이 과제의 목표를 달성하기 위해서 대학에서 교과과정을 운영하고 세계 여러 나라 학생들을 모집하여 교육을 하도록 하는 심화된 특성화 과정이라고 볼 수 있다. 현재 UN 대학을 중심으로 이루어지고 있고 세계 일류 대학들이라고 볼 수 있는 하버드 대학, 파리 대학, 영국의 옥스퍼드와 캠브리지 대학, 시드니 대학 등 세계 여러 나라에서 빈곤과 식량 문제, 에너지 문제, 기후변화와 환경정화 문제 등에 관한 학위 프로그램이 운영되고 있다. 이러한 프로그램을 통해 대학들은 차별화된 심화 과정을 통해 국제적 수준의 대학 프로그램으로 진입하기 위한 전략을 수립하고 있다.

이러한 노력들은 유네스코를 중심으로 세계 여러 나라가 협력해서 고등교육에서의 지속가능한 발전을 위한 세미나와 연구를 수행했고 이러한 결과들을 중심으로 교육에서 어떻게 지속가능한 발전을 도울 것인가에 대한 전략을 수립해왔다. 지속가능한 발전을 주제로 한 심화, 특성화 프로그램들은 세계적 관점에서의 지속가능한 발전과 정책, 교육의 역할 등에 대한 종합적인 안목을 가지고 21세기가 직면하고 있는 고등교육의 이슈와 교육적 욕구, 21세기에 인류가 직면하고 있는 교육과 학습에 대한 대안을 모색하려는 일련의 노력이라고 볼 수 있다.

ICHESD(International Conference on Higher Education for Sustainable Development)를 통해 대학의 지속가능한 발전의 아젠다를 심화시키고 종합적인 대학에 대한 가이드라인을 제시하고 있다. 향후 대학들의 경우, 지속가능한 발전을 위한 학문영역, 단과대학, 연구소, 세계 대학 간의 연계 연구소가 활성화될 것이라고 예측된다.

지속가능한 발전을 위한 대학들의 역할과 관련해서 중요한 쟁점은 다음과 같다.

- 인간과 생태환경의 질은 학습과 변화에 대한 능력과 집합적이고 선택된 능력에 달려있다.
- 지속가능한 발전은 그 자체가 지속가능한 것은 아니다. 다시 말하면 지속성과 안정성이 있을 때 지속가능한 발전이 된다. 따라서 모든 관련자들의 적절한 학습이 이루어지지 않으면 지속가능한 발전은 불가능하다. 그 이유는 지속가능하다는 의미의 핵심적 본질은 지속성을 지닌 과정에 있기 때문이다.
- 정책수단을 통해 지속가능한 발전이 이루어지고 향상되는 동안에도 지속가능한 발전을 위한 적절한 수단이 적용될 때만 효율성을 발휘할 수 있다.
- 지속가능한 발전을 위해서 가장 효과적인 방법은 교육이다.

그 이유는 교육을 통해 제공된 정보에 따라 참여할 수 있고 지속가능한 발전에 영향을 주는 당사자들 간에 서로 전문가 그룹을 동원하고, 적절한 인력을 배치하며, 필요한 기관을 개입시킬 수 있기 때문이다. 더 나아가 교육은 지속적인 변화를 이루어나갈 수 있기 때문이며 학습자와 연구자들에 의해서 이러한 지속가능한 발전이 추구되기 때문에 지속가능한 변화가 가능하기 때문이다.

3. 수익형 대학 특성화

수익형 대학이라는 용어는 1990년 초에 등장하기 시작한 대학특성화 모델로서, 대표적인 대학은 영국의 워릭 대학이다. 또한 미국의 Emporial State University, 일부 유럽과 미국을 중심으로 대학 내 부분적으로 도입하고 있는 수익형 특성화의 모델은 적극적인 산학협력과 현장중심 교육, 산학협력 컨소시엄을 통한 특성화 전략이라고 볼 수 있다.

워릭 대학의 경우에는 모든 프로그램이 수익과 직결되어 있고 프로그램마다 수익형 모델이라고 볼 수 있다. 예를 들어 자동차 대학의 경우 독립채산제를 통해 모든 프로그램을 통해 수익을 창출하고 있다. 교과과정운영과 학습방법은 전적으로 현장중심형 실제 교육이라고 볼 수 있다. 또한 미국의 일부 대학에서 도입하고 있는 SBE(School Based Enterprise) 모델을 들 수 있다. SBE 모델은 우리나라의 일부 대학, 일본 대학에서 유사한 모델을 도입하고 있지만 SBE 모델은 기업체가 대학 내에 실습장을 운영하는 형태를 말하며 산업현장과 대학 간의 열린 기술개발모델이라고 볼 수 있다.

SBE 모델은 한양대학교의 안산 캠퍼스(ERICA Campus)의 산학협력 모델이 좋은 예라고 볼 수 있다. 그리고 대천의 자동차 대학이나 영진전문 대학, 일부 방송매체나 음악관련 대학 일부에서 활용하고 있는 모델을 들 수 있다.

우리나라에서의 이러한 SBE 모델과 유사한 형태의 접근방법들은 일찍이 미국 대학에서 활용되던 캠퍼스 중심 산학협력형태의 접근방법이라고 볼 수 있다. SBE 모델은 캠퍼스 중심 타운의 경우 지역사회 전체의 경제 활력소가 될 뿐만 아니라 교통, 문화, 예술, 식생활 등 모든 영역에 걸쳐 지역사회 전체를 리모델링하거나 업그레이드하는 역할을 수행하기도 한다. 예를 들어 사우스캐롤라이나 대학의 애쉬빌 캠퍼스의 경우 지역사회에 모노레일을 운영하는 등 대학과 지역산업체가 연계하여 캠퍼스 중심의 기술개발모델을 운영하는 모범 케이스라고 볼 수 있다. 그리고 미시간이나 캘리포니아의 대학들 또한 적극적인 SBE 모델을 통해 교과과정을 운영하고 최신 기술과 연구를 수행하며 이 과정을 수료한 학생들의 경우에 직접 취업과 연계하는 교육프로그램을 운영하고 있다.

또 다른 수익형 모델은 전공과 연계된 학교 기업을 운영하는 경우가 있다. 수익형 모델인 학교기업은 대학 내 개설된 전공과 관련하여 특성화된 상품을 개발하고 이것을 판매하여 그 수익으로 관련된 학과의 운영과 장학금, 후속연구를 수행하는 경우이다. 앞서 언급한 영국의 워릭 대학에서 볼 수 있듯이 수익형 학교기업은 전공연계 학교기업 형태로서 교과과정의 많은 부분이 실습과 직접생산, 판매, 질 관리 등의 통합교과과정으로 운영되는 경우가 많다. 의류 관련 전공의 경우에는 의류 관련 학교기업을 운영하는 것이고, 식품 관련 전공의 경우 식품 관련 학교기업을 운영한다. IT 관련 전공학과의 경우는 IT와 관련된 학교기업을 운영하기도 한다. 이러한 접근을 통해 서구 많은 대학들이 교과과정을 통해 실습을 유도하고 실습을 통해 생산을 하고 생산된 제품을 특화·판매하는 과정을 거치게 된다. 한 예로서 학교 치즈, 대학 와인, 대학 넥타이, 대학 셔츠, 대학 IT 제품, 대학 도시락, 대학 영화, 대학 드라마 등 다양한 형태의 생산제품이 학교기업을 통해 생산·판매되고 이것은 곧 학교 재정에 도움을 주면서 교육 내용을 적시성 교육으로 거듭 태어나게 만든다.

이러한 경향은 향후 주요한 대학변화의 흐름으로 자리 잡을 것이고 대학의 교과과정이나 대학의 운영전략의 일환으로 확대될 것으로 예견된다. 특히 수익형 모델의 경우는 학생 수 감소, 등록금 인상의 한계, 사립대학 재정구조의 한계 등을 감안할 때 주요한 변화의 트렌드로 자리매김할 가능성이 높다.

또 다른 접근의 하나는 해체형·수익형 대학(Decolleging Enterprising university)이다. 이 모델은 대학이나 대학원의 일부분을 위탁경영하는 형태를 취하는 수익형 모델로서 전체의 대학을 운영할 경우 대학 재정이나 학생유치, 국제경쟁력 등에서 한계가 있을 경우 대학의 일부를 부분적으로 위탁경영하는 형태를 말한다. 이러한 위탁형태의 대학 해체형·수익형 모델은 국·내외의 대학 간, 국·내외의 기업과 대학 간, 국·내외의 대학 이외의 교육기관과 대학 간의 협약에 의해서 이루어질 수 있다. 이러한 경향 또한 대학 간의 전체적인 합종연횡의 경향이라고 볼 수 있다.

대학 해체형·수익형 대학은 매우 가까운 장래에 확산될 가능성이 높고 각 나라에서 시장원리에 의해 구조조정이 이루어지고 있는 국가 중심으로 활성화 될 것이나. 우리나라의 경우도 현재 경직된 법 체제 속에서 대학 해체형·수익형 대학의 모습은 드러나고 있지 않지만 구조조정이 이루어진 다음에는 여러 형태로 가능성이 열려 있는 상태라고 여겨진다. 대학 해체형·수익형 대학은 대학 일부를 컨소시엄형 관리체제로 경영하든지, 특수한 단일 대학만 경영하든지, 대학원의 일부 혹은 대학의 일부를 위탁경영하는 형태를 취할 것으로 보인다.

4. 산학협력 수익형 대학

　산학협력 수익형 대학은 기존대학의 프로그램에 산업체의 협력프로그램이나 위탁프로그램을 통해 수익형 모델로 운영하는 형태이다. 산학협력 수익형 대학은 4년제 교과과정 중 일부를 산업체 프로그램으로 전환하는 형태이다. 이러한 수익형 모델은 학제의 다양성을 전제로 하고 있으며 학제의 다양성과 함께 프로그램의 다양성을 추구하는 모델이다.
　예를 들어 4년제 중 일부를 산업체 프로그램으로 전환하여 운영한다든지 교과과정 중 일부를 현장중심 프로그램으로 운영하여 실제적으로 제품화하고 상품화하여 수익을 일정분량 분배하는 형태를 취하는 경영 전략이다.

- 1+2+1 모델

　1+2+1 모델은 대학 입학 시 1학년 동안 교양과목의 한 형태로 직업탐색 프로그램을 이수하고, 2년은 현장위탁형 교육이나 산업체 수익형 프로그램을 통해 운영하는 방안이다. 그리고 나머지 1년은 국내외에서 실습형 인턴십이나 취업형 인턴십을 취하는 형태를 말한다.

- 3+1 모델

이 모델은 3년은 캠퍼스에서 학업을 하고 1년은 국·내외 인턴십을 통해 취업을 하는 형태를 말한다. 이 케이스는 독일을 중심으로 활성화되어 있고 우리나라의 경우도 일부 대학이나(호남대학교) 2년제 대학의 심화과정에서 이루어지고 있다.

- 경험 중심 모델

경험중심 수익형 대학 모델은 교과과정 전체가 실제 실습위주로 되어있고 실습과정에서 이에 상응하는 실습지원이나 봉급을 받는 형태이다. 경험중심 수익형 대학은 절서히 수익성과 관련된 프로그램과 과정을 거치며 현장에서 이루어지는 학습자들의 학습지원과 실습지원의 교육경비는 실습을 지원하는 기업이나 산업체에서 지원하고 이를 교육비로 활용하는 방안이다.

- 4+1 모델

4년제 대학의 과정을 이수한 다음 전공과 연계된 산업체에서 대학원에 준하는 특수영역의 실습이나 연구, 직업준비 등을 수행하는 형태로서 4년 동안의 과정은 대학에서 정상적으로 학습하고 교육비 또한 학습자의 책임으로 부과하지만 일 년 동안은 대학과 산업체가 공동으로 산업체에 필요한 인력 개발을 위한 기관으로 설정하여 기업과 산업체가 교육비를 지원하고 교육은 대학과 산업체가 공동으로 시행하는 방법을 택한다. 4+1 모델은 대개 의·과학 계통이나 식품, 국제관계 그리고 디자인 등의 영역에서 활성화되고 있다. 4+1 모델은 'Study to work' 프로그램의 일종이라 볼 수 있고 청년실업을 예방할 수 있는 일종의 '취업준비쉘터'(Pre-job shelter) 프로그램이라고 볼 수 있다.

5. 신대학 확충 프로그램

신대학 확충 프로그램(New university extension program)은 특정전공영역이나 인력배출 목적의 대학확충 프로그램으로서 미국이 초기 대학의 확장을 위한 대학확충 프로그램과 유사한 프로그램이라고 볼 수 있다. 예를 들어 농업 특성화 지역의 농업 확충 프로그램이나 공업 기술 특성화 지역의 공업 기술 확충 프로그램 등이 초창기의 대학확충 프로그램이라고 볼 수 있다. 그러나 새로운 대학확충 프로그램은 지역사회에 산재되어 있는 첨단과학 창의적 기업 프로그램이나 신디자인 프로그램, 융합 전략 프로그램 등 21세기에 필요한 유망 영역을 중심으로 대학의 프로그램을 지역사회나 지역산업에 연계하는 프로그램을 말한다. 신대학 확충 프로그램은 작은 벤처기업 중심으로 벤처기업 클러스터형 프로그램일 경우도 있고, 특수영역 자격증과 관련된 확충 프로그램의 경우도 있다. 특히 신대학 확충 프로그램은 언어 습득 영역에서부터 로봇이나 우주 개발에 이르기까지 다양한 영역을 망라하고 있다는 특징이 있으며 가장 특성적인 측면은 대학에 개설된 기존의 전공영역과 지역사회 교육자원과 연계한다는 점이다.

신대학 확충 프로그램은 미국의 경우 LA와 뉴욕 근교에 있는 왓슨 스쿨의 첨단 영역 확충 프로그램을 들 수 있고, 워싱턴 주의 시애틀 중심으로 이루어지고 있는 항공, 통신, 식품가공 등의 신대학 확충 프로그램을 예로 들 수 있다. 이들 프로그램들은 교육 대상이나 규모 면에서 상당한 수준이며 예산 규모도 적지 않은 편이다. 이 뿐만 아니라 AT&T 회사의 경우도 대학과의 연계과정을 통해서 일종의 신 대학 확충 프로그램을 운영하고 있는데, 주로 커뮤니케이션 관련 첨단 기술과 그 응용에 관련된 교육 프로그램을 수행하고 있다.

유럽 국가들도 명칭은 다소 다르지만 신대학 확충 프로그램에 해당하는 접근 방법을 활용하고 있고 단순한 산학협력 차원이 아니라 교육과 자격증과 취업과 재교육 형태를 통합하는 방법을 활용하고 있다. 주로 현직에 있는 사람들을 대상으로 학습을 하고 학습내용 자체가 일이 되는 형태의 대학 확충 프로그램이다. 따라서 학습과 일의 연계과정이라 볼 수 있어서 'Work with learning' 혹은 'Learning by working' 형태를 취한다고 볼 수 있다. 특히 유럽 국가들의 경우 소크라테스 프로그램을 통해 최신 전문지식을 습득하게 하는 유럽 국가 간 직업전문성 연계프로그램은 신대학 확충 프로그램의 좋은 예라고 볼 수 있다.

6. 신기술 클러스터 프로그램

    신기술 클러스터 프로그램은 21세기 대학들의 핵심적 생존 전략이라 볼 수 있는데 주로 21세기의 최첨단 기술과 관련된 프로그램을 대학 간, 대학과 기업 간, 또는 대학과 국가 간의 협력프로그램을 통해 클러스터 프로그램으로 운영하는 형태를 말한다. 예를 들어 미국의 서부 지역을 중심으로 한 미국 방위산업 신기술 클러스터라든지 항공산업 클러스터, 우주 산업 클러스터, 대체 에너지 클러스터 그리고 로봇 산업 클러스터 등을 들 수 있다.

    신기술 클러스터 프로그램은 첨단 과학과 관련된 기업에서 위탁하는 경우도 있고 정부에서 위탁하는 경우도 있는데 대개의 경우 몇 개 대학이 컨소시엄을 형성하여 융합학문적 접근을 시도하는 것이 특성이다. 신기술 클러스터 프로그램은 향후 대학들의 중요한 경영 전략이 될 전망이며 신기술 클러스터를 위한 인적 자원의 확보가 중요한 관건이 되고 있다.

    신기술 클러스터 프로그램은 첨단 기술 개발 자체가 국가 경쟁력과 관련된 부분이 많고 연구 결과물이 곧 생산되어 활용되기 때문에 특허나 신기술 실용화의 관건이 되고 있다. 신기술 클러스터는 미국의 경우 캘리포니아의 데이비스 캠퍼스, 어바인 캠퍼스, 샌디에고 캠퍼스, 버클리 캠퍼스 등에 산재되어 있고 대개의 경우는 연구 그룹형태를 취하거나 연구 네트워크를 취하는 방법을 택하고 있다. 서부지역의 북부에 해당하는 시애틀의 워싱턴 대학이나 오레곤 대학 등도 신기술 클러스터를 운영하는 대학들이다. 동부나 중부지역도 몇 개의 대학들이 관여되어 있으며 신기술의 내용과 방법은 다 차이가 있다. MIT, 카네기 멜론 대학들은 다매체 미디어와 인공지능을 연계하는 신기술 클러스터 프로그램을 운영하는 대표적인 대학에 해당한다. 텍사스와 미시간에 위치한 대학들은 첨단 자동차 신기술이나 석유 화학 관련 신기술 등에 대한 글러스터를 운영하고 있는 대학들이다.

7. 연구 중심 특화 프로그램

연구 중심 특화 프로그램의 경우 의·과학 분야나 건강관련 분야가 특화 분야로 활성화되어 있는데 미국과 유럽의 경우 주로 뇌 과학 연구, 장수 연구, 비만 연구, 비타민 연구 등으로 다양화되어 있다. 연구 중심 특화 프로그램은 생체와 관련된 연구와 건강 관련 분야의 연구를 병행하며 통합적인 연구접근방법을 시도하고 있는데 뇌 과학 연구는 하버드 대학, MIT 대학, 워싱턴 대학, 듀크 대학, 미네소타 대학 등 많은 대학이 특화 프로그램 형태로 운영하고 있으며 유럽의 경우도 프랑스, 영국, 스웨덴, 독일 등에서 여러 대학들이 특화 프로그램으로 연구가 진행되고 있다.

연구중심 특화 프로그램은 뇌 과학 관련 영상진단 프로그램, 뇌의 형성과 뇌 호르몬, 뇌파, 뇌 단백질, 뇌의 퇴화와 회복 등 다양한 연구를 수행하며 특히 일과 직면하고 있는 뇌 관련 질환들의 예방과 퇴치에 관한 각종 연구를 수행하면서 연구중심 특화 프로그램을 운영하고 있다. 이들의 연구중심 특화 프로그램의 특징은 연구에만 그치는 것이 아니라 연구 결과를 그대로 활용하고 있다는 점이다. 실험 대상들을 통해서 실제적으로 뇌에 관한 이해와 뇌 건강에 대한 기법을 개발하는 연구와 실용의 양면성을 동시에 수행하고 있다는 점이다. 우리나라의 경우도 한양대의 자동차 연구소가 이러한 특화 프로그램 운영의 예라고 볼 수 있고, 가천대도 이러한 연구중심 특화 프로그램을 운영하고 있는 예라고 볼 수 있다. 또한 서울대의 반도체 연구소, 경남대학의 북한대학원 등이 유사한 케이스라고 볼 수 있다.

- 뇌 과학 연구 특성화

뇌 과학 연구 특성화는 많은 대학들에서 의학, 생리학, 심리학, 약학, 식품영양, 인류학, 사회학 등의 전공영역이 연대해서 뇌에 관한 연구를 특성화하는 경우가 많다. 뇌 과학 연구 특성화는 주로 뇌 호르몬과 뇌파, 뇌의 노화과정 등에 관심이 많으며 인류가 경험하고 있는 뇌 관련 질병에 관한 연구가 활성화되어 있다.

뇌 과학 연구 특성화 프로그램은 단일 대학 단위로 특성화가 이루어지는 경우도 있지만 대개의 경우는 여러 대학이 협력하여 연구 특성화 프로그램을 운영하는 예가 많다. 특히 노화과정에서 발생하는 치매, 파킨슨, 기억력 상실 등에 관한 여러 연구를 통해서 많은 진전을 보아왔지만 아직도 뇌 과학 연구 분야는 대학의 중요한 특성화 분야에 해당한다. 의과대학이 있는 많은 대학에서 뇌 과학 연구 특성화에 뛰어들고 있으며 선진국을 중심으로 뇌 과학 연구 특성화에 대한 재정적 지원이 대폭 확대되고 있다.

- 특수 질병 연구 특성화

특수 질병 연구 특성화는 인류가 직면하고 있는 새로운 질병에 관한 특성화 연구를 말하며 HIV 등 에이즈 연구, 에볼라 바이러스, 신종 장티푸스, MERS와 같은 지역별 풍토병 관련 연구 특성화를 들 수 있다. 특수 질병 연구 특성화는 개별대학 차원이라기보다는 연관 전공 영역의 연구진들이 협력하여 정부나 세계보건기구의 지원을 받아 특성화하는 방법을 택한다. 이 연구들은 연구 결과물에 따라 인류가 처한 특수질병을 퇴치할 수 있는데 큰 기여를 할 수 있어서 특수 질병 연구를 특성화하는 대학뿐만 아니라 이러한 질병을 앓고 있는 지역에 큰 기여를 할 수 있는 특성화 방안이라고 볼 수 있다. 특히 특수질병은 20세기 말부터 새롭게 등장하거나 창궐하는 경우가 있어서 세계보건기구를 비롯하여 많은 대학들이 관심을 갖고 특수질병 연구 특성화를 시도하고 있다. 특수 질병 연구 특성화의 경우 단기적인 접근이 이루어지는 경우도 있지만 대개의 경우는 연구소 형태나 연구 집단 형태 그리고 연구 협력대학 형태로 운영되는 경우가 많다.

- 장수 연구

인류가 안고 있는 가장 큰 과제 중 하나는 건강하게 노후를 살아가는 일이다. 세계 여러 나라를 중심으로 인간의 생명연장이나 소위 장수 연구에 관한 관심이 증대하고 있다. 인류가 예견하는 생명의 연장 한계는 대개 120~130세로 보고 있다.

장수와 관련된 여러 연구들이 진행되고 있는데 장수 연구는 세계적인 관심사이고 나라와 민족을 초월하여 초국적 차원에서 연구가 진행되고 있다. 세계 장수 연구 학회를 비롯하여 여러 대학에서 노화와 장수에 관련된 연구가 활성화되고 있다. 장수 연구는 식품영양과 호르몬, 운동 처방과 건강, 심리적 접근방법에 의한 장수 연구, 종교생활과 장수 연구, 환경과 장수 연구, 지역이나 민족 간의 장수관련 연구, 남녀 간의 장수 비교 연구, 성생활과 장수 비교 연구, 일과 장수 비교 연구, 특수식품과 장수 연구,

비타민과 장수 연구 등 연구영역이 매우 다양하고 대학에 설치된 학과나 연구비 지원 형태에 따라 대학과 대학 간, 단일 대학 내의 학과와 학과 간, 대학과 장수 관련 기관과의 협력체계를 통해 장수 연구 특성화 프로그램을 운영하고 있다. 장수 연구는 국제 간 비교 연구, 환경과 장수 연구, 음료와 장수 연구 등 특화된 연구가 주된 흐름이고 장수 연구는 의·과학, 약학, 식품학, 심리학 등의 연합연계연구가 주된 흐름으로 자리 잡고 있다.

- 비만 연구

비만 연구는 장수 연구와 함께 선진국 대학들의 중요한 특성화 프로그램 중의 하나이다. 한 마디로 미국의 경우 가장 중요한 연구영역은 의심할 여지없이 비만 연구이다. 비만 연구는 1980년대부터 주된 흐름으로 자리 잡고 있었는데 워싱턴 대학, 남일리노이 대학, 미네소타 대학, 미시간 대학, 워싱턴 대학 등을 중심으로 많은 연구가 진행되어 왔고 대학들의 생존 전략 하나로 특화 프로그램 형태를 취하기도 했다. 대개의 경우 비만 연구는 세계보건기구(WHO)나 미연방정부의 건강관련 기관을 중심으로 위탁연구 프로그램 형태를 취했는데 대학 간의 컨소시엄 형태로 비만 연구 중심 대학 벨트를 형성했다. 이러한 흐름은 대학의 새로운 경향으로 자리 잡게 되었고 의과대학이 있는 대학을 중심으로 의과대학 부설 특화 연구 프로그램으로 전환되기도 했다. 비만 연구의 결과는 지난 30년 정도의 연구 끝에 이제는 비만퇴치 프로그램과 연계되어 패스트푸드 시장에도 영향을 미치면서 공동연구에 참여하는 계기가 되기도 했다. 비만퇴치 프로그램은 비만의 원인, 비만의 속도, 비만의 억제 호르몬, 비만의 퇴치를 위한 각종 처방 등 다양한 형태의 특화 프로그램으로 자리 잡았다.

  비만 연구에서 가장 앞서고 있는 워싱턴 대학의 경우 미전역과 관련된 연구 대학들과의 연계과정을 통해 비만특화 컨소시엄을 형성하기도 했다. 비만 연구는 향후 우리나라 대학들에게도 많은 시사점을 줄 것이고 가장 중요한 특화 트렌드의 하나로 자리 잡을 것으로 예견된다.

학습 허브와 교수 허브
(Learning hub & Teaching hub)

21세기 대학의 가장 큰 변화 중 하나는 학습 방법의 대혁명일 것이다. 주된 변화 중의 하나는 교실 중심의 학습에서 자기주도적 학습으로의 변화이며 교수 중심의 학습에서 학습자 중심의 학습으로의 변화이다. 학습방법의 대혁명은 개별 학습자의 특성에 따른 맞춤형 학습(Tailer'd learning)과 개별학습(Individualized learning), 자기주도적 학습(Self paced learning) 등 다양한 형태의 개별 학습자의 능력과 준비도와 학습욕구와 학습동기 등에 따라 다양한 형태의 자기중심 학습이 주된 경향이라고 볼 수 있다. 이러한 경향은 학습자들에게 충분한 학습자료와 학습기법, 학습동기유발 환경, 학습자 지원체제 등이 중요한 학습 효과의 요인이 될 수 있다. 이러한 점에서 21세기의 대학은 기존의 학습공급자의 입장에서 학습지원자의 입장으로 변화가 불가피하고 교수 역할 또한 개별 교수의 강의 중심이 아니라 일종의 강의 팁스(Teaching tips)를 중심으로 한 컨소시엄 형태나 학습 지원 콤플렉스 역할을 하게 된다.

이렇듯 21세기 대학의 학습과 교수 기능은 학습 허브와 교수 허브 역할을 담당하게 된다. 이러한 변화는 학습 정보, 학습 디자인, 교수 디자인, 교수자원센터, 학습자원센터, 학습보조기능 센터 등 다양한 형태의 학습 허브와 교습 허브의 기능을 필요로 할 것이다.

특히 급격한 기술과 문화, 환경변화는 학습내용과 학습속도, 학습결과에 대한 빠른 피드백을 필요로 하기 때문에 급격한 기술과 문화, 환경에 부응하는 형태의 학습 연계체제와 교습 연계체제를 필요로 한다. 이것이 곧 학습 허브와 교수 허브의 역할이 필요한 이유이기도 하다.

1. 학습디자인센터

학습디자인센터는 학습 허브의 효율성을 높이기 위한 한 부분으로서 학습유형, 학습자 유형, 학습집중센터(Learning integrated center) 등을 주축으로 효율적인 학습과 관련된 학습 디자인을 설계하고, 개발하고, 활용하는 역할을 하는 중심축이라고 할 수 있다.

특히 학습유형에 대한 연구 없이 학습자 유형이나, 학습자의 흥미 등에 관한 연구 없이 효율적인 학습은 기대할 수 없기 때문에 대학에서 가장 중요한 영역 중의 하나는 효율적인 학습이라는 점에서 학습 디자인 센터의 역할은 매우 중요하다.

• 학습유형 전략

학습유형은 학습의 여러 형태를 의미하기 때문에 학습의 형태에 따라서 효율적인 유형화가 가능하고, 이러한 유형화를 통해서 효율적인 학습 운영과 학습자의 흥미를 촉발하고 교수의 효율성을 높이는 준거자료가 될 수 있다. 학습유형은 다양한 형태의 유형들이 있을 수 있는데 크게는 이론 중심과 경험 중심으로 나눌 수 있고 경험 중심의 축 내에서도 기간에 따라서 장·단기, 시간대에 따라서 효율적인 시간 선택, 교과목과 전공영역에 따라서 다양한 형태의 유형화가 이루어질 수 있다.

대개 학습유형은 인문사회과학, 자연과학, 의학, 예체능, 공학, 법학, 경영학 등에 따라 학습유형의 카테고리가 설정될 수 있고 이러한 학습유형의 설정에 따라 학습자 유형과 학습 디자인, 학습 교수설계가 가능해질 수 있다. 그러므로 학습유형을 설정하는 것은 학습의 효율성을 높이는 첫 단계 전략수립이라고 볼 수 있다. 학습유형은 교수 중심, 학생 중심, 교수와 학생 협력체계형, 학습자 중심 등으로 구분하여 다양화할 수 있다.

이러한 학습유형 전략은 지금처럼 강의실에서 교수들에게 맡기는 형태의 교수-학습 관리가 아니라 전적으로 교수와 학생의 학습변인을 중심으로 과학적이고 체계적인 접근을 통해 최적의 학습환경과 방법, 운영 등을 고려하는 전략이라고 볼 수 있다. 특히 학습자 중심의 대학교육이 보편화되고 심화되는 향후 대학교육 환경을 고려할 때 미래의 대학들이 고려해야 할 가장 중요한 전략 중의 하나이다.

- 학습자 유형 전략

학습자 유형은 학습유형과 달리 학습자 개개인의 학습 적성을 분석하는 기법이라고 할 수 있고, 학습자의 학습 동기, 학습 집중도, 학습 흥미, 학습 환경 인지도 등 개인 학습자가 가지고 있는 개개인의 학습 적성을 유형화하여 학습자에게 어떤 유형의 학습이 맞는지 분석하고 이를 실제의 학습-교수 장면에 활용하는 전략이라고 볼 수 있다. 예를 들어 학습자가 A 유형의 학습자라면 아침 시간대에 암기 위주의 학습 중심으로 단기 기억형 학습기법을 활용하여 학습할 수 있는 전략을 세울 수 있고, B 유형의 학습자라면 저녁 시간대에 실습이나 실천중심 학습기법을 활용하여 몇 시간을 학습 블록으로 설정할 수 있을 것이다. 이처럼 개개인의 학습 흥미와 동기, 학습 효과가 나오는 시간대가 다르기 때문에 학습자 유형 전략은 매우 중요하다.

일부 MBTI에서 구분하고 있는 경우도 있지만 이보다 더 진보된 형태의 학습자 유형 전략이 중요한 21세기형 학사운영 전략으로 설정되어 확산될 전망이 크다. 특히 학습자 유형과 전공과목이 일치하지 못할 경우 전·편입이나 휴학의 중요한 원인이 되고 지속적으로 학업을 수행한다고 해도 학점관리에 많은 어려움이 있을 수 있다. 따라서 학습자 유형 전략은 학습 효과를 높이는 데 큰 기여를 할 뿐만 아니라 학생 관리나 전공 관리, 학업을 성공적으로 수행하는 데 중요한 전략이 될 것이다.

- 학습집중센터 전략

학습집중센터는 주어진 시간 내에 학습에 집중할 수 있도록 하는 학습지원 전략의 일환으로 학습 관리에 실패하거나, 학습하는 동안 주의가 산만하거나, 학습에 집중하지 못하는 학생을 포함하여 학습에 건전하게 참여하지만 학습에 집중하지 못한 학생들을 위한 학습 지원의 일환이라고 볼 수 있다.

학습집중센터는 학습자들의 학업 집중 시간을 연장시켜주는 데 도움이 되는 여러 가지 지원책을 연구하고 강구하는 센터라고 볼 수 있다. 학습자들의 학습 지원에 대한 집중도 여부에 따라 학습의 성공과 학습 효과를 낼 수 있기 때문이다.

집중 학습(I learning) 체계의 구축은 학생관리와 학습관리의 핵심적 역할을 수행하며 학습자들의 집중도를 높이는 훈련을 수행하는 역할을 한다고 볼 수 있다.

학습집중센터에서는 학생들의 학습 집중도를 높이기 위한 다양한 훈련과 프로그램을 운영할 수 있으며 이를 통해 학습자의 학습 집중 수준을 높일 수 있다. 학습집중센터는 심리적인 접근뿐만 아니라 매체 중심 접근과 자기 개발 훈련 등 다양한 형태의 프로그램을 통해 적정한 시간에 가장 집중도 높은 학업을 수행할 수 있도록 도움을 주는 역할을 하게 된다. 학습집중센터의 전략은 향후 대학의 커다란 변화 중의 하나가 되리라고 예견된다.

- 교수 디자인 전략

학습 디자인 못지않게 교수 디자인은 중요한 학사운영 전략이 될 것이다. 학습 디자인은 교수와 학습자가 모두 활용할 수 있는 접근이라고 본다면 교수 디자인은 효율적인 교수법에 보다 치중하는 전략이다.

교수 디자인은 교수의 효율성, 다국적 교수법(Multinational teaching), 융합 교수법(Blended teaching), 협동 교수법(Cooperative teaching), 탈 면대면 교수법(Non-facial teaching), 연구형 교수법(Research based teaching), 교수형 연구법(Learning based research) 등 다양한 형태의 교수 디자인 전략이 필요하고 이러한 전략은 곧 효율적 교수법의 자원이 될 수 있다.

소위 NFT(Non-Facial Teaching)의 경우 교수와 만나지 않고

학습자는 학습자대로, 교수자는 교수자대로 가르치고 서로 배우는 형태를 말한다. 이러한 교수 디자인 전략은 향후 대학의 중요한 교수-학습 전략이 될 것이고 이 기법의 성공여부에 따라 대학의 학사관리가 성공할 수 있는지를 가늠하게 될 전망이다.

• 교수자원센터 전략

교수자원센터는 교수 보조 자원을 개발하고, 교수 유형을 개발하며, 다언어 교수를 위한 개발을 중점적으로 다루는 역할을 수행한다. 교수자원센터의 전략은 현재 많은 대학에서 하고 있는 형태는 물론이고 이에 덧붙여 가르치는 데 필요한 여러 가지 자료와 보조자료, 언어, 유형 등을 개발하는 역할을 하게 될 것이다. 특히 교수자원센터는 가르치는 데에 필요한 총체적인 지원의 역할을 하게 되는 것을 의미하는데, 교수들이 가르치는 데 필요한 모든 물적, 이론적 체계를 갖추는 것을 의미하고, 교수들의 유형뿐만 아니라 교수 기법, 교수의 효율적인 언어, 외부 학생을 위한 교수 자원 등을 포괄하는 학습 자원 개발에 중추적인 역할을 하게 될 것이다. 현재 대학들이 운영하고 있는 교수자원센터의 역할은 매우 제한적이지만 향후 미래 대학에서 운영하는 교수자원센터는 보다 포괄적이고 심도 있는 개발에 치중될 것으로 보인다.

특히 교수자원센터에서는 기존의 교수에게 필요한 보조자료, 기자재, 시청각자료, 실험 실습 자료 등을 보조하는 역할에서 교수 유형 개발이나 다언어 개발 등 21세기의 대학환경 변화와 관련된 교수자원 개발에 치중될 것으로 보인다.

- 학습자원센터 전략

학습자원센터는 학습자의 학습에 필요한 자원개발과 학습 지원과 관련된 여러 형태의 개발과 지원을 하는 역할을 수행하게 된다. 자기주도적 학습이 확산될 것이기 때문에 자기주도적 학습자원센터의 역할이 강화될 것이고, 성취중심 학습이 확대될 것이므로 성취중심 학습자원센터의 역할이 강화될 것으로 보인다. 이와 함께 한동안 우리나라의 초·중·고등학교에서 활용되던 완전학습(Mastery learning)이 학습자원센터에 중요한 연구·개발 영역이 되리라고 본다. 소위 완전 학습은 자격증 관련 학과나 대학에서 진행되는 학습을 돕는 중요한 역할이 될 것이다. 예를 들어 교사 자격증, 간호사 자격증, 의사 자격증 등 자격증과 관련된 학과나 대학에서 자격증을 취득하기 위한 교과운영이 불가피한데 이 때 이 교과에 필요한 학습자원 개발이 중요한 성공의 관건이 되기 때문이다.

- 학습보조기능 전략

학습보조기능 전략은 학습자의 성취 수준에 따라서, 진도에 따라서 필요한 학습자를 지원하고 도와주기 위한 전략의 일환이다. 보습 학습(Remedial learning), 학습위기관리(Learning risk management), 학습이동관리(Learning mobility management) 등 학습 과정에서 일탈하는 그룹에 대한 지원체계라고 볼 수 있다. 학습 진도를 따라가지 못하는 학습자나 전공과 학습자의 능력과의 갭이 있는 경우, 학습 과정에서 학습을 포기하는 학생들을 위한 보조기능 전략이라고 볼 수 있다.

학습보조기능 전략은 학습 지체 대상자들에게는 보습학습을 통해 학습을 지원하고 학습에 중도 탈락을 막기 위해서는 학습위기관리를 하며 전과나 선수과목 이수, 외국 전출의 경우 등을 학습이동관리를 통해 지원하는 체계를 말한다.

학습보조기능 전략은 향후 모든 대학들에서 큰 흐름으로 작용할 가능성이 높고 학습보조기능 전략은 대학의 학습경영에서 핵심적 역할을 하리라고 본다.

2. 교수자원센터(Teaching resource center)

교수자원센터는 효율적인 교수법과 잘못된 교수법의 교정을 위한 자원센터로서 21세기 중반 이후에는 대학교육에서 굉장히 중요한 역할을 하는 부서이다. 교수자원센터는 교수로서의 적성, 자질, 가치관, 태도, 커뮤니케이션 등의 종합적인 교수인성

(Faculty personality and trait) 개발에서부터 교수법, 학습 디자인, 상호작용, 대상관계이론 등 다양한 형태의 교수개발과 관련된 센터의 역할을 한다.

교수자원센터에서는 한 개인으로서의 인간적인 측면에서의 인성개발에서부터 교수의 자질개발, 교수의 비전과 성장훈련, 명강의 기법에 이르기까지 종합적인 교수자원패키지 활용의 역할을 하게 될 것이다. 교수자원센터에서는 교수의 역할과 기능 전체에 대한 One-stop 서비스 센터라고 볼 수 있다.

• 교수인성지원센터

교수인성지원센터에서는 교수의 성숙을 돕는 기능을 수행하는데 상담, 자기교정, 자기직면, 자기탐색 등 다양한 형태의 자기개발 자료를 활용해서 삶의 과정에서 안게 되는 심리적 고통과 교수직 수행에서 수반되는 제반 갈등의 문제나 성격적 결함을 보완할 수 있다. 교수인성지원센터에서는 최고 지성으로서의 자존감과 교수로서의 제자 양성과 관련된 대화기법, 지성인으로서의 자기개발 등을 통한 자아형성에 커다란 역할을 수행하게 된다. 교수인성지원센터는 상담, 자기개발, 자기교정, 리더십, 커뮤니케이션 기법, 교수성장과 교수생애발달 등에 관한 제반 지원 센터의 역할을 수행하게 될 것이다.

- 교수 클리닉(Teaching clinic)

　교수의 역할은 연구, 봉사, 교육, 학생지도, 사회활동 등 다양한 형태의 학내, 학외 전방의 활동을 수행하는 것이다. 특히 교육을 하는 강의가 주된 기능 중의 하나이기 때문에 효율적인 강의와 내실있는 교육기법은 교수들에게 매우 중요한 부분이다. 교수 클리닉에서는 효과적인 강의기법과 효율적인 면대면 학생과의 학습지도, 학습리더십, 온라인 상의 교육지도, 가상 공간 학습지도기법(Virtual learning coaching skill)과 전 세계를 대상으로 하는 경쟁력 있는 교수법 개발 등 다양한 형태의 교수교정 프로그램이 운영될 수 있다.

　교수 클리닉에서는 빌싱법, 상호작용기법, 대화기법, 요약기법, 피드백 기법, 토론 촉매 기법 등 교수활동에서 필요한 모든 내용의 클리닉 과정이 운영될 수 있다.

- 지식 미디어 뱅크(Knowledge media bank)

　지식 미디어 뱅크는 교육 내용의 구성과 학습 디자인을 하는 데 필요한 교과내용과 사례, 국·내외 강의 요목 등 다양한 형태의 강의지원센터 역할을 하게 된다. 지식 미디어 뱅크에는 다국적 관점에서의 강의 내용과 강의 구성을 위한 제반 자료, 개념, 기법 등이 자원화되어 필요한 경우에 활용할 수 있다. 지식 미디어 뱅크는 어떤 교과목이든 교수요목과 기본개념, 핵심내용 등을 입력하면 여러 가지 형태의 강의 모델과 모듈이 준비되어 활용할 수 있는 체제가 될 것이다. 지식 미디어 뱅크는 개별 대학 내에서 설치할 수 있고, 여러 대학과 여러 교수들이 연대하여 설치할 수도 있다. 어떤 경우는 다국적 관점에서 여러 대학이 컨소시엄 형태로 지식 미디어 뱅크를 운영할 수도 있다. 지식 미디어 뱅크는 일종의 인터넷 상에서 검색하는 형태와 유사한 기구라 볼 수 있다.

- 교수교정센터(Teaching re-vitalization center)

교수교정센터는 잘못된 교수법, 잘못된 교수내용, 잘못된 상호작용 등을 재활성화시키기 위한 지원센터이다. 교수교정센터는 강의평가에서 상대적으로 평균이하의 수준에 있는 교수진을 중심으로 보다 효율적이고 능률적인 교수법과 교수내용, 상호작용을 위해서 필요한 지원과 학습프로그램, 보조프로그램, 교정프로그램을 운영하는 센터라고 볼 수 있다. 교수교정센터는 자체 내에서 일정 기간 보완 교육이나 지원 교육을 받을 수도 있고 국내외의 단기연수나 집중연수 혹은 교정프로그램을 수료함으로써 교수의 질과 내용을 보완할 수 있는 기구라 볼 수 있다. 이러한 기구는 향후 대학에서 매우 중요한 역할을 할 것으로 보이고 학생들의 학습 교정프로그램과 더불어 교수교정프로그램 역시 양질의 교육을 수행하고 학습만족도와 교수만족도를 높이는 데 크게 기여할 것으로 기대된다.

• 교수 특화 클리닉

교수 특화 클리닉은 교수의 연구 교육, 봉사의 역할 중 특별하게 특화하여 교수의 역할을 강화하려는 전략이라고 볼 수 있다. 연구중심교수, 교육중심교수, 봉사중심교수, 융합형대학교수(Melting university faculty)등으로 특화 전략을 세울 수 있다.

교수 특화 클리닉에서는 교수의 선택에 의해 집중적이고 전문적 훈련과정을 거쳐 가장 전문적인 특화교수로 재탄생할 수 있다. 이런 과정을 통해 초능력 특회교수의 길을 개척할 수 있고 장차 국·내외 특화 교수 네트워크를 통해 전문 연구와 개발 모임을 형성할 수 있을 것이다.

교수 특화 클리닉은 교수의 자율성에 의해 교수 스스로의 특기와 장점, 관심 영역을 중심으로 자기개발을 통해 스스로 특화 교수를 선택하여 다른 교수와는 차별화된 교수 역할을 수행할 수 있을 것이다. 이러한 것을 21세기 대학교수 허브의 중요한 영역으로 전략화 할 수 있을 것이다.

- 그랜트맨쉽센터 (Grantmanship center)

그랜트맨쉽센터는 대학의 연구경영과 연구관리의 중요한 전략의 일환으로 연구집중관리 센터를 말한다. 연구집중관리를 통해서 프로젝트 수주를 위한 제안서에서부터 후속 연구에 이르기까지 집중적으로 지원하고, 전략을 세우고, 연구를 경영하는 센터이다. 현재 일부 대학들이 연구개발처나 연구지원센터, 산학협력센터들을 통해 연구관리를 하고 있지만 그런 차원과는 전혀 다르다. 국내외의 주제별 연구의 풀은 물론이고 연구비의 지원정보, 연구비의 관리기법, 연구주제 등 총체적인 연구관리 센터라고 할 수 있다.

마치 선진국의 사설 독립연구소에서 수행하는 기법과 비슷하다고 볼 수 있는데, 그랜트맨쉽센터에서는 교수 Pool제, 아젠다 분류 센터(Agenda selection center), 연구결과 검증센터(Research result assessment center), 연구팀 구성 전략(Research team formation strategy) 등의 전문화되고 세분화된 연구 경영 전략을 통해 보다 양질의 연구를 수행하고 연구팀을 구성하여 연구 결과를 도출해내는 역할을 수행하게 된다. 따라서 가장 진취적이고 창의적이며 대학의 핵심역할을 하는 연구 통제 타워라고 볼 수 있다.

- 교수확충전략센터(Faculty extension strategy center)

교수확충전략센터는 종신제 교수 시스템이 변화될 것을 예견하는 21세기 교수 확보 전략의 하나이다. 교수확충전략센터는 종신교수나 정식교수 시스템뿐만 아니라 다양한 형태의 교수를 확보하기 위한 전략 센터를 말한다. 향후 국내 대학 내에서의 교수 간의 이동뿐만 아니라 다양한 산업체의 교수요원과 연구소의 교수가능자원을 충분히 활용할 수 있도록 하기 위한 전략센터라고 볼 수 있다. 교수확충전략은 캠퍼스 중심의 교수확보를 위한 전략에 치중하고 있는 현재와는 달리 국내외 대학, 연구소, 산업체, 정부, NGO에 이르기까지 다양한 교수자원을 대학의 특성화와 대학의 미래전략에 맞추어 선발하고 훈련하고 충원하는 역할을 수행하게 된다. 교수확충전략센터에서는 정식교수나 종신교수 등과 이원화된 교수자원의 관리를 담당하는 센터의 역할을 수행하기도 한다.

교수확충전략센터는 대학과 대학 간의 공동 교수임용, 대학과 교수 간의 이동 수업 담당 교수 임용, 교수와 교수의 연대를 통한 교수팀 활동전략, 정식교수와 산업체 교수 간의 협력 교수 활용전략, 국내 대학과 국외 대학 간의 협력교수 활용전략 등 다양한 형태의 전략적 모델을 통해 교수의 충분한 확보를 통해 경험과 능력이 있는 교수활용이 가능해질 것으로 예견된다.

대학의 생존 전략
(Survival, Sustainable strategy)

　　대학의 생존 전략은 향후 대학 환경 변화와 정부정책, 국·내외 대학 간의 경쟁의 결과에 따라 달라질 수 있다. 대학은 향후 20~30년 내에 엄청난 위기를 맞게 될 것이고 한 마디로 대학이 사라지는 경우도 많을 것으로 보인다.

　　대학의 빅뱅이 예견되고, 예측하는 것보다 훨씬 앞당겨질 수 있다. 가장 위험한 시기는 향후 10년 정도로 보며 2025~2030년 사이에는 우리나라의 경우 적어도 30개 이상의 대학은 커다란 위기에 봉착할 것으로 보인다. 현재 202개 4년제 대학과 137개 2년제 대학, 고등교육 학력인정기관과 사이버 대학 등을 포함해서 433개 고등교육기관이 존재하지만 이 중 100개 이상의 대학이 2030년 이전에 문을 닫거나 큰 위기에 봉착할 것으로 예견된다. 한 마디로 '대학이 문 닫는 사회'가 도래하고 '대학이 죽은 사회'(University is dead) 혹은 '대학이 없는 사회'(De-university society)가 도래할 가능성마저 예견되고 있다.

　21세기의 기술발전은 교수방법, 학습방법, 학습내용, 학습자 특성, 교수역할과 기능, 산업체에서 요구하는 인재상 등을 감안할 때 엄청난 변화를 수반하고 준비하는 교육보다는 당장 쓰이는 교육, 변화를 주도하는 교육에 치중될 것이기 때문에 초·중등 교육과는 달리 대학교육은 적시성 교육과 이론과 실기를 겸한 이론실용 교육(Theo-practical education)이 강화될 것으로 예견된다.

　이러한 큰 변화는 모든 기업과 모든 국가와 사회에서 요구받는 인재상일 것이고 교육내용일 것이기 때문에 현재와 같은 대학 시스템과 교육으로는 커다란 사회적 요구와 변화를 감당해낼 수가 없다. 더구나 학생 인구의 급격한 감소와 대학교육관에 대한 큰 변화는 대학이 더 이상 최고의 학부가 될 수 없고, 대학이 지성의 전당이 될 수도 없으며, 사회에서 필요한 고급인재를 양성하는 역할 또한 한계에 도달할 수밖에 없다. 그러므로 대학들은 살아남기 위한 생존 전략과 지속가능한 전략을 수립하여 장·단기적으로 시행하지 않으면 안된다.

　특히 대학의 규모와 대학의 특성, 대학이 위치하고 있는 환경 등을 감안하여 생존 전략을 수립하든지, 지속가능한 전략을 수립하든지 선택을 해야만 한다. 생존 전략은 그야말로 대학의 존폐여부와 관련된 전략이라고 본다면, 지속가능한 전략은 현재의 대학모습을 구조조정을 통해 지속적으로 발전해나가도록 하는 전략이라고 볼 수 있다.

일반적으로 평판도가 높지 않거나 질 관리에 실패한 대학 또는 학생 수 감소로 직접적인 영향을 받는 대학들의 경우에는 생존 전략이 필요할 것이고, 질 관리나 평판도가 상대적으로 좋은 대학은 지속가능한 전략이 필요할 것이다. 선진국의 경우에는 많은 대학들이 지속가능한 전략을 수행하고 있지만 우리나라의 경우는 지속가능한 전략보다는 생존 전략이 더 절실한 실정이다. 특히 비수도권 대학의 경우와 학생이 부족한 소규모 대학의 경우, 그리고 일부 신학 대학을 비롯한 특수목적 대학 등이 생존 전략을 더 절실하게 준비할 필요가 있다.

비수도권 대학의 경우 지금도 어렵지만 향후 10년 후에는 생각보다는 훨씬 더 어려워질 것으로 보인다. 수도권의 대학도 적정규모의 학생을 확보하지 않은 소규모 대학의 경우에는 어려워질 것으로 예견되며 소위 명문 대학으로 여겨지는 대학들도 어려운 여건에 처할 수 있다. 물론 수도권 대학들은 상대적으로 비수도권 대학보다는 낫지만 결코 안심할 수 있는 형편은 아니다. 특히 2025~2030년 사이에는 우리나라 대학의 전체적 틀이 상당히 변화될 것으로 보인다. 지금 현재 수행하고 있는 정부구조조정 평가와 정책 등도 영향을 주겠지만 이러한 정책을 떠나서라도 학생 수 감소와 경쟁력 약화, 등록금 의존율의 감소 등의 삼중고는 선도 대학들조차도 어려운 환경에 처하게 될 것이다.

대학의 대위기는 앞으로 더욱 심화될 것으로 보이고 일부 교육 선진국을 제외하고서는 세계적인 현상으로 자리 잡을 것으로 보인다. 무엇보다 대학의 기능과 역할이 변화되고 급격한 기술, 문화, 인적자원, 교육관 등의 변화는 이러한 대학의 위기를 더욱 가속화시킬 것으로 보인다.

대학의 생존 전략은 다음 몇 가지로 정리해 볼 수 있지만 이 전략들이 대학교육 환경의 급격한 변화나 대학정책의 대변화가 이루어질 경우에는 효용성이 떨어질 수도 있는 위험마저 있다. 그러나 대학의 생존전략은 개별 대학의 몫이기도 하지만 정부와 사회와 산업체와 외국의 영향까지도 감안해야 하는 전략이기도 하다.

1. 3A 전략을 세워라

대학의 위기는 소위 학생 수 부족, 재정 건전도 약화, 사회에서 필요로 하는 양질의 교육 부족에서 비롯되는 것이기 때문에 이를 보완하는 전략이 필요하다. 3A란 성인(Adult), 해외(Abroad), 양질의 교육을 의미하는 책무성(Accountability)을 말한다. 3A 전략을 통해서 부족한 학생을 유치하고 양질의 교육을 수행할 수 있는 전략을 수립하는 것이다.

우선 성인의 의미는 학령인구감소에 따라 정규고등학교 졸업자만을 대상으로는 학생유치가 어려울 수밖에 없다. 그러므로 대학교육의 대상을 고교 졸업자 중심의 틀에서 성인 학습자의 틀로 바꿔야 한다는 의미이다. 지금 추산했을 때 대학교육을 원하는 성인 학습자는 1,800만여 명에 해당한다. 이들을 대상으로 가장 필요한 대학수준의 교육을 수행할 수 있는 전략을 세워야 한다.

두 번째로는 국내 대학만으로는 한계가 있다. 국내 대학 지원자나 국내외 성인 학습자의 한계가 있기 때문에 해외로 눈을 돌릴 필요가 있다. 지금 대학교육의 가치가 높아지고 있는 일부 외국, 예를 들면 동남아 국가나 중동, 중앙아시아, 러시아, 남아메리카 등을 감안해볼 수 있을 것이다. 외국의 성인 학습자와 외국의 정규 학습자, 그리고 외국 산업체와의 연대패키지 프로그램 등 해외의 전략을 통해서 이를 일부 보충할 수 있다.

세 번째는 양질의 교육을 최우선으로 삼아야 한다. 양질의 교육이 되지 않으면 국내의 성인 학습자도 외국의 학습자도 관심을 갖지 않게 된다. 양질의 특화된 교육을 최우선으로 삼아야 한다. 그럴 때만 대학의 생존 전략이 될 수 있다. 특히 세계적 틀 속에서의 교육경쟁이 일어나고 있는 현실을 감안할 때 양질의 책무성을 보장하는 질 관리가 되지 않는 한 국·내외 학습자로부터 관심을 받기에는 한계가 있기 때문이다. 그러므로 3A 전략은 대학의 위기를 극복하는 최우선 전략이 되어야 한다. 성인 학습자와 외국 유치전략과 양질의 교육은 대학위기를 극복하는 중요한 전략일 수밖에 없기 때문이다.

2. 캠퍼스를 떠나라

21세기는 캠퍼스 중심의 대학교육 시대가 아니다. 이미 캠퍼스는 죽어가고 있다. 캠퍼스 없는 교육이 점점 확산되고 있는 것이 현실이고 일부 대학을 제외하고는 1년 중 7개월만 대학 캠퍼스가 활성화되어 있고 나머지 5개월은 거의 개점휴업 상태가 되어있는 것이 우리 대학의 현실이다. 이러한 대학의 현실을 감안할 때, 가상 현실 속에서의 다양한 형태의 캠퍼스 없는 교육이 확산되고 있는 것을 감안할 때, 캠퍼스를 떠나는 전략은 매우 중요한 생존 전략 중의 하나가 될 것이다. 캠퍼스에서는 지금까지의 전통적인 대학관에서 벗어나 다양한 전략에 의한 캠퍼스 경영 시스템으로 대전환을 이루어야 할 것이나. 성규강의 이외에 연구와 봉사, 산학협력 등의 여러 내용들을 시대에 맞게 변화시켜 전략적 캠퍼스 경영 시스템으로 바꾸어야 한다. 이를 위해 교육하는 장소로서의 대학 캠퍼스, 연구하는 장소로서의 대학 캠퍼스의 개념이 완전히 시대적 상황에 맞는 변화 중심 캠퍼스(Change initiative campus)체제로 바뀌어야 한다.

첫 번째는 12개월을 충분히 활용할 수 있는 시스템으로 바꾸어야 한다. 이러한 시스템은 기존의 대학 캠퍼스관으로는 해결할 수 없다. 수익형 캠퍼스(Entrepreneurial campus)로 전환해야 한다. 수익형 캠퍼스로의 전환을 위해서는 다양한 프로그램이 정규 교육 이외에 이루어져야 하고 정규적인 활동 이외에 이루어져야 한다. 이 뿐만 아니라 캠퍼스 개방, 캠퍼스 간의 협력, 캠퍼스 네트워크, 캠퍼스 투어, 캠퍼스 리프레시먼트 등 다양한 형태의 교육적 활동과 지역사회 활동, 산학활동이 이루어져야 한다.

두 번째, 강의실 중심의 대학교육관을 바꾸어야 한다. 강의실에서 이루어지는 대학교육을 캠퍼스 없는 대학교육으로 전환해야 한다. 이러한 전환은 학생이 있는 곳이면 어디든지 가는 개념으로 바뀌어져야 한다. 이는 곧 홈스쿨링, 대체학습, 자기주도적 학습, 학습주도자 연구학습 등 다양한 형태의 교수교육방법으로 전환해야 한다.

세 번째, 향후 대학은 기존의 대학과는 형태가 전혀 달라질 것이기 때문에 대학교육 또한 캠퍼스를 떠난 교육형태로 전환해야 한다. 12개월 운영되는 캠퍼스 활용전략과 맞물려 대학교육 또한 캠퍼스와 캠퍼스 이외를 연계하는 네트형 교육형태로 전환해야 된다.

네 번째, 캠퍼스의 하드웨어적 관점을 떠나 캠퍼스를 하드웨어와 소프트웨어의 양 측면을 고려한 캠퍼스관으로 바뀌어야 한다. 캠퍼스 안에서 이루어지는 모든 것은 하드웨어적 캠퍼스관이라고 본다면 캠퍼스 밖과 캠퍼스를 연결하는 캠퍼스관은 소프트웨어적 캠퍼스관이라고 볼 수 있다. 교수가 학생이 있는 곳으로 가 가르치는 것이나 학생이 장소, 시간 불문하고 소속 대학의 프로그램을 스스로 운영할 수 있는 체제가 소프트웨어적 캠퍼스관이라고 볼 수 있다.

그러므로 캠퍼스에 대한 개념을 과감히 기존의 캠퍼스에 얽매이는 사고에서 캠퍼스를 떠나는 사고로 바꾸어야 한다.

3. 특화 대학원 교육 중심으로 바꿔라

우리나라 대학원 교육이 2000년 이후 지난 십 수 년 간 위기에 봉착해왔다. 특히 일부 특수목적 대학원을 제외하고는 특수목적은 물론 많은 대학원들도 학생유치가 어렵고 경영이 어려워 대학원 교육이 어려움에 직면해있는 것이 우리의 현실이다. 수도권의 소위 명문대학 출신들은 모교의 대학원 진학보다는 외국 유학을 선택하고 그 빈자리를 타 대학 출신들이 메꾸고 있는 현실이다. 물론 수도권 대학의 대학원이나 특수목적대학원들 또한 비수도권 대학 출신으로 충원하고 있는 것이 현실이다. 지방대학 대학원은 더욱 어려움을 겪고 있는 실정이다.

이처럼 우리나라 대학원 교육은 학부교육의 단순한 연장이거나 질적인 측면에서도 선진국의 대학원 교육과는 많은 차이를 지니고 있는 것이 사실이다. 그러나 일본이 1970년 후반 이후 자국 출신의 대학원 학생들을 보다 우선적으로 채용하고 외국대학원 출신보다 우대하였듯이, 우리나라도 우리나라 대학원 출신 학생들을 우대하는 경향으로 점점 바뀌어오고 있는 것도 사실이다. 대학원 교육 중심으로 바꾸라고 하는 것을 대학원이 현재 어려운데 엉뚱한 소리인 것처럼 이해할 수도 있으나 그렇지 않다. 학부교육은 여러 가지 학습방법의 변화와 자기주도적 학습, 캠퍼스 없는 대학교육의 문화 등으로 인해 보편화된 교육으로 바뀔 것이지만, 대학원 교육은 향후 특성화와 질 경쟁을 통해서 관리될 수밖에 없을 것이다. 이러한 점에서 대학원 교육은 더욱 강화될 필요가 있고 질적인 측면에서나 교과과정 측면에서나 경영의 측면에서 중요한 대학경영 전략의 일환이 될 것으로 보인다.

2014년의 경우 외국대학원 학위 취득자의 교수채용 비율은 18.8%에 불과하고 2004년의 33.1%에 비교해 볼 때 1/2로 줄어든 셈이다. 외국 박사의 교수채용 비율은 물론이고 기업체의 연구소와 기타 연구기관에서도 이러한 추세임을 감안할 때 외국 대학원 출신보다는 국내 대학원 출신의 선호도가 더 높아지고 있다는 반증이기도 하다. 유럽을 비롯해 일본, 홍콩, 대만, 호주 등이 국가에서도 자국의 대학원을 강화하면서 국내 대학원 학위자들을 우대해 온 것을 감안해볼 때 우리나라 또한 이러한 세계적 추세를 거스를 수는 없으리라고 예견된다. 다만 지금 우리나라 대학원 교육에 대해서 비판하는 주요한 이유는 질 관리가 잘 안되고 있다는 것과 학사운영이 상대적으로 철저하지 못하다고 하는 점 등인데, 이러한 점을 보완하고 특화된 프로그램과 세계적 틀 속에서의 질을 보장할 수 있는 질 관리가 이루어진다면 국·내외 학생들로부터 많은 지원과 활성화가 가능해지리라고 본다. 그러므로 역발상으로 현재의 경쟁이 심한 레드오션에서 블루오션 전략으로 전환하는 것이 중요한 전략이 될 수 있다고 생각한다. 대학원 교육을 강화하기 위한 여러 가지 전략은 개별 대학의 형편과 장·단기적 전략에 따라 달라질 수 있을 것이고 충분히 승산이 있는 중요한 전략이라고 볼 수 있다. 교육선진국의 중요한 대학 생존 전략 중의 하나도 대학원 교육 강화였다는 것을 간과해서는 안된다.

4. 규모의 경영 전략을 세워라

대학 규모는 대학 경쟁력과 직결되어 있다. 지금까지의 대학관은 큰 대학이 경쟁력이 있고 우수 대학이라는 잘못된 관념을 가져왔다. 그러나 학생 수가 부족하고 특성화 전략이 절실히 필요한 대학환경을 감안할 때에 큰 대학만이 우수대학이라는 생각은 잘못된 생각이다. 뿐만 아니라 큰 대학일수록 재정난과 구조조정 등에서 어려움을 겪게 되고 경영 위기를 높이는 요인이 될 가능성이 높다. 한 언론사의 설문조사에서도 규모가 큰 대학 총장들이 재정확보와 구조조정에 대해 느끼는 부담 정도가 매우 극심한 것으로 나타나 있다. 재학생 1만 명 이상의 대규모 대학 총장은 85.7%가 재정난과 구조조정에 어려움을 겪고 있다는 우려를 나타내고 있었고, 소규모 대학의 경우는 63.6%만이 부담을 갖고 있는 것으로 나타나있다. (한국대학신문 설문조사, 2014)

이렇듯 규모의 경영 전략을 세우지 않으면 앞으로 대학이 어려워질 가능성이 높다. 특히 정원 감축이 주된 대학정책의 하나가 되고 있는 현실을 감안한다고 하면 정원 감축 전략과 적정 규모의 경영 전략은 대학의 생존 전략에 절대적인 영향을 미칠 수 있기 때문이다. 현재 10개 대학 중 9개 대학이 긴축재정을 시행하고 있고 등록금 인상 또한 한계에 봉착해 있기 때문에 대규모 대학일수록 어려움은 가중될 가능성이 높다. 이 점에서 대학 규모의 경영 전략을 세우는 것이 21세기의 대학의 중요한 생존 전략 중 하나가 될 것이다.

인문사회계가 많은 대학의 경우는 7,000명 정도가 적절하고 이공계가 많은 대학의 경우는 10,000명 정도가 적절한 규모라고 볼 수 있다. 그러므로 10,000명 이상이 된 대규모 대학의 경우에는 가능한 한 10,000명 내외로 학생 수를 감축하는 것이 중요한 전략이라고 볼 수 있고, 인문사회계가 많은 대학의 경우도 7,000명 내외에서 6,000명 정도로 적정 규모 전략을 세우는 것이 바람직하다고 볼 수 있다.

학생이 많은 것이 수입원이 되었던 대학의 시대는 이미 지나갔다. 대학은 학생 서비스 시대에 맞는 체제와 규모와 경영 전략이 필요한 때이기 때문이다. 따라서 과감히 학생 수 규모를 축소 내지 확충하는 전략을 세우되 대학의 실정에 맞게 전략적으로 구조조정을 하는 것이 바람직하다. 현재는 교육부 중심으로 구조조정의 가이드라인이 설정되고 평가되고 있지만, 그렇다고 해서 반드시 교육부 중심의 구조조정이 정답이 될 수는 없기 때문에 대학 스스로 향후 10년을 내다보고 구조조정을 하는 것이 매우 중요하다.

5. 대학을 작품화하라

우리나라 대학들은 거의 모든 대학들이 차이점보다는 유사성을 더 많이 가지고 있고 비슷한 모습들을 지니고 있다. 더구나 특정 대학의 모델을 본받아 추종하기에 급급했고, 정부 정책 또한 획일화된 측면이 있어서 대학이 특성화되어있거나 설립취지에 맞게 차별화된 교육 을 수행하는 경우는 많지 않다. 이 섬에서 우리나라 대학들은 거의 유사하다 고 볼 수 있다. 그러나 향후 대학환경의 변화와 경향을 감안해 볼 때 비슷한 대학들의 비슷한 전략은 세계적 관점에서 경쟁력을 담보할 수가 없다. 무엇보다도 공급자 중심에서 교육 소비자 중심으로의 대변화는 지식을 얻기 위해 대학을 가는 교육관에서, 지식을 재생산하고, 활용하고, 유통하는 목적으로 대학을 가는 교육관으로 바뀌어 가고 있다. 이것은 '배우던 지식'의 시대에서 '유통하는 지식'의 시대로 바뀌었다는 뜻이다.

이러한 대학 환경의 대변화는 대학의 설립목적과 대학이 위치한 환경과 전공분포 등을 감안해서 개별 대학이 모두 작품화되는 전략이 필요하다. 개별 대학은 개별 대학의 다른 경영 전략이 필요로 한다는 뜻이다. 즉 'Different universities have different management strategies.' (모두가 다른 대학, 모두가 다른 경영 전략)이 필요한 것이다. 대학을 상품화하여 고객에게 외면받을 경우에 몰락하고 상품이 폐기될 수 있지만, 대학을 작품화하면 세계적인 대학으로 인정받을 가능성도 있고 작품을 좋아하는 고객들이 그 대학을 선택할 수 있기 때문이다. 그러므로 대학을 유일한 특성을 지닌 유일한 대학으로 만드는 전략이 절대적으로 필요하다. 이것이 바로 대학을 작품화하는 전략이다. 피카소의 '파이프를 든 소년'이 1,900억에 경매되었듯이 대학 또한 작품화할 경우 우수한 학생들이 찾는 대학이 될 것이기 때문이다.

6. 질 관리 전략을 활용하라

세계는 하루가 다르게 변화하고 있고 대학 환경 또한 세계적 틀 속에서 경쟁을 해야만 하는 처지에 놓여있다. 이러한 경쟁은 대학교육의 질 경쟁이라고 할 수밖에 없다. 특히 교육의 결과는 세계적 수준의 틀 속에서 정해진 평가에 의해 판단되지만 연구의 경우에는 비교할 수 있는 준거가 명확하지 않다. 그러므로 교육에 관련된 질 관리 전략은 세계적 평가의 틀에 맞추어 가는 지혜가 필요하고 연구의 경우에는 이 시대가 요구하는 창의적 연구와 블루오션 측면에서의 전략적 연구가 필요하다. 교육의 질과 관련해서는 OECD 중심으로 평가되고 있는 AHELO에 주목할 필요가 있고 일부 세계적 언론들에서 사용하는 서열 평가에도 관심을 가질 필요가 있다. 특정 분야에서 우수한 평가결과를 얻도록 전략적 접근이 필요하다. 특히 연구의 경우에는 본 저서 앞 쪽에서 언급한 영역들에 관심을 가질 필요가 있다. 또한 소규모 대학일수록 전략적인 연구가 가능하고 지역연구가 가능하리라고 본다. 지역연구의 경우에는 대학이 위치하고 있는 지역토착화연구도 세계적 연구가 될 수 있다. 예를 들어 한지 연구소, 된장 연구소, 김치 연구소, 판소리 연구소, 한국토종 과일 연구소, 특종 한약재 연구소 등 우리나라만의 독특한 지역 토착화 연구를 통해 세계적 연구 수행이 가능할 수 있다. 그러므로 교육이든 연구든 질 관리 전략을 활용하는 것이 매우 중요하다.

7. 특화 교수 전략을 세워라

대학의 질은 교수의 질을 능가할 수 없고 교육의 질은 학생의 질을 능가할 수 없다. 그러므로 우수한 교수의 개념에서 특화 교수의 개념으로 바뀔 때가 되었다. 우수 교수라고 하는 것은 소위 스펙이 좋은 교수를 의미할 수도 있지만 특화 교수는 전공 영역의 특화를 의미하는 교수이다. 그러므로 특화 교수는 학력 불문하고, 국적 불문하고, 연령 불문하고 특정 영역에 경륜과 지식과 특성화된 경험이 있는 분이라면 과감히 교수로 채용해서 대학의 특성화에 기여하도록 전략을 수립하는 것이 바람직하다.

특화 교수 전략은 전공영역에 따라서 일정 수의 특화 교수 집단을 구성하는 전략이다. 예를 들어 감성공학 분야와 관련된 IT 연관 특화 교수들을 채용해 특화 교수 집단을 구성하고 다양한 전략을 통해 산학협력, 학교기업, 연구센터, 연구컨소시엄, 공동강좌 등을 활용하는 감성공학 특화 교수 그룹을 형성하는 경우를 들 수 있다. 특화 교수 전략은 말 그대로 특화된 인력만을 채용하고 이를 활용할 때만 특화교수 전략이 될 수 있다는 것을 유념할 필요가 있다.

8. 전략적 총장을 초빙하라

총장은 대학의 최고경영자이자 대학 구성원들의 능력을 극대화시킬 수 있는 오케스트라의 지휘자와 같은 역할을 수행한다. 우리나라의 총장상의 변천사를 보면 덕망가형 총장, 학자형 총장, CEO형 총장, 초능력 총장 등 다양한 형태의 총장 리더십을 지향해 왔다. 그러나 지금은 총장이 모든 것을 다 할 수 있는 시대가 아니고 특정 분야를 특별하게 해낼 수 있는 전략적 총장상(Strategic president)을 요구하는 시대이다.

전략적 총장은 전문성과 비전을 요구하는 시대적 요구에 부합하는 전략가라는 의미이다. 틀이 잡힌 대학의 경우에는 대부분 대학이 시스템으로 움직여지기 때문에 구성원들이 제 몫을 자기가 주어진 틀 속에서 해낼 수 있는 체제이다. 그러므로 총장이 모든 것을 다 관여하고, 통제하고, 관리하는 시대는 지나갔다. 이 점에서 미래의 비전과 전문성과 결단력을 지닌 전략적 총장이 21세기형 총장의 대표적인 모델이라고 볼 수 있다. 이 점에서 대학은 시대에 맞는 전략적 총장을 초빙해야 한다.

미국의 아이비리그 대학들이 총장들의 리더십의 부재로 많은 어려움을 겪고 있는 이유도 전략적 총장보다는 초능력 총장을 기대하기 때문이다. 이제는 초능력 총장이 아니라 전략적 총장이 필요한 때이고 현재 우리의 많은 대학들에서 선호하고 있는 CEO형 총장은 이 시대에는 바람직하지 않다. 왜냐하면 대학은 전략적 교육경영자가 필요하기 때문이다. 대학이 교육과 경영을 겸비하되 전략과 비전을 갖춘 전문성을 요구하기 때문이다.

더구나 21세기 대학은 무 리더십 사회(Leaderless society)의 특성을 띠고 있고 전략과 교육경영이 차별화되는 특성화와 전략화가 절실한 시대이기 때문이다.

9. 국적 있는 다문화 경영을 하라

21세기는 국적을 초월한 시대이다. 그러나 많은 나라들이 국적 있는 정책을 수행하고 있고 국적 있는 교육을 하고 있다. 우리나라도 이러한 추세를 벗어날 수는 없다. 다만 '국적 없는 시대의 국적 있는 교육'이 필요한 때라는 것은 부인할 수 없다. 교육 내용은 역사 인식을 빼고서는 국적 없는 교육의 특성을 지니지만 대학이 위치한 환경과 학생의 주된 그룹이 내국인이라는 것을 간과할 수는 없다. 그러나 국제화 시대에서 한국적 대학 경영은 극히 한계가 있을 수밖에 없다. 그러므로 국적은 있되 다문화 경영을 해야 한다. 대학은 다인종, 다언어, 다민족, 다국적의 특색을 지닌 다문화 경영을 추구해야 한다. 다문화 경영을 통해서 과감하게 외국인을 유치하고, 외국 교수를 채용하고, 외국 언어를 통한 교육을 시행하고, 외국과의 인적·물적 교류는 물론 교육 내용의 호환성과 질 관리가 불가피한 점을 감안하여 과감히 국적을 탈피해야 한다. 그렇게 함으로써 대학을 다언어의 장, 다국적의 장, 다민족의 장으로 전환하면서 '색깔 있는 대학'(Colorful campus)으로 과감히 전환을 해야 한다. 그러기 위해서는 입학장벽, 언어장벽, 고용장벽을 과감히 헐어야 한다.

21세기는 세계의 대학들이 우수하고 경쟁력 있는 대학과 그렇지 않은 대학 간의 부익부 빈익빈이 심화될 것이고, 자연히 우수하고 경쟁력 있는 대학을 가진 국가에 교육적으로 의존하지 않을 수 없기 때문이다. 특히 다문화 경영은 대학교육도 하나의 문화라는 점으로 전환하는 발상의 대전환이 필요하다. 특히 다문화 경영은 인종차별이나 언어의 장벽, 기존의 문화적 편견을 다 불식할 때에 가능한 일이기 때문이다.

10. 교육한류의 주도자가 되어라

우리 대한민국은 드라마와 음악 등 예술적 측면에서는 이미 세계적으로 한류를 주도하고 있다고 해도 과언이 아니다. 〈대장금〉을 필두로 '강남스타일'과 아이돌 그룹, 영화와 음식에 이르기까지 한류가 빠른 속도로 확산되고 있는 점은 주목해야 할 부분이다. 그러나 교육에 있어서도 미국의 대통령 오바마나 OECD 국가 중심으로 우리나라 교육에 대해서 많은 관심을 갖고 교육 선진국으로 인식해가고 있는 것이 부인할 수 없는 현실이다. 이러한 좋은 기회를 우리 교육의 한류 시대로 전환하는 것이 매우 중요하다. PISA의 결과가 핀란드와 함께 우리나라가 세계적인 우수 국가로 인정되어왔기 때문에 초·중등 교육에 대한 인식은 되어 있으나 대학교육에 있어서는 아직 세계적인 주목을 받는 데는 한계가 있음을 부인할 수 없다.

이제 21세기의 우리나라 대학의 생존 전략은 국내 대학 차원에서의 도토리 키재기 식의 이전투구가 아니라 과감히 한국을 벗어나 한국을 떠나는 사고가 필요한 때이다. 그러므로 연구든, 교육이든, 인적자원의 이동이든 간에 세계를 겨냥해서 교육한류의 주도자가 될 때가 되었다. 교육한류의 주도자가 될 때 우리 대학들은 생존 전략이 아니라 지속가능한 대학 전략으로 전환될 수 있기 때문이다.

우리 대학들은 여러 면에서 한계가 있지만 잠재가능성 또한 매우 크다는 것을 부인해서는 안된다. 그러므로 우리 대학들의 생존 전략은 세계를 향한 '교육한류 전략'(Korean educational wave strategy)으로 대전환을 해야 한다. 이를 위해서는 선도대학은 물론이고 비수도권 대학 또한 개별 대학의 전략을 통해서 세계로 한국 교육을 이식하는 전략이 절실한 때이다. 무엇보다 '한국 대학교육의 영토'를 넓히는 전략이 매우 중요하고 그럴 때 우리 대학들의 위기는 기회로 다가올 것이다.

참고문헌

이현청(2000), 21세기와 함께하는 대학, 서울 : 민음사
이현청(2015), "교육품격과 삼안교육", 새교육 : 한국교원단체총연합회
이현청(2015), "위험사회에서 인권가치를 일반화하기위한 과제",
　　인권위인권교육기조강연
이현청(2012), 현대사회와 평생학습, 서울 : 학지사
이현청(2014), 한국사회의 위기와 교육의 역할, 대학지성 : 한국대학총장협회
이현청(2006), 대학평가론, 서울 : 문음사
이현청(2015), 한국사회와 패러다임전환, 리더스클럽CEO기조강연
이현청(2012), 교육사회학의 통합적 이해, 서울 : 교육아카데미
이현청(2006), 전환기 대학교육 개혁론, 서울 : 문음사
이현청(2013), 국민통합의 과제, 패러다임의 대전환, 서울 : 시와 사람
이현청(2012), 칼럼으로 읽는 교육, 서울 : 한양대학교 출판부

C. Finn, Scholars(1978), Dollars and Bureaucrats : The Brookings
　　Institution, Washington, p. 48.

Clark Kerr & Marine Gade(1989), The Guardians, (Washington D.C,:
　　American Governance Boards of University and Colleges), pp
　　123~127.

Constance C.Schmits(1993), "Assessing the Validity of Higher
　　Education Indicators" Journal of Higher Education, Vol. 64, No. 5,
　　pp 503~521

D.Katz & R.L. Kahn, The social Psychology of organization(N.Y. : Wiley
　　and Sons Co. 1990), pp. 112~118

Dorothy S. Zinberg(1991), The Changing University, (London : Kluwer Acadimic Publishers), pp. 137~138

Howard Gardner, To Open Minds : Chinese Clues to the Dilemma of Contemporary Education, (New York: Basic Books, 1989)

Lee, Hyun Chong & Larry Winecoff, 'School-based enterprise' Columbia, S.C : USC, unpublished material, 1988

Lee, Hyun Chong, "The new era of televersity and andraversity in the campus less-society : the virtual university and its implication in Korea" Virtual university? Educational Environments of the Future, edited by Henk J, van der Molen, Portland Press Ltd. London, 2001.

Ninnes, Peter & Hellsten Meeri, Internationalizing Higher Education. The University of Hong Kong, Springer. 2005

Patricia Cross, "Strategic Planning Model for Community Colleges & Small independent Colleges" Unpublished Material, Center for studies in Higher education, UC Berkeley, 1992.

Richard Bird, "Reflections on the British Government and Higher Education" Higher Education Guartely, Vol. 48, No. 2, 1994, pp.73~85

Rifkin Jeremy, The third Industrial Revolution. Lik Library management. 2012.

Robert and Jon Solomon, Up the University(New York: Addison-Wesley publishing), 1993.pp. 27~40

Ronald Barnett, Improving Higher Education, (Buckingham : Open University Press), 1992, pp 2~8

Ronald Barnett, Improving Higher Education, (Buckingham : Open Iniversity Press) 1992. pp 52~58.

Rudolph H. Weingartner(1994), "Between Cup and Lip : Reconceptualizing Education as Students Learning" Educational Record, vol. 75. 1, pp. 13~19

Talcott Parsons, Structure and Process in Modern Scocieties(Glencoe, Ⅲ : Free Press, 1960), pp.48~58
The chronicle of Higher Education, 1995. 7.17

Thuorow, C. Lester(1993), Head to Head : The Coming Economic Battle Among Japan, Europe, and America(New York : Warner Books)

색인

ㄱ

가상 공간 학습지도기법 • 269
가상 학습 • 036
가상 학습 • 167
감성공학대학원 • 188
감성교류교육 • 020
감성적 지성 • 021
감축 • 034
개방입학제도 • 087
개인 학습 체제 • 071
경험 중심 교육체제 • 084
경험 중심 입학 • 064
경험 중심 학점제 • 062
경험 중심 모델 • 249
고객중심체제 • 086
고등전문대학 • 208
공개 선택 과목제 • 115
공동학사 운영제도 • 218
광역 커리큘럼 • 121
광역 팀제도 • 217
교수 Pool제 • 104
교수 없는 강의실 • 058
교수 컨소시엄 • 118
교수 클리닉 • 195
교수 특화 클리닉 • 271
교수교정센터 • 270
교수인성 개발 • 267
교수형 연구법 • 264
교수확충전략센터 • 273
교육 수출국 • 156
교육개방형 학부모 • 106
교육개방형 학생 • 106
교육산업적 사고 • 060
교육산업지대 • 237
교육의 제 2의 물결 • 100
교육이동세기의 대학 • 006
교육적 동화 • 091
교육중개 • 100
교육한류 • 107
국경없는 교육 • 176
국적 없는 시대의 국적 있는 교육 • 290
권력 이동 • 017
그랜트맨쉽센터 • 272
기능별 리더십 • 219
기능형 총장 • 221
기술개발 대학 • 080
기회의 대학 • 169
기후전문대학원 • 188
긴축 • 034
김치 연구소 • 287

ㄴ

네쉬빗 • 018
네트워크 크레딧 • 186
노년대학원 • 188
노동의 종말 • 017
뇌 과학 연구 • 253

ㄷ

다국적 교수법 • 264
다국적 대학 • 178
다국적 학점연계 대학 • 066
다기간 협력 교수제 • 085
다기능 대학 • 075

다니엘 벨 · 017
다원주의적 교육 · 096
다전공 체제 · 071
다캠퍼스 · 080
단위중심 상담 · 207
단위중심 행정체계 · 207
단위중심학습 · 205
대학 Pool제 · 103
대학 중심 실습 교육 · 119
대학 학습 사회 · 068
대학 해체형·수익형 대학 · 247
대학 확충 프로그램 · 079
대학네트워크 시대 · 006
대학생 아닌 젊은이 · 130
대학의 빅뱅 시대 · 004
대학의 종언 · 067
대학이 없는 사회 · 274
대학이 죽은 사회 · 274
데카르트 · 029
독립 학점 이수제 · 085
동창연계체제 · 123
된장 연구소 · 287

ㄹ

레오나르도 다빈치 프로그램 · 038
로빈슨 위원회 · 127
리서치 컴팩트 · 182
리프킨 · 017

ㅁ

마티아스 호르크스 · 015
매체적 지성 · 021

매체 중심 대학 · 075
멀티버시티 · 180
메가 유니버시티 · 180
메가 트렌드 · 018
모바일 대학 · 037
무 리더십 사회 · 289
무 학과장제도 · 217
무학년 체제 · 071
문제 중심 학습 · 118
문화쇄국주의 · 096
문화자율성 · 107
문화적 상대주의 · 095
물리적 구조조정 · 034
물이 없는 연구실 · 183
미래의 충격 · 017

ㅂ

반응적 대학 · 204
배우던 지식의 시대 · 285
벙어리 국민 · 099
벽이 없는 사회 · 182
변화 중심 캠퍼스 · 279
보살핌의 사회 · 089
보습학습 · 267
보이지 않는 교육 · 101
보직교수 휴년제 · 216
부분 전통대학 · 066
부의 미래 · 017
북한전문대학원 · 188
분산형 대학 · 214
블록 커리큘럼 · 085
블록 학습제 · 169

블루오션 프로젝트 · 079
비만 연구 · 257
빌 게이츠 · 017

ㅅ

산학협력 수익형 대학 · 248
색깔 있는 대학 · 290
생존적 전략 · 025
서비스 엔터프라이즈 · 237
서비스 학습 · 026
선택졸업제 · 087
성인 중심 평생교육 대학 · 075
성취 중심 학습 · 197
세계 국가 · 020
세계교육인증체제 · 233
세계적 사고 · 097
세계형 대학 · 075
세기적 전환기 · 016
소규모 대학 · 073
소크라테스 프로그램 · 038
소프트웨어 혁명 · 047
소프트웨어적 캠퍼스관 · 280
손가락 끝의 세기 · 017
수강전공제 · 071
수소경제 · 017
수수께끼 상자 · 193
수익형 캠퍼스 · 279
수익형 특성화 · 244
수평적인 분화체계 · 070
스마트 클래스 패키지 프로그램 · 230
스티브 잡스 · 017
시설안전대학원 · 188

新 3R · 033
신기술 클러스터 프로그램 · 252
신대학 확충 프로그램 · 250
신디자인 프로그램 · 250
신세대 대학 · 056
실습연계제 · 130
실습협약제 · 080
실험실습 컨소시엄 · 118
쌍방 교수법 학습 · 197

ㅇ

아노미 사회 · 017
아시아형 에라스무스 프로그램 · 236
아웃소싱형 연구 · 239
암흑상자 · 193
에라스무스 문두스 프로그램 · 038
엔터프라이징 · 110
연구 경영 체제 · 079
연구단지 · 130
연구형 교수법 · 264
연마된 사회 · 089
열방 대학 · 177
오다(伍多) 교육시대 · 176
올바른 배출 · 033
외부연계체제 · 121
위대한 100권의 책 · 082
유연성 학습 시대 · 204
유통전문대학원 · 188
유통하는 지식의 시대 · 285
융합적 학습 · 036
융합적 학습 단위군 · 038
융합 교수법 · 264

융합연계 학습제 · 169
융합 전략 프로그램 · 250
이데올로기 종언 · 017
이동 학습 · 036
이동 학습 프로그램 · 062
이동 학습 행정체제 · 086
이브닝 학습제 · 169
이원 입학제도 · 087
이원 캠퍼스제 · 086
이중문화 교육 · 096
이중문화적 성격 · 096
이해 중심 테스트 · 171
인문과학체제 · 086
인증부여공장 · 159
인지적 교육 · 005
인지적 지성 · 021
인턴학사제 · 087

ㅈ

자기주도적 계약 학점제 · 084
자기주도적 학습 · 036
자기충족 학습 · 036
자원 지역사회 · 113
자유학점 이수제 · 211
자축하는 사회 · 089
장수 연구 · 256
장수대학원 · 188
재배분 · 034
재택 대학 체제 · 039
적시성 · 033
적시성 교육 · 058
적절한 내용 · 033

전공영역별 교수 Pool제 · 115
전략적 대학경영 · 086
전략적 총장 · 288
전자매체형 초거대 대학 · 066
전환 학습 · 036
정규+평생체제 · 086
정보화 사회 · 018
정서 가상 학습 · 167
정원입학제 · 071
제 3의 물결 · 017
제 3차 산업혁명 · 017
제임스 · 018
졸업연동제(특별졸업제) · 087
종합적 전략모형 · 086
주말 학습제 · 169
주제 중심 학습제 · 169
중국어 자격 시험 매뉴얼 · 227
지구촌 학교 교육 · 098
지능 교수 · 067
지능형 기술 · 005
지능형 학습 · 036
지식 네트워크 · 025
지식 미디어 · 025
지식 미디어 뱅크 · 269
지식 인큐베이터 · 025
지식기반 사회 · 056
지식의 웹 · 033
지식형 인력 · 032
지역 교육력 · 191
지역사회 교수 Pool제 · 085
지역적 국제화 · 092
지역학 · 191

지역할당제 · 086
지표 달성형 구조 · 070
직업이 없는 사회 · 018

ㅊ

책 없는 도서관 · 058
초거대 대학 · 066
초거대 대학 · 075
초국가적 평가 프로젝트 · 135
초능력 총장 · 221
초능력 학습 · 067
총장 순환제 · 216
총체 학부제 · 086
총체적 질 관리경영 · 110
취업유예현상 · 023
취업준비쉘터 · 250

ㅋ

캠퍼스 network · 080
캠퍼스 없는 대학 · 006
커뮤니티 임팩트 프로그램 · 192
컴퓨터 중심 학습 · 118
코세라 · 200

ㅌ

탈 면대면 교수법 · 264
탈산업사회 · 017
토익 매뉴얼 · 227
토탈 리더십 · 215
토플 매뉴얼 · 227
토플러 · 017
통합 대학 · 075

통합적 교육서비스 군단 · 231
트라이 프로그램 · 191
특별교수제 · 085
특정화 컨소시엄 · 075
특종 한약재 연구소 · 287

ㅍ

파스칼 · 029
판소리 연구소 · 287
패키지 학습제 · 169
평화학 · 170
포뮬라 펀딩 · 043
프랙학습사회 · 167
프랙학습자 · 166
프렉티컴, 인턴십 학습제 · 085
프로젝트 중심 학습제 · 169
프로젝트 학점제 · 085
피터 드러커 · 018

ㅎ

하이터치, 하이테크 사회 · 018
학교 중심 교육 · 116
학교 중심 실습제 · 083
학령인구절벽 · 049
학사-network · 071
학생 소비자 시대 · 036
학습 체인 체제 · 035
학습 카페테리아 · 206
학습 콤플렉스 · 025
학습 클리닉 · 195
학습망 · 061
학습셀 · 189

학습위기관리 · 267
학습이동관리 · 267
학습집중센터 · 260
학습패키지 시대 · 193
학습 허브와 교수 허브 · 259
학외 중심 · 080
학위 컨소시엄 · 118
학위수여공장 · 159
학점 은행제 · 062
학점단위제 · 171
학점단위중심 등록금제 · 207
학점연동 대학 · 066
학제 유예제도 · 204
한 아시아 · 018
한국 대학교육의 영토 · 108
한국토종 과일 연구소 · 287
한국와 교육 · 095
한양대의 HOWL · 200
한지 연구소 · 287
핸디 학습 · 064
허친스의 100권의 책 · 028
헌트 · 017
현장 중심 커리큘럼 · 083
현장교수제 · 085
협동 교수법 · 264
협력 학습 · 062
협력교육지도체제 · 213
협약 학습 · 036
협약교수제 · 083
협약교수제 · 085
협약교육제 · 080
협약제 커리큘럼 · 085

형태유지 조직 · 109
화학적 구조조정 · 035
후기 자본주의 사회의 경영 · 018
후기 지식 정보화 사회 · 069

A

AHELO · 161
American 대학 · 177
Andraversity · 037
AQUA · 133

B

BBL 스타일 · 167
Bologna 선언 · 134
Branch unit system · 037

C

CHEA · 133
COPE 프로그램 · 209
CTU 프로그램 · 172
Cyber system · 037

E

ENQA · 134
European Pilot Project · 144

F

Future mill · 025

G

GRE 매뉴얼 · 227

H
HKCAA · 133
Holy see 대학 · 177

I
ICHESD · 243
IMHE · 161
INQAAHE · 134

J
JUAA · 133

L
Learning by working · 251

M
Mega-university · 037
MIT의 OCW · 200
MOOC 프로그램 · 036
MTAMD · 199
Multi-campus 사고 · 060

N
NFT · 264
NIAD-UE · 133
NZUAAU · 133

O
OECD, UNESCO · 147
Opportunity college · 037
Out-reach 프로그램 · 116

P
P Problem · 177
Past mill · 025
Post-2015 Agenda · 242
Present mill · 025

S
SBE · 245
SDAL · 198
Smart college · 037
Smart-credit제 · 087
SOCRATES 프로그램 · 134
Software화 · 047
SOTA · 086
Study to work 프로그램 · 250

T
Televersity · 037
Transnational college · 037
TTT 프로그램 · 200

U
UCTS 프로그램 · 172
UMAP · 038
UN 대학 · 177
UNESCO Chair 프로그램 · 231

V
Virtual university · 037

W
Work with learning · 251

기타

1+1 형태의 대학 · 184
1+2+1 모델 · 248
2+2 체제 · 081
21세기 고등교육 선언 · 157
2a-think 학습모형 · 197
3 mill · 025
3+1 단위중심대학 · 210
3+1 모델 · 249
3A 전략 · 277
3S Management · 238
3S 사회 · 020
3 SED SOCIETY · 019
3無 대학 · 058
4+1 모델 · 249

왜 대학은 사라지는가

ⓒ 카모마일북스, 2015

1쇄 인쇄 | 2015년 6월 30일
2쇄 발행 | 2015년 8월 20일

저　　자 | 이현청
편　　집 | 이윤지

디 자 인 | 김미영
인　　쇄 | 미래상상

발 행 처 | 카모마일북스(카모마일북스는 (주)출판저널문화미디어의 단행본 브랜드입니다.)
발 행 인 | 정윤희
주　　소 | 서울시 서대문구 대현동 67-5 대현빌딩
전　　화 | 02-313-3062~3
팩　　스 | 02-313-8860
출판등록 | 제 312-2009-000025호(2009년 5월 4일)
이 메 일 | journal1987@hanmail.net
홈페이지 | blog.naver.com / kamomilebook

ISBN 978-89-98024-28-0 93300
값 18,000원

판 매 처 | 서울경제경영(02-313-2682)

* 잘못된 책은 교환해 드립니다.
* 이책의 판권은 카모마일북스에 있습니다.
  내용 전부 또는 일부를 재사용하려면 반드시 서면 동의를 받아야 합니다.
* 인문, 예술, 문화분야의 책을 출판하는 단행본브랜드 '카모마일북스'는 우리사회에 향기로운 책을 내고자 노력하고 있습니다.